GUERRE DE 1870-1871

PARIS

CHEVILLY ET BAGNEUX

20 SEPTEMBRE — 20 OCTOBRE

avec deux cartes des opérations militaires

PAR

ALFRED DUQUET

PARIS
BIBLIOTHÈQUE - CHARPENTIER
11, RUE DE GRENELLE, 11

1891

GUERRE DE 1870-1871

PARIS

CHEVILLY ET BAGNEUX

G. CHARPENTIER ET E. FASQUELLE

11, RUE DE GRENELLE, PARIS

OUVRAGES DU MÊME AUTEUR

DANS LA

BIBLIOTHÈQUE-CHARPENTIER

À 3 FR. 50 LE VOLUME

La Guerre d'Italie (1859) (2e mille). . . . . . . 1 vol.
Frœschwiller, Châlons, Sedan (3e mille). . . . 1 vol.
Les Grandes Batailles de Metz (3e mille) . . . 1 vol.
Les Derniers Jours de l'Armée du Rhin (2e mille). 1 vol.
Paris. — Le Quatre-Septembre et Châtillon. (3e mille). 1 vol.

En préparation :

Paris. — La Malmaison, Le Bourget et Le Trente-et-Un-Octobre. . . . . 1 vol.
Paris. — Les Batailles de la Marne et La Capitulation . . . . 1 vol.
Les Batailles d'Orléans . . . . 1 vol.
La Retraite de Chanzy . . . . 1 vol.
L'Armée du Nord. . . . . 1 vol.
La Guerre dans l'Est . . . . 1 vol.
Sièges et Capitulations . . . . 2 vol.

Paris. — Typ. Gaston Née, 1, rue Cassette. — 4079.

GUERRE DE 1870-1871

PARIS

CHEVILLY ET BAGNEUX

20 SEPTEMBRE — 20 OCTOBRE

avec deux cartes des opérations militaires

PAR

ALFRED DUQUET

PARIS

BIBLIOTHÈQUE-CHARPENTIER

11, RUE DE GRENELLE, 11

1891

A CEUX QUI ME LISENT

Il s'établit souvent, entre l'auteur et ses lecteurs habituels, une sorte de courant qui fait qu'ils se connaissent sans s'être vus, et que l'on pourrait leur appliquer le mot de Mme de Sévigné : « Il y a des esprits qui ont tant de sympathie sur certains sentiments qu'ils sentent par eux ce que pensent les autres. »

En même temps que j'ai eu le malheur de me créer, par ma franchise, de dangereuses inimitiés, j'ai eu, aussi, la bonne fortune de m'attirer, par la même cause, des amis, connus ou inconnus, qui me soutiennent de toutes leurs forces, et me font oublier les injustices dont ne cessent de me combler ceux qui auraient le devoir de me soutenir dans ce rude travail, entrepris en dehors de tout intérêt personnel, avec la seule intention de *dire vrai* sur les choses de l'année fatale, afin que, soldats et citoyens, nous y trouvions les éléments d'une résurrection prochaine.

L'histoire est une succession de leçons qui n'ont de valeur qu'à la condition d'être vraies jusqu'à la brutalité ; elles peuvent alors profiter aux peuples qui ont le courage de les comprendre et d'y conformer leurs mœurs et leurs lois. Autrement, les narrations les plus savantes, les mieux écrites, ne sont plus que des plaidoyers en faveur de tel ou tel parti politique : la patrie disparaît derrière les appétits de chacun, l'auteur n'est plus un historien, mais un client de César, de Brutus ou de Caton, quand il n'est pas le complice de Clodius, de Verrès ou de Catilina.

C'est parce que mes lecteurs ont découvert tout de suite que je n'avais rien d'un client, que j'étais un *homme libre*, ne demandant pas mes gages aux puissants du jour, pas plus que je ne m'étais incliné devant ceux de la veille, c'est parce qu'il était aisé de voir que le relèvement de la patrie française était mon unique préoccupation, c'est pour cela que tant de gens de cœur sont venus à moi, et c'est pour eux que j'écris toujours, en tête de chaque nouveau volume, ces sortes de préfaces où je puis causer amicalement avec eux, et leur répéter combien je leur sais gré de leur sympathie.

Je profite aussi de ces quelques pages pour répondre aux critiques que me sont adressées, pour bien montrer le but que je me propose dans le nouvel ouvrage.

Aujourd'hui, je m'étendrai un peu sur une accusation portée souvent contre moi par des hommes qui ne trouvent pas autre chose à me reprocher.

Ils me font un grief d'écrire des descriptions de batailles alors que je ne suis pas militaire de profession. En d'autres termes, pour juger une marche, un combat, une campagne, il est indispensable d'avoir commandé: *une*, *deusse*, pendant vingt ou trente ans.

Est-ce sérieux? Non, et, si je réponds, ce n'est pas pour convaincre mes lecteurs habituels, mais pour réfuter une bonne fois mes contradicteurs.

Bien loin de faciliter la compréhension des problèmes stratégiques et tactiques, la besogne journalière de l'officier est un obstacle qui désole les militaires intelligents, désireux de sortir de ce passage auquel les condamne la lenteur de l'avancement en temps de paix. En un mot, l'exercice, les manœuvres, je ne dis pas les grandes manœuvres, ne sont pas un but mais une étape à franchir, et s'il est bon que le futur général soit rompu aux enseignements de la place d'armes et du Champ de Mars, il est mauvais qu'il s'y éternise, car il ne peut qu'y perdre.

Le prince de Hohenlohe l'a dit: « Les habitudes routinières que vous font trop facilement contracter la forme régulière des champs de manœuvres exercent souvent une influence délétère sur l'intelligence des officiers (1). »

Si le champ de manœuvres produit de si tristes résultats, que doit-il en être du champ d'exercices!

Non, ce qui fait le bon général, le bon militaire, ce n'est pas de rester longtemps au régiment, c'est de lire, d'étudier, de méditer sur les questions historiques, philosophiques, économiques, tactiques, stratégiques, c'est d'exercer son imagination, de la développer, de la régler. Heureux les officiers qui, par un travail acharné, par une volonté de fer, peuvent dérober à l'ingrate besogne journalière les instants nécessaires à ces méditations sans lesquelles il n'y a pas de grands capitaines! Ceux-là seuls sont arrivés, ceux-là seuls arriveront à conquérir la réputation de véritables hommes de guerre; les autres ne seront jamais que des sabreurs, fussent-ils maréchaux de France, et nous avons appris cruellement, à nos dépens, combien coûtent à un peuple les réputations surfaites et les hauts grades accordés sans discernement (2).

(1) Le prince Kraft de Hohenlohe-Ingelfingen, général d'infanterie à la suite de l'armée, aide-de-camp général de Sa Majesté l'empereur et roi, *Lettres sur l'infanterie;* traduites avec l'autorisation de l'auteur, par Ernest Jaeglé, professeur à l'Ecole spéciale militaire de Saint-Cyr; Paris, Louis Westhausser, 1885; p. 88.

(2) « Nos sabreurs empanachés, tout fiers de leurs campagnes, en Afrique, en Crimée, en Italie, en Chine, n'auraient eu que du dédain pour ce vieux professeur de stratégie (M. de Moltke). » (*Souvenirs du siège de Paris, Cinq mois à l'Hôtel-de-Ville*, par J.-J. Clamageran, ancien adjoint au maire de Paris; Paris, Guillaumin et Cie, 1872; p. 22).

A ce même point de vue, le général Iung fait justement observer que « les officiers d'état-major, ayant eu la fortune d'être les chefs d'état-major de généraux chefs de grandes unités tactiques en guerre ou en manœuvre, se sont trouvés plus prêts, pour occuper ces emplois, que leurs camarades, plus techniques, ayant plus l'habitude des troupes, mais n'ayant pas eu l'occasion de pratiquer les masses (1) ».

Quant aux problèmes historiques, à la stratégie, à la tactique, il n'est donc pas nécessaire, pour les saisir, pour les apprécier, d'avoir présidé, pendant trente ans, à l'exercice sur les places d'armes, d'avoir usé ses yeux à dresser les tableaux, à aligner les chiffres si malencontreusement inventés par les bureaux : il n'y a aucun rapport entre ceci et cela ; l'on peut avoir la réputation d'être un brave à tous crins et ne pas comprendre un traître mot aux besoins, aux mouvements des armées en campagne (2).

« Les sciences militaires, a dit le colonel Ferdinand Lecomte, satisfont à la fois aux combinaisons abstraites du penseur et aux besoins ardents de l'homme d'aventures, à l'amour des spéculations métaphysiques et à celui des détails pratiques, au goût des études positives et aux

(1) Général Iung, *Stratégie, Tactique et Politique;* Paris, G. Charpentier et Cie, 1890; p. 118.

(2) « L'histoire militaire doit être le bréviaire du général. » (*** (L. Foucrière, contrôleur-adjoint de l'administration de l'armée.) *Notes critiques sur l'histoire militaire, M. Thiers;* Lille, Tallandier et Gaujac, 1891; p. 3.)

aspirations de la plus haute poésie, aux froids calculs de la raison et aux entraînements de l'imagination. Elles rattachent, dans un but unique et déterminé, toutes les variétés des connaissances, des efforts, des rêveries et même des faiblesses de l'esprit humain.

« Leur vaste champ embrasse les sciences naturelles, physiques et mathématiques, dans la fortification, l'artillerie, la pyrotechnie, la topographie, le service sanitaire, etc.; les sciences morales, politiques, économiques et juridiques dans l'administration, dans les préliminaires et dans la conclusion de toute opération militaire, dans l'art enfin de conduire les hommes; l'éloquence et les lettres, dans les rapports généraux, dans les récits historiques, dans les mémoires, dans les ordres du jour, les proclamations, les allocutions (1). »

Il est impossible de mieux dire et je demande si l'exercice et les manœuvres ne sont pas un accessoire, au milieu de ces connaissances multiples, et si celui qui ne peut invoquer en sa faveur que son séjour au régiment est en état de revendiquer le monopole des appréciations des choses militaires. Il ne rentre guère dans mon mode de discussion de parler de *Ramollots* et de *culottes de peau*, mais la France a trop souffert des âneries de ces vieux braves pour que je ne

(1) *Le Général Jomini, sa vie et ses écrits.* Esquisse biographique et stratégique, par Ferdinand Lecomte, colonel fédéral suisse; 3e édition; Lausanne, Bendo, 1888; pp. I et II.

proteste pas contre cette variété de guerriers (1).

Aussi bien, le général Jomini, par exemple, n'avait jamais été officier de troupe. Commis de banque, négociant, employé d'agent de change, il fut, tout à coup, attaché au ministère de la Guerre suisse, puis nommé, à vingt ans, chef du secrétariat de la Guerre, avec le grade de capitaine. Un an après, il était promu chef de bataillon, sans avoir paru au régiment. Il étudiait sans désemparer, non seulement les affaires de son département, mais aussi les plans de bataille.

Forcé de quitter la Suisse, il revint à Paris et entra comme associé dans une maison de commerce; en même temps, il continuait à écrire son *Traité de grande tactique*. Un jour, il eut la chance de rencontrer Ney, et celle de le voir lire son manuscrit. Frappé des connaissances militaires du jeune négociant, le maréchal lui proposa de l'emmener au camp de Boulogne comme volontaire, promettant de le faire nommer aide de camp. Au mois de septembre, le corps de Ney partit pour Ulm, et l'aide de camp accompagna son chef. Le 27 décembre 1805, Napoléon le nommait colonel, malgré la jalousie des autres officiers de l'état-major du maréchal Ney et l'hostilité de Berthier. Il avait vingt-six ans (2). Plus tard, l'Empereur le nomma général.

Certes, cet exemple est topique, car je ne

(1) Voir, à ce sujet, mon article du *Spectateur militaire*, n° du 15 janvier 1891.
(2) Colonel Lecomte, le *Général Jomini*, pp. 1 à 34.

suppose pas que mes adversaires contesteront les connaissances stratégiques et tactiques du général Jomini qui fut, sinon supérieur, du moins égal à Napoléon comme tacticien.

Autrefois, est-ce que Condé, Luxembourg, Turenne, Malborough, le prince Eugène, le maréchal de Saxe, est-ce que Napoléon et les généraux de la République et de l'Empire ont passé des années à commander : *portez armes*, *feu* ou *chargez*. Ils avaient pourtant une certaine valeur, et les soldats d'Afrique ne sauraient, malgré leur grande bravoure, leur être comparés.

Est-ce que les généraux de la guerre de la Sécession ne valaient pas les nullités que l'Empire avait mises, en 1870, à la tête de nos corps d'armée? Pourtant, ils avaient été improvisés stratégistes et l'on conçoit qu'une certaine hésitation ait marqué le commencement de leur apprentissage. C'est que « l'art militaire est fait de bon sens (1) ». — « La guerre est chose d'instinct » a dit, fort judicieusement aussi, M. Edgar Quinet (2).

De plus, le meilleur général ne sera pas celui qui aura passé sa vie à l'exercice, mais celui qui sera le plus intelligent, le plus instruit, le plus universel.

Cicéron, dit Lamartine, fut poète, philosophe,

(1) *Français et Russes vis-à-vis de la Triple-Alliance*, par Paul Marin, capitaine d'artillerie; Paris, Baudoin, 1890; p. 12.
(2) Edgar Quinet, *Le Siège de Paris et la Défense nationale ;* Paris, Lacroix, Verbœckhoven et Cie, 1871 ; p. 38.

citoyen, magistrat, consul, administrateur de province, théologien, jurisconsulte, orateur. Et il ajoute :

« Aucune forme de gouvernement autant que la république romaine ne fut propre à former ces hommes complets, tels que nous venons de les définir dans le plus grand orateur de Rome. On n'avait pas inventé alors ces divisions de facultés et ces spécialités de professions, qui décomposent un homme entier en fractions d'homme et qui le rapetissent en le décomposant. On ne disait pas : Celui-ci est un citoyen civil, celui-là est un citoyen militaire, celui-ci poète, celui-là orateur, celui-ci un avocat, celui-là un consul ; on était tout cela à la fois, si la nature et la vocation vous avaient donné toutes ces aptitudes. On ne mutilait pas arbitrairement la nature, comme nous le faisons si malheureusement aujourd'hui, au grand détriment de la patrie et de l'espèce humaine. On n'imposait pas à Dieu un *maximum* de facultés qu'il lui était défendu de dépasser quand il créait une intelligence plus universelle ou une âme plus grande que les autres. César plaidait, faisait des vers, écrivait l'*Anti-Caton*, conquérait les Gaules. Cicéron écrivait des poèmes, faisait des traités de rhétorique, défendait les causes au barreau, haranguait les citoyens à la tribune, discutait le gouvernement au Sénat, percevait les tributs en Sicile, commandait les armées en Syrie, philosophait avec les hommes d'étude, et tenait école de littérature à Tusculum. Ce n'était pas la profession, c'était le génie qui faisait l'homme; et l'homme alors était d'autant plus homme qu'il était plus universel. De là, la grandeur de ces hommes multiples de l'antiquité. Quand, mieux inspirés, nous voudrons grandir comme elle, nous effacerons ces barrières jalouses et arbitraires que notre civilisation moderne place entre les facultés de la nature et les services qu'un même citoyen peut rendre sous diverses formes à sa patrie. Nous ne défendrons plus à un philosophe d'être un politique, à un magistrat d'être un héros, à un orateur d'être un soldat, à un poète d'être un sage ou un citoyen. Nous ferons des hommes, et non plus des rouages humains. Le monde moderne en sera plus sage et plus beau, et plus conforme au plan de Dieu, qui n'a pas fait de l'homme un fragment, mais un ensemble (1). »

Si donc on peut avoir été un grand homme de guerre sans avoir passé trente ans dans une caserne, il me semble qu'il est possible d'essayer d'être un modeste historien sans avoir perdu le même temps à des occupations qui n'ont aucun rapport avec les sciences militaires (2).

(1) Lamartine, *Vie des grands hommes*; édition du *Constitutionnel*, 1856; Cicéron, t. Ier, pp. 110 et 111.

(2) « L'officier prussien n'est pas astreint à cette foule de corvées qui, chez nous, coupent son temps par des services insignifiants. » (*Tactique des armées prussiennes*, par le vicomte de Warren, ancien capitaine d'artillerie; Paris, Berger-Levrault, 1873; p. 18.) — « Les officiers français qui, pendant vingt ans et plus, ont vécu de la vie régimentaire actuelle ne voient rien au delà

Mes adversaires me diraient : « Vous n'êtes pas capable de raconter une bataille, car vous commettez, dans votre récit, telles ou telles hérésies tactiques. » En ce cas, je ne soufflerais mot ; mais quand on invoque simplement contre moi le fait de ne pas être du *bâtiment*, je me révolte, et je réplique : « Faites-en donc autant ! » C'est par ce qui *est écrit* et non par la profession

de ce qui est. Où auraient-ils puisé un idéal ? Leurs hommes ne manœuvrent-ils pas d'une façon assez correcte ? Que leur demander de plus ? » (*L'Education de l'infanterie française*, par H. de Feltres ; Paris, à la Direction du *Spectateur militaire*, 1887, p. 125.) — On a vu « les officiers de l'armée, dans les garnisons, passer leur temps à remplir les devoirs purement matériels du service, après quoi leurs longs loisirs s'écoulent au café..... S'ils prenaient ou étaient forcés de prendre l'habitude du travail pour obtenir un avancement ; si cet avancement était donné aux capacités, à la culture de l'intelligence, au lieu d'être donné à l'ancienneté et à la faveur..... N'est-il pas notoire qu'un jeune officier qui, sorti de l'Ecole (Saint-Cyr, Polytechnique ou Ecole de guerre), veut travailler, s'instruire et se soustraire à la vie nulle de ses collègues, passe, parmi ceux-ci, pour un esprit pointu, pour un *monsieur*, et, parmi ses supérieurs, pour un de ces hommes gênants, parce qu'on suppose qu'ils raisonnent, et, naturellement, peuvent critiquer, *avoir des idées*, adresser des mémoires et des notes, examiner et conclure, en deux mots ». (*Mémoire sur la défense de Paris*, septembre 1870-janvier 1871, par E. Viollet-le-Duc, ex-lieutenant-colonel de la légion auxiliaire du génie ; Paris, Vve A. Morel, 1871 ; p. 65.) C'est toujours la même raison qui, aujourd'hui, rend suspects, à un trop grand nombre de capitaines et de colonels, les officiers brevetés qu'ils considèrent comme des fâcheux, des poseurs, des non combattants. — « En temps de paix, les caractères de bonne trempe se manifestent d'ordinaire par des actes vigoureux, mais nuisibles à leur avancement. Ils croupissent dans les bas-fonds de la hiérarchie, attendu que, dans la plupart des armées, le favoritisme, l'esprit de clique et de coterie coupent les ailes au mérite original ; que la souplesse et l'obséquiosité, cette charge de l'obéissance, y sont plus appréciées que la hauteur d'esprit et la sincérité des convictions. L'homme qui voit juste est dit frondeur. L'envie, qui ne lui pardonne pas de tendre au dépassement du niveau commun, lui inflige souvent le sort des têtes de pavots de Tarquin le Superbe. » (Lieutenant-colonel Hennebert, *Les Armées modernes ;* Paris, *Librairie illustrée ;* pp. 302 et 303.)

de celui qui *a écrit*, que l'on peut juger un travail.

Ma protestation est d'autant plus juste que ce ne sont pas les Thoumas, les Lewal, les Iung, les Pierron, les Villenoisy, les Derrécagaix, les Fay, les Lecomte, ce ne sont pas tous ces commandants, tous ces colonels, tous ces généraux de l'armée française qui m'écrivent pour m'encourager à achever mon œuvre, ce ne sont pas ces juges compétents qui contestent mon droit de raconter les marches et les combats, ce sont des officiers qui ont eu le malheur d'être retraités sans avoir pu décrocher les galons de commandant, ce sont des colonels dépités de n'avoir pu conquérir les étoiles, ce sont enfin des généraux ignorant les premiers éléments de la grande guerre. Le seul militaire sérieux qui m'ait pris à partie, est le général Lebrun, dans ses *Souvenirs des guerres de Crimée et d'Italie* (1); mais, par le fait qu'il essayait de me répondre, il reconnaissait la valeur de mes critiques, et, du reste, je n'ai pas manqué de répliquer et de démontrer, en me servant du général Lebrun lui-même, la justesse de mes appréciations (2).

Dans ces conditions, on conçoit facilement pourquoi j'ai voulu dire, une fois pour toutes, ce que j'avais sur le cœur.

M. Wyrouboff, l'ancien directeur de la *Philo-*

(1) *Souvenirs des guerres de Crimée et d'Italie*, par le général Lebrun ; Paris, Dentu, 1890, pp. 251 à 253, 264, 266, 286, 287 et 317 à 319.

(2) Le *Spectateur militaire*, nos des 1er et 15 avril 1890.

sophie positive, qui a écrit sur le siège de Paris un travail des plus remarquables intitulé : *Opinions d'un civil sur la défense de Paris*, fait précéder son récit par les considérations suivantes :

« Je devine aisément quelle sera la première pensée du lecteur en voyant le titre de cette brochure.

« Comment un civil peut-il juger les choses militaires ? Quelle garantie et quelle compétence présente-t-il pour dire son opinion sur ce que les hommes du métier ont fait ? Il est certain que je ne puis appuyer mon dire par aucun brevet professionnel ; je n'ai pas le moindre galon, pas la moindre épaulette, et suis, d'ailleurs, absolument incapable de commander le moindre bataillon.

« Pourtant, pour excuser ce qu'on pourrait prendre pour une ridicule audace, j'ai à présenter plusieurs considérations qui ne sont pas sans valeur et que le lecteur appréciera.

« La première de ces considérations, c'est que le siège de Paris n'a pas seulement été un événement militaire ; il a été rempli, aux trois quarts, par les préoccupations politiques que chacun de nous est en droit de juger. La plus grande partie de l'armée de Paris n'était pas militaire, de l'aveu même de deux des généraux commandant en chef, qui ont écrit l'histoire du siège. Il y a mieux, un des généraux, ayant eu sous ses ordres une armée de plus de

100,000 hommes, était un civil comme moi, car ce ne sont pas, je suppose, les grosses épaulettes qui peuvent, du jour au lendemain, donner les connaissances de stratégie et de tactique nécessaires pour exercer un commandement. Le général dont je parle prenait part aux conseils de guerre, donnait des avis, expédiait des ordres, et personne, que je sache, n'a protesté contre cette dérogation aux opinions admises.

« J'en conclus que, s'il est permis, sans être du métier, d'envoyer des milliers d'hommes se faire tuer, il doit être permis aussi, à celui qui vient, sans parti pris, et dans le seul intérêt de la vérité historique, de dire son opinion sur un ensemble de faits militaires dont le rôle a été considérable dans la malheureuse guerre de 1870-1871. Le siège de Paris a eu justement cela de remarquable qu'il a été soutenu, non par des soldats, mais par des citoyens, non par une garnison dressée à la discipline, mais par une population habituée depuis longtemps aux jouissances d'une existence paisible. Mais, *eût-il présenté un caractère exclusivement militaire, je prétends qu'il n'est pas besoin d'être revêtu d'un uniforme pour critiquer des plans de campagne et pour comprendre les dispositions qui décident du sort d'une bataille.*

« Je ne puis oublier, et ce sera ma dernière considération, que beaucoup d'écrivains, n'appartenant à aucun titre à l'armée, ont écrit, sur la guerre, des ouvrages devenus classiques, et je ne puis m'empêcher de citer les paroles si vraies de M. Littré, écrivant un travail remarquable sur le drame lamentable qui a fini par la capitulation de Metz : «« Ma compétence est nulle, dit-il, j'en conviens, et je serais incapable de commander une escouade et de la faire manœuvrer. Pourtant, *je maintiens qu'un homme de sens, habitué aux études historiques, ayant devant lui les récits des deux adversaires et le résultat, est en état, du fond de son cabinet, d'apprécier les opérations militaires en tant que partie d'échecs bien ou mal jouée* (1). »»

Je n'ajouterai rien à cette argumentation de maître.

Je voudrais également répondre à une question qui m'est faite à tout instant.

« Vous devez beaucoup vous servir, me dit-on, des documents qui sont aux archives de la Guerre. Sont-ils intéressants? »

Au commencement de mes travaux, il y aura bientôt vingt ans, j'avais, en effet, demandé communication des pièces conservées rue Saint-Dominique. J'essuyai un refus. Depuis, à plusieurs reprises et, notamment, il y a trois ou quatre ans, je renouvelai ma requête. Je ne fus pas plus heureux. On me proposa bien de me communiquer les historiques de régiment, mais,

(1) *Opinion d'un civil sur la défense de Paris*, par G. Wyrouboff, directeur de la *Philosophie positive;* Paris, Armand Le Chevalier, 1872; pp. 5 et 6.

outre que je les connais presque tous, je m'en sers avec une défiance extrême, attendu qu'ils multiplient par dix tous les hauts faits du régiment et *imitent de Conrart le silence prudent* quand il s'agit d'une course en arrière, d'actes d'indiscipline ou d'erreurs grossières des généraux ou colonels.

Cependant, un des ministres me fit cette réponse : « Nous ne communiquerons les dossiers de 1870 qu'après la mort des intéressés, car il y a trop de hautes personnalités qui seraient atteintes si l'on publiait ces documents. »

Nous répliquons tout d'abord qu'en opposant ce refus, le Gouvernement et, surtout, le ministre de la Guerre, reconnaissaient qu'ils mettaient l'intérêt des généraux et maréchaux encore vivants au-dessus de l'intérêt du pays, puisqu'ils sacrifiaient l'un à l'autre.

Mais, qu'on se rassure, le ministre de la Guerre, qui m'a fait la réponse rapportée plus haut, n'avait, certainement, jamais ouvert les cartons où les précieux et secrets documents seraient serrés, car lesdits cartons sont à peu près vides.

En effet, après la guerre, Palikao, Wimpffen, Trochu, Ducrot, Chanzy, Faidherbe, de Failly, d'Aurelle de Paladine, de Freycinet et nombre d'autres, nous ont donné, dans leurs livres, *pro domo*, presque toutes les pièces importantes. La Commune a brûlé ce qui pouvait en rester et la Commission d'enquête parlementaire sur les actes du Gouvernement de la Défense nationale a recueilli et publié ce qui avait été oublié.

Ce sont ces quelques pièces, auxquelles il en faut joindre quelques autres, retrouvées depuis, qui meublent les cartons des archives de la Guerre : on doit avouer que le bagage est léger et quand j'ai eu acquis la conviction du fait, jamais je n'ai plus cherché à fouiller les vides des casiers ministériels.

D'autant mieux que mon opinion est irrévocablement faite ; bien loin de dégager les hommes que j'ai signalés à la justice du pays, toutes pièces nouvelles ne feront que confirmer, qu'aggraver leurs fautes, leur insuffisance, leurs crimes : elles n'auront pas la vertu de rendre de la capacité à Mac-Mahon, de la décision à Trochu, de la moralité à Bazaine.

Sur ce dernier point encore, je n'insisterai pas.

Je vais donc continuer l'œuvre entreprise. J'emploierai toujours la méthode d'Augustin Thierry, si heureusement suivie par Taine, Henry Houssaye, Arthur Chuquet et Guillon. Je tâcherai d'éviter les écueils qu'elle présente, à savoir : la sécheresse, la monotomie, les longueurs. Je m'efforcerai d'introduire dans mes récits, la vie, le feu, la passion même, sans laquelle l'écrivain devient un simple scribe. Tout en appuyant mes jugements sur des pièces et des dispositions authentiques, je n'en obstruerai pas les pages de mon livre, me souvenant que l'histoire n'est pas un inventaire. Trop de compilateurs ne se doutent pas qu'un document ne doit être cité ou transcrit qu'à la condition d'être utile : soit à la démonstration d'une thèse, soit à la constatation d'un fait. Mais il ne faut pas oublier, non plus, que « l'histoire vraiment sérieuse repose tout entière, non pas tant sur les bons jugements de l'historien que sur l'étendue, le choix, la qualité, la sûreté, l'abondance des documents qu'il soumet au jugement propre de ses lecteurs et qui leur permettent de se faire, sur les événements qu'il raconte, des opinions précises et savantes, raisonnées et solides, capables enfin d'assurer tout à la fois leur connaissance des faits et l'impartialité de leurs appréciations (1). »

Le temps, fort agréable, j'en conviens, des Louis Blanc, des Thiers, des Lamartine publicistes est passé. De même que je crie aux politiciens du Palais-Bourbon : « Des actes, des actes honnêtes, et pas de paroles » ; de même la nouvelle génération réclame impérieusement, de l'historien, beaucoup de preuves et peu de dissertations.

ALFRED DUQUET.

Paris, le 1er mars 1891.

(1) La *France et l'Europe pendant le siège de Paris*, 18 septembre 1870, 28 janvier 1871, Encyclopédie politique, militaire et anecdotique, par Pierre Maquest (archiviste de la ville de Tournai, Belgique ; conservateur des archives de l'Etat), avec une préface de M. E. Spuller, député de la Seine, 2e édition ; Paris, Ghio, 1877 ; préface, p. I.

PARIS

Chevilly et Bagneux

LES

PREMIERS JOURS DE L'INVESTISSEMENT

L'ISOLEMENT

S'il existe un supplice affreux, c'est assurément la réclusion. Chez l'individu isolé, l'intensité de la souffrance augmente en raison directe du temps écoulé, et finit souvent par la folie ou par le suicide. Les agglomérations d'hommes ne sont pas épargnées et, sur elles, les effets de la réclusion, pour n'être pas identiques à ceux produits sur l'individu, n'en restent pas moins terribles. On a même remarqué que, plus la population séquestrée est nombreuse, plus la gravité du mal est grande; tandis qu'une petite garnison supportera facilement un blocus de plusieurs mois, sans éprouver cet énervement maladif, suite de l'isolement, tant elle est occupée à résister aux attaques de l'ennemi, tant elle est fière d'accomplir son devoir.

Il n'en va pas de même dans une ville bloquée étroitement, quand le chiffre des assiégés se monte à plus de deux millions de têtes (1). La surexcitation individuelle se multiplie indéfiniment par celle du voisin et produit alors un état étrange, tenant, à la fois, de la démence et de l'héroïsme, faisant succéder les défaillances aux résolutions les plus viriles, mêlant les qualités, les défauts de l'humanité dans un chaos de belles et de vilaines actions.

Le siège de Paris est une nouvelle preuve de cette vérité. A mesure que nous avancerons dans le récit de la tragédie, nous verrons se développer, de plus en plus nettement, le caractère fatal qui est le propre des foules séparées brusquement du reste du monde.

« Paris sans nouvelles! Nul de ceux qui ont été acteurs et témoins du siège mémorable de 1870, n'oubliera jamais l'émotion qui s'empara de tous les esprits et de tous les cœurs vers la fin de septembre, quand il fut bien constaté que l'on était désormais condamné à vivre et à combattre sans rien savoir du reste du monde. Ce fut un moment d'incomparables angoisses (2). »

Les Parisiens « sont restés, deux fois, vingt jours sans aucune nouvelle; fréquemment plus d'une semaine. Il faut avoir subi ces tortures pour s'en faire une idée. Cette ignorance absolue des événements extérieurs dont on attend le salut, et, mieux encore, la règle de conduite, est un supplice sans nom (3). » — « Les mesures étaient bien prises pour

(1) « Plus l'armée est nombreuse, plus la démoralisation l'entame. » (Viollet-le-Duc, p. XIX.)

(2) Pierre Maquest; préface de M. Spuller, p. IV.

(3) *Gouvernement de la Défense nationale du* 30 *juin au* 31 *octobre* 1870, par M. Jules Favre, de l'Académie française; Paris,

priver Paris de toutes nouvelles, sauf les démoralisantes (1). »

Mais, à l'époque où nous sommes, les effets de la réclusion n'ont pu guère se produire chez les Parisiens : ils n'en sont qu'à l'ahurissement causé par cette claustration subite; ils ne croient pas encore à la rigueur du blocus, à sa durée, à sa possibilité même. Les militaires ont répété tant de fois que l'investissement de Paris était irréalisable qu'il est bien permis à ses habitants de ne pas y croire (2). On redoute donc plutôt une attaque de vive force qu'un blocus véritable; on se prépare plutôt à combattre qu'à souffrir de la faim, du froid, de la misère; on s'arme de courage contre le feu, plutôt que contre la maladie, et ce sera tout le contraire que les événements réserveront à la grande capitale assiégée.

Et, cependant, elle sent déjà passer sur elle le frisson de l'isolement, la terreur de l'*emmurement*, et le Gouvernement essaie de la rassurer :

« L'une des plus grandes souffrances que l'investissement de Paris impose à sa population est certainement l'absence complète de toute espèce de nouvelles. Un malaise indéfinissable s'empare des

Plon, 1871; p. 246. — « Cette séquestration absolue, qui allait être une des souffrances les plus aiguës du siège. » *La guerre de France*, 1870-1871, par Charles de Mazade; Paris, Plon, 1875; t. II, p. 114. — Francisque Sarcey, *Le siège de Paris, Impressions et Souvenirs*; Paris, Lachaud, 1871; p. 101. — *Par ballon monté*, par Louis Moland; Paris, Garnier frères, 1872; p. 35. — *Journal du siège de Paris*, par Michel Cornudet; Paris, Douniol, 1872; p. 47.

(1) *Historique du 1er régiment d'infanterie de Basse Silésie, n° 46*, par le capitaine Münnich; Bibliothèque nationale, in-8°, M 2842. (Traduction de M. Stanislas Mouillard.)

(2) « On s'abandonnait facilement à l'opinion que le blocus hermétique sur un aussi vaste périmètre était impossible. » (Jules Favre, *Gouvernement de la Défense nationale du 30 juin au 31 octobre* 1870, p. 244.)

âmes et ce n'est pas trop de l'effort continu du patriotisme pour le dominer (1). »

Et l'on n'est qu'au commencement de cet horrible tourment qui doit durer près de cinq mois!

« C'était, à vrai dire, pour Paris une épreuve assez nouvelle de se voir ainsi brusquement emprisonné. On n'était pas accoutumé à être investi, selon le mot du général Trochu, et on se sentait un peu étonné. Dès les premiers jours, la population avait pris son parti. Emue, ardente, patriote dans son ensemble et prête à tous les sacrifices, confiante en elle-même et frondeuse pour ses chefs comme une véritable population athénienne, se croyant, de bonne foi, appelée à faire reculer l'invasion, elle acceptait, sans se plaindre, les chances d'une lutte dont elle était résolue à subir toutes les rigueurs sans en comprendre toujours les conditions (2). »

Mais, encore une fois, elle avait déjà le pressentiment du supplice.

DÉCRETS ET PROCLAMATIONS.

Pour calmer l'émotion publique causée par l'échec de Châtillon, le Gouverneur de Paris et le ministre de l'Intérieur, M. Gambetta, lançaient chacun une proclamation. Ce dernier, le jour même de la déroute, s'adressait aux Parisiens :

« Citoyens, le canon tonne, le moment suprême est arrivé.

« Depuis le jour de la révolution, Paris est debout et en haleine. Tous, sans distinction de classes ni de partis, vous avez saisi vos armes pour

(1) *Journal officiel*, n° du 5 octobre 1870.
(2) Charles de Mazade, *La guerre de France*, t. II, pp. 113 et 114.

sauver à la fois la Ville, la France et la République.

« Vous avez donné, dans ces derniers jours, la preuve la plus manifeste de vos mâles résolutions; vous ne vous êtes laissé troubler ni par les lâches ni par les tièdes; vous ne vous êtes laissé aller ni à l'excitation ni à l'abattement; vous avez envisagé avec sang-froid la multitude des assaillants.

« Les premières atteintes de la guerre vous trouveront également calmes et intrépides, et si les fuyards venaient, comme aujourd'hui, porter dans la cité le désordre, la panique et le mensonge, vous resteriez inébranlables, assurés que la *cour martiale qui vient d'être instituée par le Gouvernement pour juger les lâches et les déserteurs* saura efficacement veiller au salut public et protéger l'honneur national.

« Restons donc unis, serrés les uns contre les autres, prêts à marcher au feu, et montrons-nous les dignes fils de ceux qui, au milieu des plus effroyables périls, n'ont jamais désespéré de la Patrie.

« Paris, le 19 septembre 1870.

« Le membre du Gouvernement, ministre de l'Intérieur,

« LÉON GAMBETTA (1). »

Le Gouverneur de Paris tâchait, pareillement, d'imposer aux poltrons par la menace du conseil de guerre :

« A la Garde nationale, à la Garde mobile, aux troupes en garnison à Paris.

« Dans le combat d'hier, qui a duré presque toute la journée et où notre artillerie, dont la solidité ne

(1) *Journal officiel*, nº du 20 septembre 1870.

saurait être trop louée, a infligé à l'ennemi des pertes énormes, des incidents se sont produits que vous devez connaître dans l'intérêt de la grande cause que nous défendons en commun.

« Une injustifiable panique, que n'ont pu arrêter les efforts d'un excellent chef de corps et de ses officiers, s'est emparée du régiment provisoire des zouaves qui tenait notre droite. Dès le commencement de l'action, la plupart des soldats se sont repliés en désordre dans la ville et s'y sont répandus en semant l'alarme. Pour excuser leur conduite, ces fuyards ont déclaré qu'on les avait menés à une perte certaine, alors que leur effectif était intact et qu'ils étaient sans blessures ; qu'ils avaient manqué de cartouches, alors qu'ils n'avaient pas fait usage, je l'ai constaté moi-même, de celles dont ils étaient encore pourvus ; qu'ils avaient été trahis par leurs chefs, etc. La vérité, c'est que ces indignes ont compromis, dès son début, une affaire de guerre dont, malgré eux, les résultats sont considérables. D'autres soldats d'infanterie de divers régiments se sont joints à eux.

« Déjà, les malheurs, que nous avons éprouvés dans le commencement de cette guerre, avaient fait refluer sur Paris des soldats indisciplinés et démoralisés, qui y portent l'inquiétude et les troubles, et échappent, par le fait des circonstances, à l'autorité de leurs chefs et à toute répression.

« Je suis fermement résolu à mettre fin à de si graves désordres. J'ordonne à tous les défenseurs de Paris de saisir les hommes isolés, soldats de toutes armes ou gardes mobiles, qui errent dans la ville en état d'ivresse, répandent des propos scandaleux et déshonorent, par leur attitude, l'uniforme qu'ils portent.

« Les soldats et gardes mobiles arrêtés seront conduits à l'état-major de la place, 7, place Vendôme; les habitants, arrêtés dans le même cas, à la préfecture de police.

« Ils seront traduits devant les conseils de guerre qui jugent en permanence et subiront la rigoureuse application des dispositions ci-après édictées par la loi militaire.

« Art. 213. Est puni de mort tout militaire qui abandonne son poste en présence de l'ennemi ou de rebelles armés.

« Art. 218. Est puni de mort, avec dégradation militaire, tout militaire qui refuse d'obéir lorsqu'il est commandé pour marcher à l'ennemi.

« Art. 250. Est puni de mort, avec dégradation militaire, tout pillage ou dégât de denrées, marchandises ou effets, commis par des militaires en bande, soit avec armes ou à force ouverte, soit avec violence envers les personnes.

« Art. 253. Est puni de mort, avec dégradation militaire, tout militaire qui détruit des moyens de défense, approvisionnements en armes, vivres, munitions, etc.

« C'est un égal devoir pour le Gouverneur de défendre Paris, qui va subir directement les épreuves du siège, et d'y maintenir l'ordre. Par les présentes dispositions, il associe à son effort tous les hommes de cœur et de bon vouloir dont le nombre est grand dans la cité.

« Paris, le 20 septembre 1870.

« Le Président du Gouvernement, Gouverneur de Paris,

« Général TROCHU (1). »

On verra, par la suite, que les conseils de guerre ne fonctionnèrent pas et que c'est d'eux-mêmes,

(1) *Journal officiel*, n° du 21 septembre 1870.

par instinct, que les fuyards de Châtillon devinrent les héros de Bry-sur-Marne (1). Que n'eût-on pas fait avec de pareils hommes s'ils s'étaient sentis tenus et dirigés par une main ferme!

Le 19 septembre, un décret avait aboli le fameux article 75 de la Constitution de l'An VIII, relatif aux poursuites contre les fonctionnaires (2). Les auteurs du décret, ou leurs successeurs, ne songeaient pas qu'ils réclameraient, plus tard, l'impunité en faveur de leurs propres fonctionnaires; qu'ils ne pourraient souffrir la loi qu'ils avaient faite.

Le 21, avant la publication du rapport de M. Jules Favre, le Gouvernement tenait à dégager les enseignements de l'entrevue de Ferrières :

« Avant que le siège de Paris commençât, le ministre des Affaires étrangères a voulu connaître les intentions de la Prusse, jusque-là silencieuse.

« Nous avions proclamé hautement les nôtres le lendemain de la révolution du 4 septembre.

« Sans haine contre l'Allemagne, ayant toujours condamné la guerre que l'empereur lui a faite dans un intérêt exclusivement dynastique, nous avons dit : «« Arrêtons cette lutte barbare qui décime les peuples au profit de quelques ambitieux. Nous acceptons des conditions équitables, nous ne cédons ni un pouce de notre territoire ni une pierre de nos forteresses. »»

« La Prusse répond à ces ouvertures en demandant à garder l'Alsace et la Lorraine par droit de conquête.

(1) « La peine de mort paraît à chaque ligne de cette proclamation. » (Michel Cornudet, p. 22.) Elle ne devait paraître qu'à chaque ligne, car jamais elle ne fut moins appliquée que pendant le siège de Paris. — *Histoire critique du siège de Paris*, par un officier de marine ayant pris part au siège; Paris, Dentu, 1871; p. 45.

(2) *Journal officiel*, n° du 20 septembre 1870. — *Tablettes quotidiennes du siège de Paris raconté par Lettre-Journal*; D. Jouaust, rédacteur; Paris, Librairie des bibliophiles, 1871; p. 5.

« Elle ne consentirait même pas à consulter les populations; elle veut en disposer comme d'un troupeau.

« Et quand elle est en présence de la convocation d'une assemblée qui constituera un pouvoir définitif et votera la paix ou la guerre, la Prusse demande comme condition préalable d'un armistice, l'occupation des places assiégées, le fort du Mont-Valérien et la garnison de Strasbourg prisonnière de guerre.

« Que l'Europe soit juge!

« Pour nous, l'ennemi s'est dévoilé. Il nous place entre le devoir et le déshonneur; notre choix est fait.

« Paris résistera jusqu'à la dernière extrémité. Les départements viendront à son secours, et, Dieu aidant, la France sera sauvée (1). »

Hélas! c'étaient encore des mots, et l'Europe, à laquelle on s'adressait, ne devait pas les entendre et sortir de son indifférence craintive.

Le 23, un autre décret ajournait indéfiniment les élections pour l'Assemblée constituante fixées au 2 octobre par le décret du 16 septembre (2). C'était une grosse détermination dont les conséquences furent bien mauvaises. Le Gouvernement, accusé d'être au pouvoir sans mandat, n'eut pas l'autorité nécessaire et pour faire la guerre et pour faire la paix. La Prusse en profita pour repousser les tentatives de médiation que les grandes puissances ébauchèrent timidement, et, à la fin de la campagne, les partis hostiles aux gouvernants ne manquèrent pas de s'en servir pour étayer tous leurs griefs et pour

(1) *Journal officiel*, n° du 22 septembre 1870.

(2) *Ibid.*, n°s des 24 et 27 septembre 1870. — « L'insuccès de la négociation de Ferrières amena l'ajournement des élections. » (*Histoire de Quatre-ans 1870-1873*), par Théodore Duret; Paris, Charpentier, 1878; t. II, p. 31.

faire élire l'Assemblée profondément honnête, mais phénoménalement impolitique, qui nous valut la lutte fratricide qui a divisé la France en deux camps opposés, à une époque où les exigences du patriotisme demandaient le groupement de tous les Français sous un gouvernement anonyme dont le seul but aurait dû être de faire face, politiquement et militairement, à l'ennemi qui nous guette avec la patience, la ruse et la férocité du fauve : l'Allemagne.

Mais le Gouvernement, « pour plaire à la cour installée à Belleville (1) », éprouve le besoin de régulariser une mesure, qu'il a prise, quelques jours auparavant, sur la proposition de M. Emmanuel Arago, à propos de la construction des barricades, et compose ainsi la Commission :

MM. Henri Rochefort, membre du Gouvernement de la Défense nationale; Dorian, ministre des Travaux publics; Gustave Flourens; Jules Bastide, ancien ministre de la République; Martin Bernard; Floquet, adjoint au maire de Paris; A. Dréo, secrétaire adjoint du Gouvernement de la Défense nationale (2).

Le 25, cette commission était complétée avec

(1) Viollet-le-Duc, p. XXVI. — *Histoire critique du siège de Paris* par un officier de marine, p. 24.

(2) *Journal officiel*, n° du 23 septembre 1870. — « On inventa, pour Rochefort, je ne sais quelle grotesque fonction de grand maître des barricades. » (*Journal d'un officier d'ordonnance, juillet 1870-février 1871*, par le comte d'Hérisson; Paris, Ollendorff, 1885; p. 88.) — « Un comité *ad hoc* s'était constitué sous la présidence de M. Rochefort, qui avait là son ministère tout trouvé. » (*Relation historique et critique de la guerre franco-allemande en 1870-1871*, par Ferdinand Lecomte, colonel fédéral suisse; Paris, Tanera, 1874; t. III, p. 35.) — « Créer un directeur des barricades et en confier les fonctions à Rochefort, était un moyen, inventé par ses collègues, pour occuper son temps et son attention et l'empêcher de faire des sottises. » (*A Paris pendant le siège*, par un Anglais, membre de l'Université d'Oxford; traductions, notes et documents par Félix Sangnier; Paris, Ollendorff, 1888; p. 50.)

MM. Albert et Cournet. On nommait secrétaires : MM. Louis Ulbach, Ernest Blum et Emile Raspail (1).

Quelle singulière époque et comme, à côté de drames navrants, on y voit de drôles de choses! Quoi de plus grotesque, par exemple, que cette commission des barricades, où l'on comptait : un pamphlétaire, un homme sérieux, un fou dangereux, un oublié, un revenant, un politicien, un gendre, un pseudo-ouvrier, un journaliste, un romancier, un vaudevilliste, un apothicaire?

Heureusement, ces commissaires firent peu de besogne, le mal que les barricades, élevées par eux, causèrent, étant déjà assez grand. Et, de fait, n'était-ce pas de la pure démence que de construire, dans les rues de la ville, au moment où les forts et l'enceinte étaient intacts, des barricades dont le premier effet serait, et a été, de retarder, de gêner, d'empêcher même complètement, les mouvements de troupes des assiégés. Grâce à cette coupable concession aux idées de MM. Flourens et Floquet, la valeur de notre position centrale, si importante en cas d'investissement, diminuait beaucoup : ce n'étaient plus de simples marches diamétrales, ou rayonnantes que nous avions à exécuter, alors que nos ennemis étaient condamnés aux mouvements circulaires ; par le barrage, par le rétrécissement des voies urbaines, nous perdions le bénéfice de la ligne droite, pour subir la ligne brisée, quand nous n'étions pas forcés de prendre la ligne circulaire, comme les Prussiens, ou de nous morfondre dans les encombrements et les haltes indéfinies, pires encore que tout le reste (2).

(1) *Journal officiel*, n° du 27 septembre 1870.

(2) « Il y eut une commission des barricades; ce n'étaient pas nos avant-postes qu'elle allait barricader, mais nos voies urbaines, afin, probablement, de rendre nos mouvements plus difficiles et

Aussi bien, l'émulation s'en mêlait, et, jaloux de leurs prérogatives, les membres de la Commission durent *engager* les zélés à ne pas élever *spontanément* des barricades, sans s'être entendus, préalablement, avec ladite Commission « dont les *plans* auraient pu se trouver contrariés par des travaux dus à l'initiative privée (1) » !

Voilà à quel amoindrissement en était arrivé le commandement dans une place assiégée par 150,000 ennemis! « Reconnaître et embrigader la corporation des *barricadeurs de Paris* au moment où l'émeute était menaçante, lui donner une existence légale, paraît une singulière idée ; on s'étonne de la voir proposée par un membre du Gouvernement, on est confondu de la voir approuvée par le Gouverneur..... La seule explication possible de cette étrange institution était évidemment la nécessité d'obéir aux ordres de la rue (2) », ou, plutôt, du ruisseau.

Le 29, M. Delesvaux, le fameux président de la sixième chambre, si dur pour la presse et les pré-

d'en retarder la rapidité. » (Viollet-le-Duc, p. XXVI.) — « Il est vrai que la commission des barricades avait tout fait pour qu'il en fût ainsi, et que, jusqu'au dernier moment, on a respecté sa défense théâtrale autant que malencontreuse. » (*Ibid.*, p. XL.) — (*Ibid.*, p. XXXVI.) — « Le 20 octobre, muni d'autorisations en règle, je franchis les formidables barricades de la place du Trône, défendues, avec conviction, par les gardes nationaux, à trois lieues en arrière des avant-postes. » (Robinet de Cléry, *Les Avant-postes pendant le siège de Paris*; Paris, Palmé, 1887; p. 61.) — *Histoire critique du siège de Paris*, par un officier de marine, p. 24. — *Le Siège de Paris, journal d'un officier de marine attaché au *** secteur* (Francis Garnier) ; Paris, Delagrave, 1885 ; pp. 16 et 17. — Colonel Lecomte, t. III, p. 35. — Flourens, lui-même, convient de « l'inutilité et du danger des barricades. » (Gustave Flourens, *Paris livré;* Paris, Lacroix; Verbœckhoven et Cie, 1871; 2e édition, p. 100.)

(1) Jouaust, p. 11. — Francis Garnier, pp. 17 et 18.

(2) *Enq. parlem. déf. nationale*, rapport de M. Chaper sur le Gouvernement de la Défense à Paris, au point de vue militaire, pp. 110 et 111.

venus politiques, président que certains de ses successeurs arrivent facilement à dépasser en rigueurs et en servile partialité, se brûlait la cervelle d'un coup de pistolet (1). Les fonctionnaires, qui s'étaient compromis pour le régime déchu, ne laissaient pas d'être envahis par une grande inquiétude, et quelques-uns se faisaient eux-mêmes justice, soit par l'exil, soit par la mort.

Attitude des Parisiens.

Quant à l'aspect de Paris, il ne se modifiait que par certains côtés. « Le mois de septembre s'achevait par une chaleur d'été (2). »

« Les services publics fonctionnaient comme d'habitude, les magasins étaient ouverts, les voitures circulaient, moins nombreuses, il est vrai ; les journaux paraissaient régulièrement, les omnibus marchaient encore, les facteurs de la poste allaient de porte en porte ; le soir, l'éclairage brillait, et, pendant le jour, les marchands ambulants faisaient entendre leurs cris monotones, tandis que les enfants jouaient bruyamment dans les carrefours (3). »

« Les vivres ne manquaient pas, la saison restait douce, le mouvement des rues se ralentissait à peine (4). »

Le dimanche, 25 septembre, il faisait un temps magnifique. Les Parisiens ne purent se dispenser de leur promenade favorite et, de tous côtés, ils franchirent les fortifications. Avec l'inconscience

(1) Jouaust, p. 11.
(2) Robinet de Cléry, p. 44.
(3) Général Ambert, *Gaulois et Germains, Récits militaires, Le siège de Paris*; Paris, Bloud et Barral ; pp. 55 et 56. — Louis Moland, p. 33.
(4) Charles de Mazade, *La guerre de France*, t. II, p. 114.

du danger, qui est son propre, la foule se porta principalement vers le fort d'Issy; des altercations s'élevèrent entre les gardes nationaux, les officiers de l'armée active et les promeneurs. Un capitaine fut obligé de placer une mitrailleuse en batterie pour mettre à la raison cette masse désordonnée, qui voulait dépasser les lignes, et qui maltraitait officiers et sentinelles. Sentant leurs parents si près d'eux, les mobiles du fort d'Issy abandonnèrent leur poste et allèrent se promener avec tout ce monde endimanché; du fait, le fort se trouva sans défenseurs pendant trop longtemps (1).

Nous nous demandons quelles étaient les réflexions des Allemands qui, du haut de la butte de Châtillon, considéraient cet étrange spectacle? Quel tumulte, quel affolement, quelle débandade, et quelle course vers Paris au cas où la fantaisie eût pris à l'ennemi de tirer à obus sur cette cohue dont plus de la moitié se composait de femmes et d'enfants! C'est de la sorte que la police des remparts se faisait sous le général Trochu; on laissait courir de pareils dangers à une population ignorante!

« Dans Paris, partout foule de promeneurs endimanchés, profitant du dernier soleil et de la dernière chaleur. La ligne des boulevards, particulièrement, aurait fait croire à un jour de fête, à quelque retour de victoire, tant dominait l'uniforme (2). »

(1) Général Ambert, *Récits militaires*, *Le siège de Paris*, p. 56.

(2) *Memorandum du siège de Paris*, 1870-1871, par Jules de Marthold; Paris, Charavay, 1884; p. 71. — « Les gardes nationaux n'avaient aucun instinct militaire, sauf celui de porter un uniforme. » (Charles Besson, commandant du 3e bataillon de la Seine-Inférieure, *Histoire d'un bataillon de mobiles*: Paris, Lachaud, 1872; p. 49.) — « Les Parisiens ont à peine perdu leur bonne humeur pendant le siège. » (Hermann Robolski, *Le siège de Paris raconté par un Prussien;* traduction de W. Filippi, inspecteur

« Les amateurs du clinquant se livraient à une véritable orgie de décorations et de costumes. Les gardes nationaux et autres se chamarraient de tous les insignes imaginables : croix de la Légion d'honneur, médaille militaire et de sauvetage, passe encore; mais médailles de Crimée, d'Italie, du Mexique, de Mentana, de Sainte-Hélène et palmes universitaires s'étalaient à qui mieux mieux sur la poitrine de ces puérils vaniteux. Bien plus, pour faire brochette, les intrépides s'appliquaient, en supplément, trois ou quatre petites médailles à un sou pièce.

« Les uniformes et les galons n'étaient pas en reste sur les décorations. Outre les corps de francs-tireurs, où l'on voyait briller toutes les fantaisies de la forme et de la couleur, les individus, qui n'avaient pas revêtu le modeste costume de garde national, se créaient un costume de circonstance. Les savants s'ornementaient d'un riche képi. Les ingénieurs civils se coiffaient de magnifiques casquettes à trois galons, avec leurs titres en lettres d'or; les plus sages d'entre eux se contentaient des modestes insignes d'officiers du génie de la Garde nationale. Les sauveteurs de la Seine se constituaient en gardes du corps du ministre des Travaux publics, et s'adjugeaient, sans plus de façon, le costume de la Marine militaire. Il est bon de dire que, parmi tous ces beaux engalonnés, plus d'un trouva ainsi le moyen de se soustraire à des obligations militaires sérieuses (1). »

principal aux chemins de fer de l'Est; Paris, Lachaud, 1871; p. 97.) — H. de Lafosse, *A bâtons rompus, Tableau de Paris depuis la déclaration de guerre jusqu'à la signature de la paix*, 1870-1871 ; Paris, imprimerie Paul Dupont, 1871; t. II, p. 19. — Marie Sebran, *Journal d'une mère pendant le siège de Paris;* Paris, Didier, 1872; p. 32.

(1) Colonel Vandevelde, *Commentaires sur la guerre de* 1870-1871 ; Bruxelles, Muquardt, 1872; pp. 185 et 186. — Le colonel Vande-

« Le bourgeois, content de jouer au soldat, de montrer ses épaulettes, se tenait pour satisfait quand il avait crié sus à l'Allemand. Le costume militaire et la pensée qu'il était un héros l'aidaient à supporter avec quelque patience les misères du jour (1). »

GOUVERNANTS ET GOUVERNÉS A L'ŒUVRE

Et les missions, les décrets se succédaient sans interruption ! M. Louis Blanc était envoyé en Angleterre « pour exciter les sympathies du peuple anglais en faveur de la France (2) », mais, comme il fallait partir en ballon, il restait à Paris.

M. Devienne, premier président de la Cour de cassation, « pour avoir gravement compromis la dignité du magistrat, dans une négociation d'un caractère scandaleux, était déféré disciplinairement à la Cour de cassation (3) ». — « En quoi les affaires de M. Devienne touchaient-elles à la Défense nationale, seul but et seule mission du Gouvernement ? En quoi cette poursuite et ce procès rendront-ils nos bastions plus forts et leur défenseurs plus vaillants (4). » C'était un procès politique, car il n'y avait guère lieu d'être étonné qu'un magistrat eût

velde a copié littéralement cette citation dans l'*Histoire critique du siège de Paris par un officier de marine*, pp. 37 et 38.

(1) *A Paris pendant le siège*, p. x.

(2) *Journal officiel*, n° du 24 septembre 1870.

(3) *Ibid.* — *Mon journal pendant le Siège et la Commune, par un bourgeois de Paris* (Emile Chevalet) ; Paris, Librairie des contemporains, 1871 ; 2e édition, pp. 28 à 30. — Jules de Marthold, p. 68.

(4) *Discours, plaidoyers et œuvres diverses de M. Edmond Rousse, ancien bâtonnier de l'Ordre des avocats, membre de l'Académie française*, recueillis et publiés par Fernand Worms, avocat à la Cour de Paris ; Paris, L. Larose et Forcel, 1884 ; t. II, p. 185. — Michel Cornudet, p. 47.

cherché à étouffer le scandale causé par les relations séniles du souverain avec une nommée Marguerite Bellanger, qui lui avait fait croire qu'elle était grosse de lui. Si nos souvenirs sont fidèles, il nous semble que Bossuet s'est également interposé entre Louis XIV et ses maîtresses : les hermines de l'Hôtel de Ville n'ont jamais songé à s'en scandaliser. La seule faute de M. Devienne, qui avait été de se dessaisir d'une lettre confidentielle, ne relevait pas des tribunaux, mais de sa conscience et de l'opinion publique (1).

La mesure prise contre M. Devienne était la suite de la publication des papiers de la famille impériale saisis aux Tuileries, publication faite par le Gouvernement, et qui révélait notamment que M. de Cassagnac devait toucher 160,000 francs de la cassette de l'Empereur, sur lesquels il avait reçu 32,000 francs en mai 1870 (2). Voilà ce qui s'appelle des convictions touchantes. De même, Mlle Claude Vignon, mariée depuis à M. Maurice Rouvier, ministre des finances de la République française, recevait de Napoléon III une pension de 500 francs par mois (3). A quel titre ?...

Pour être impartial, il est bon de dire que tout ce qui pouvait, dans ces papiers et correspondance, être désagréable à la Gauche, était rigoureusement détruit. Ainsi, « une lettre d'un nom connu, de l'Opposition, qui demande à l'Empereur de lui payer 100,000 francs de dettes... (4) », était con-

(1) *Papiers et correspondance de la famille impériale* ; Paris, imprimerie nationale, 1870 ; t. I, pp. 65 et 66.
(2) *Ibid.*, p. 84. — *Le Siège de Paris*, 1870-1871, par Adolphe Michel ; Paris, Courcier, 1871 ; p. 51.
(3) *Papiers et correspondance de la famille impériale*, t. I, pp. 86 à 93.
(4) *Journal des Goncourt* ; Paris, Bibliothèque Charpentier, 1890 ; 2e série, t. I, p. 50. — *Journal de Fidus*, *La Révolution de septembre, Paris assiégé* ; Paris, Savine, 1889 ; p. 174.

fraternellement supprimée par les gouvernants.

Et le ministre de la Guerre conférait gravement avec M. Edgar Quinet qui « lui exposait ses idées sur la levée en masse (1) ! » — « La tradition républicaine, disait l'ex-proscrit, veut la concentration rapide des forces, l'action commune des armées, que, de la circonférence, la France entière, armée, organisée, se resserre autour du centre (2). » M. Quesnay de Beaurepaire, avec son étau, n'a été que le plagiaire de M. Quinet.

Voici un exemple des impressions militaires des membres du Gouvernement. « M. Pelletan a dîné chez nous, écrivait Mme Edmond Adam, le 20 septembre ; il est courageux, passionné ; il veut manger du Prussien ; ce n'est ni Adam ni moi qui le rationneront. Il nous dit que le général Trochu lui inspire la plus grande confiance. Il a une haute idée du général Ducrot (3). » Quelle perspicacité, quelle connaissance des hommes !

Pendant ce temps, la Garde nationale défile par la ville, chantant, acclamant la statue de Strasbourg, jurant l'extermination des Allemands, mais se gardant bien de franchir le rempart, derrière lequel, du reste, le général Trochu la cache avec un soin jaloux ; et celui-ci se voit obligé de déposer de nouveau son épée pour reprendre son infatigable plume :

« Des groupes de la Garde nationale, quelques-uns sous le commandement de leurs officiers, se sont livrés, ces jours-ci, à des manifestations dont le caractère essentiellement pacifique n'a pas troublé l'ordre dans Paris.

(1) *Paris, journal du siège*, par Mme Edgar Quinet ; Paris, Dentu, 1873 ; p. 90.

(2) *Ibid.*, p. 91.

(3) Juliette Lamber, Mme Edmond Adam, *Le siège de Paris, journal d'une Parisienne ;* Paris, Michel Lévy frères, 1873 ; pp. 92 et 93.

« Mais, à ce moment-là même, l'ennemi, dont les principales concentrations sont effectuées, construisait des batteries à portée de nos forts qui ouvraient le feu contre ces travaux.

« Le siège est donc commencé : nous avons des blessés et des morts.

« Ce matin même, un vif engagement a eu lieu en avant de Villejuif.

« La place de tous est sur le rempart ou dans les réserves, et ceux-là même qui ne sont commandés pour aucun service doivent se tenir dans leurs quartiers respectifs prêts à répondre à l'appel de la Défense.

« Ce n'est pas l'heure, assurément, des promenades à travers la ville, et de ces manifestations qui portent atteinte au principe militaire, et font un pénible contraste avec la gravité de la situation où est le pays.

« Nous avons, à présent, d'impérieux et pressants devoirs, qui dominent de bien haut toutes les préoccupations politiques, et je veux les résumer ici en quelques mots :

« Il faut être au combat ou être prêt pour le combat.

« Paris, le 23 septembre 1870.

« Le Président du Gouvernement, Gouverneur de Paris,

« Général TROCHU (1). »

C'étaient des phrases ajoutées à d'autres phrases et leur effet fut nul. Les promenades, les chants, les cris, les harangues, les proclamations, les appels bruyants continuèrent comme par le passé.

« En même temps, les gardes aux remparts

(1) *Journal officiel*, n° du 24 septembre 1870. — Jules de Marthold, p. 67. — Jouaust, p. 7.

étaient exécutées avec un zèle outré et inintelligent, surtout pour les bataillons où dominait l'élément ouvrier : les factionnaires s'arrogeaient les droits les plus exorbitants, et ces fameux amis de la liberté ne manquaient pas une occasion de faire de l'autorité à outrance. Ils arrêtaient tout le monde : terrassiers, artilleurs, sapeurs du génie, ingénieurs, officiers de tous grades, y compris les généraux et amiraux commandant les secteurs, et cela à chaque instant, pendant près d'un mois, au grand détriment de l'intérêt du service. Ces vexations toutes gratuites, contre les officiers en particulier, étaient, de la part de beaucoup de gardes nationaux de la classe ouvrière, une manière de témoigner leur haine et leur basse envie contre tout ce qui représente l'autorité légalement constituée. Il va de soi, d'ailleurs, que ces fameux gardiens de la règle, une fois dans les rangs, étaient les gens les plus indisciplinés qu'on pût voir; et, hors des rangs, leur principale occupation était de jouer au bouchon et de porter remède à une soif que les trente sous de la Patrie avaient de la peine à assouvir (1). »

D'un autre côté, la question des subsistances commençait à préoccuper tout le monde, et l'on sentait que c'était là que gisait le danger (2). Tout le monde, cependant, ne se préparait pas de la même manière à le conjurer : « Les bourgeois se resserraient et vivaient d'économie; les ouvriers ne se refusaient rien, ni en vins, ni en liqueurs, ni en viandes, ni en café, etc. (3). »

Mais, le 26 septembre, la commission des subsis-

(1) Colonel Vandevelde, p. 185. — Nous retrouvons encore littéralement ce passage dans l'*Histoire critique du siège de Paris par un officier de marine*, pp. 36 et 37.

(2) *Journal de Fidus, la Révolution de Septembre, Paris assiégé*, p. 120.

(3) *Ibid.*, p. 121.

tances est nommée. Elle se compose de MM. Jules Simon, Jules Ferry, Gambetta, Picard, Etienne Arago, Magnin, Cernuschi, Sauvage et Littré (1). Pas un militaire ne s'y trouve, et il s'agit des approvisionnements d'une ville assiégée, partant, de la question capitale d'où dépendra la durée de la résistance, le succès ou l'échec des efforts que l'armée pourra faire (2) !

Afin de ne pas inquiéter la population, les commissaires ne prennent pas, tout de suite, la seule décision indiquée par la raison, c'est-à-dire, le rationnement. On constatera bientôt le résultat de cette faiblesse coupable (3).

Et, de fait, « la question des denrées commence à prendre une face inquiétante. Plus de lait, plus de beurre frais. Le beurre fondu se paie 4 francs la livre, le beurre salé 5 francs. Pas d'œufs à moins de 25 centimes. Le fromage se raréfie. Les graisses et saindoux se vendent 2 francs. Le jambon 6 francs le kilogramme (4). » — « Paris était agité, Paris était inquiet de sa pitance ordinaire (5). »

Voici quelques autres prix : un poulet, 10 francs ; un canard, 12 francs ; une oie, 20 francs ; une dinde, 40 francs ; une anguille, 15 francs (6).

Seuls, le vin et l'alcool existent en grande quantité : pour eux, le rationnement n'est pas néces-

(1) *Journal officiel*, n° du 28 septembre 1870.

(2) « La présence du ministre de la Guerre eût été fort désirable. » (Clamageran, p. 10.)

(3) « Durant les premiers mois du siège, le gaspillage des provisions accumulées par Duvernois fut énorme. » (Jean Larocque, 1871, *Souvenirs révolutionnaires ;* Paris, Savine, 1888 ; p. 167.) — « Au début du siège, on laissa gaspiller inutilement, et souvent criminellement gâcher, des provisions dont on eût pu tirer parti. » (Jules Claretie, *Histoire de la Révolution de* 1870-1871 ; Paris, Librairie illustrée ; t. I, p. 291.)

(4) Jules de Marthold, p. 74. — Louis Moland, p. 22.

(5) *Journal des Goncourt*, 2e série, t. I, p. 59.

(6) *Journal du siège, par un bourgeois de Paris*, 1870-1871 ; Paris, Dentu, 1872 ; p. 75.

saire, et comme on en abuse! « Plût au ciel qu'il eût fallu, dès le commencement du siège, rationner le vin et fermer les cabarets (1)! »

« Les champs, dont l'entretien et la culture seraient si nécessaires à l'approvisionnement de la ville, sont dévastés par des bandes de maraudeurs. Bientôt, sur toute la ligne de nos avant-postes, les soldats, et principalement les mobiles de la Seine et les francs-tireurs, se livrent, dans les maisons abandonnées, à un pillage honteux (2). »

« Dès le 6 septembre, les habitants des communes suburbaines, de celles qui même étaient placées entre les forts et en arrière de leurs gorges, furent invités à rentrer au plus tôt dans l'enceinte de la ville et à brûler les approvisionnements qu'ils ne pourraient traîner avec eux. En peu de jours les villages (placés sous le feu des forts ou entre ceux-ci et Paris) se vidèrent; les champs, dont l'entretien et la culture eussent été si nécessaires à l'alimentation de Paris, furent abandonnés et livrés à des bandes de maraudeurs qui ne tirèrent des produits sur pied qu'un approvisionnement insignifiant : pour déterrer une pomme de terre non encore mûre, ces pillards en écrasaient dix... Alors commença ce pillage toléré, puisque nulle part on ne songea à le réprimer, qui contribua si fort à démoraliser l'armée, et qui fut pour la banlieue de Paris une ruine irréparable... La dévastation, dévastation inutile, odieuse, sauvage, commença pour ne plus s'arrêter jusqu'aux derniers jours du siège. L'ennemi le plus acharné n'eût pas fait pis. Les bataillons de la Mobile et de la Ligne, plus tard de la Garde nationale de marche, les francs-tireurs, cantonnés dans

(1) Viollet-le-Duc, p. XXIX. — *Journal du siège par un bourgeois de Paris*, p. 85.

(2) *Histoire critique du siège de Paris par un officier de marine*, p. 35.

ces maisons, que la plus funeste imprévoyance avait rendues désertes, brisaient tout : les meubles, s'il en restait, les portes, les fenêtres; retournaient les jardins pour chercher des cachettes, pillaient les caves. Bientôt ces maisons, ouvertes à tous vents, ne purent même plus offrir un abri à ceux qui venaient derrière les premiers occupants. La saison devenait rigoureuse, alors tout débris de bois fut brûlé (1). » Or, « pas une des cours martiales, instituées pour la répression du banditisme pendant le siège, n'a prononcé une condamnation (2) »!

Enfin, la Garde nationale est soumise aux conseils de guerre qui « appliqueront les peines édictées par le Code de justice militaire aux crimes et délits commis dans le service, et la loi commune aux crimes et délits commis en dehors du service (3) ».

En réalité, on ne savait comment arrêter les déprédations, les violences de nombre de gardes nationaux qui, sous prétexte de salut public, s'emparaient de ce qui leur convenait, et qui ne reculaient même pas devant la violation du domicile (4).

(1) Viollet-le-Duc, p. xxv. — « On voit une grande quantité de maraudeurs dans les champs entre Port-à-l'Anglais, Vitry et Choisy-le-Roi, et sur les coteaux qui dominent Vitry. Des voitures chargées de légumes se dirigent vers Choisy. Cette maraude profite donc à l'ennemi ; il doit y avoir des Prussiens déguisés en paysans qui font, au milieu de tout ce monde, des reconnaissances. Les maraudeurs paraissent, d'ailleurs, vivre en bonne intelligence avec eux. » (Amiral de La Roncière-le Noury, pp. 54 et 55.) — « Beaucoup de gredins sans aveu trouvent leur vie à marauder dans la banlieue de Paris, alors abandonnée à toutes les entreprises. » (Sarcey, p. 87.) — Michel Cornudet, p. 55. — Francis Garnier, p. 18. — *Paris et les Allemands, journal d'un témoin*, 1870-1871, par A. du Mesnil ; Paris, Garnier frères, 1872 ; p. 90.

(2) *La Politique et le Siège de Paris*, par le général Trochu ; Paris, Hetzel ; p. 86. — Voir aussi : *Ibid.*, p. 138. — *Journal officiel*, n° du 28 septembre 1870. — Jouaust, p. 9.

(3) *Journal officiel*, n° du 28 septembre 1870.

(4) Proclamation du général Trochu : *Ibid.*, n° du 29 septembre 1870.

4.

Les Parisiens étaient en proie à la maladie des espions et des signaux. On ne pouvait avoir un accent étranger, allumer une lampe dans un appartement, surtout cacher la lumière sous un abat-jour vert, jaune ou rouge, sans être immédiatement arrêté et conduit devant le commissaire de police, en recevant force horions (1). Une proclamation du général Trochu atténua le mal sans le faire disparaître (2). Il est vrai que cette proclamation venait bien mal à propos puisqu'elle était motivée par une perquisition faite « chez un Prussien auquel un citoyen américain avait donné asile en arborant son drapeau (3) », c'est-à-dire, alors qu'elle était justifiée. Ce ne sont pas les Allemands qui auraient admis que des étrangers abritassent des Français dans une de leurs places de guerre, eux qui ne permettaient même pas aux ambassadeurs des puissances neutres de correspondre par lettres cachetées avec leurs gouvernements (4), et jamais l'idée ne serait venue à leurs chefs d'inquiéter les soldats qui n'auraient pas opéré l'arrestation dans toutes les règles. Mais les Allemands étaient vainqueurs et nous étions vaincus : partant, ils avaient la liberté de ne pas tenir compte des observa-

(1) Emile Chevalet, pp. 22 et 23. — « Paris a la folie du soupçon après avoir eu celle de la confiance. » (Mme Adam, p. 86.) — *A Paris pendant le siège*, p. 44. — Sarcey, p. 97. — Louis Moland, pp. 48 à 50. — Francis Garnier, p. 14. — Marie Sebran, pp. 29, 41 et 42.

(2) Michel Cornudet, p. 57.

(3) Jules Favre, *Gouvernement de la Défense nationale du 30 juin au 31 octobre* 1870, p. 249.

(4) *Ibid.*, p. 277. — Les membres du corps diplomatique, enfermés dans la capitale, déclarèrent « qu'il ne leur était pas permis, sans porter atteinte à leur caractère, de correspondre avec leurs gouvernements respectifs par dépêches ouvertes ». (*Histoire de la diplomatie du gouvernement de la Défense nationale*, par J. Valfrey ; Paris, Amyot, 1872 ; 2e partie, p. 7.) — *Histoire diplomatique de la guerre franco-allemande*, par Albert Sorel, professeur à l'École libre des sciences politiques ; Paris, Plon, 1875 ; p. 13.

tions des neutres et nous devions les subir toutes.

Le 29, on réquisitionne les blés et les farines (1); malheureusement, à cela se bornait l'initiative de la commission des subsistances, à l'actif de laquelle on doit mettre cette bonne mesure. Cette commission ne la complétait pas, en décidant et en réglant le rationnement de toutes les denrées, et se contentait de réglementer la consommation de la viande de boucherie (2). Or, « la faute capitale, commise à cette époque, est d'avoir rationné le pain trop tard (3) ».

Le Gouvernement « déclara même, d'une manière solennelle, que le pain ne serait pas rationné (4) »! C'étaient l'incapacité, l'aberration élevées à la plus haute puissance. « Paris aurait tenu six mois de plus si la ration, déjà si faible, avait été réduite des trois quarts, dès le lendemain de l'investissement, pour prolonger la résistance (5). » — « Le rationnement officiel du pain n'eut lieu que le 19 janvier au

(1) *Journal officiel*, nº du 30 septembre 1870.

(2) Edmond Rousse, t. II, p. 196. — Jouaust, p. 8.

(3) Clamageran, p. 17. — Je dis à un ami « que les Prussiens ont peut-être le projet de nous affamer, et je lui fais remarquer que nous ne faisons rien pour prévenir cette extrémité ». (*A Paris pendant le siège*, pp. 41 et 42.) — « Loin de songer, dès le début, à ordonner et à régulariser le rationnement, ce qui eût évité bien des souffrances et prolongé de beaucoup le temps possible de la résistance, le général Trochu a attendu que l'inexpérience administrative de l'un des membres du Gouvernement (M. Jules Ferry) fut enfin frappée de l'épuisement qui commençait à se produire dans les vivres et en ordonnât le rationnement. Il était trop tard ! » (*Les Fautes de la Défense de Paris*, par le colonel comte de Meffray ; Paris, A. Lacroix, Verboeckhoven et Cie, 1871 ; 2e édition, p. 11.) — « Le rationnement doit fonctionner dès le début. » (Colonel Hennebert, *Les Armées modernes*, p. 186.) — *La guerre au jour le jour*, 1870-1871, par le baron A. du Casse ; Paris, Dumaine, 1875 ; p. 82. — Jean Laroque, p. 167.

(4) Clamageran, p. 18.

(5) Capitaine Paul Marin, p. 165. — « Des mesures autoritaires étaient indispensables ; il les fallait énergiques et radicales, mais, restreintes, dans leur application, à un petit nombre d'objets. » (Clamageran, p. 13.)

taux de 300 grammes (1). » Mais, ici, écoutons un remarquable observateur, M. Wyrouboff : « Les considérations politiques ont exercé leur influence, plus ou moins directement, sur les moindres incidents de la Défense. Cela étant, le caractère propre de l'administration est *d'avoir tout fait trop tard* (2). »

Aussi bien, voici ce que pense de la commission des subsistances un des adjoints au maire de Paris. « Aucun homme ne possède des aptitudes universelles, ni des forces illimitées. Les membres du Gouvernement qui s'étaient mis à la tête de la commission des subsistances, avaient, par excès de zèle, oublié cette vérité de bon sens. Irrégulièrement convoquée, dirigée sans énergie, trop peu en contact avec les choses et les personnes du dehors, ne possédant qu'une autorité incertaine, la commission supérieure était un simple rouage ajouté à la machine administrative, rouage plus embarrassant qu'efficace (3). »

Tout à coup, on annonce que les Allemands ont coupé les dérivations qui amènent l'eau à Paris. Les machines élévatoires de la Ville devenaient insuffisantes; aussi, dès le 29 septembre, les compagnies de Lyon, d'Orléans et de l'Ouest en faisaient fonctionner d'autres qui assuraient le service (4).

Pendant ce temps, les nouvelles les plus étonnantes ont cours : « Les francs-tireurs ont fait sauter le tunnel de Saverne (5). » — « On prétend

(1) Clamageran, p. 18.

(2) Wyrouboff, p. 20.

(3) Clamageran, p. 11.

(4) *Les chemins de fer pendant la guerre de* 1870-1871. Leçons faites, en 1872, à l'École des Ponts et Chaussées, par F. Jacqmin, ingénieur en chef des Ponts et Chaussées, directeur de l'exploitation des chemins de fer de l'Est, professeur à l'École des Ponts et Chaussées; Paris, Hachette, 1872; p. 161.

(5) Edmond Rousse, t. II, p. 137. — Michel Cornudel, p. 54.

que l'armée prussienne souffre beaucoup, qu'elle ne s'attendait pas à la résistance de Paris, qu'elle manque de vêtements et de vivres; que le prince royal est en désaccord avec le roi... Des gens sérieux affirment qu'une émeute, peut-être une révolution, a éclaté à Berlin; mais ils ne disent pas comment la nouvelle en est venue. On n'a pas l'idée des billevesées que peut enfanter dans l'imagination d'un peuple une situation comme celle où nous sommes. J'ai entendu deux gardes nationaux qui causaient, le fusil sur l'épaule. «« Ton Bismarck, disait l'un d'eux en crachant par terre, nous lui ferons sécher sa peau au soleil! »» « Hélas! la peau de l'ours (1)! »

En attendant, les courriers ne pouvaient plus franchir la ligne ennemie. Aucune lettre ne partait ou n'arrivait. Il en résultait déjà un malaise inexprimable dont la population souffrait atrocement. « L'administration fut, tout d'abord, prise au dépourvu et ne sut rien imaginer dans cette détresse. C'est une chose à remarquer combien, dans toute cette guerre, il y eut, chez nos gouvernants, peu d'ingéniosité de ressources et de fécondité d'invention; beaucoup de bon vouloir et pas la moindre originalité. Il fallut que, dans tous les ordres d'idée, ils reçussent, du public impatienté, l'impulsion qu'ils auraient dû donner eux-mêmes. Ils ne s'avisèrent qu'assez tard d'organiser un service de ballons montés (2). » M. Godard organisa ce service : il y eut des ballons libres et des ballons montés (3).

Le premier était parti des Buttes Montmartre, le 23 septembre, à huit heures du matin, emportant M. Jules Duruof. Il enlevait 125 kilogrammes de

(1) Edmond Rousse, t. II, pp. 192 et 193.
(2) Sarcey, p. 102.
(3) Jouaust, p. 7. — Edmond Rousse, t. II, p. 192. — *La Défense de Paris* (1870-1871), par le général Ducrot ; Paris, Dentu, 1877; t. I, p. 183.

dépêches et n'emmenait pas de pigeons. Ce ballon avait opéré sa descente, à onze heures du matin, aux environs d'Evreux (1). Le deuxième, monté par M. Gabriel Mangin, partit le 25 septembre, emportant 150 kilogrammes de dépêches et trois pigeons (2). Le 29 septembre, c'était M. Louis Godard, et, le 30, M. Gaston Tissandier, qui quittaient Paris par la route des airs. Nous raconterons cette dernière ascension.

C'était le 30 septembre, à neuf heures un quart du matin. M. Gaston Tissandier se place seul dans la nacelle d'un mauvais ballon appelé le *Céleste*. Le temps est superbe. Parti de l'usine à gaz de Vaugirard, d'un bond, le ballon est à 1,000 mètres quand il plane au-dessus de Saint-Cloud. Sous l'action d'un soleil brûlant, l'aérostat monte toujours rapidement et atteint 1,800 mètres lorsqu'il passe au-dessus de Versailles où nous nous trouvions, ce jour-là, retenu par l'ennemi. A ce moment, nous le voyons parfaitement et nous allons transcrire la partie de notre journal du 30 où cet incident est rapporté.

« Je descendais la rue Royale, par un soleil magnifique. J'avais mis mon lorgnon à verres fumés et cela me faisait regarder un peu en l'air. Tout à coup, j'aperçois une grosse boule, noir rouge, qui brille au soleil. C'est un ballon! En un clin d'œil, tout le monde est dans les rues. Les soldats prussiens regardent cette boule d'un air hébété et les officiers jurent dans leurs moustaches. Les habitants rient sans se gêner, et l'on ne peut se figurer, d'un côté, le désappointement des Allemands, de

(1) F.-F. Steenackers, ancien député, ancien directeur général des Télégraphes et des Postes, *Les Télégraphes et les Postes pendant la guerre de* 1870-1871 ; Paris, Charpentier, 1883 ; p. 397. — Emile Chevalet, p. 15.

(2) Steenackers, p. 398. — Emile Chevalet, p. 21.

l'autre, la jubilation (*sic*) des indigènes.... C'est le sourire aux lèvres, la joie au cœur, que l'on contemple l'aérostat passant gravement, lentement, et les mines renfrognées de ces bons Prussiens qui n'en peuvent mais. Devant la gare de la rive gauche, un soldat ajuste froidement le ballon et fait feu. Vaine tentative, la boule de soie continue sa route sans dévier. Plusieurs autres coups de feu sont tirés; aucun ne porte.... Le soir, le prince de Wurtemberg disait, devant moi, à M. Horace Delaroche, fils de Paul Delaroche et conseiller municipal de Versailles, que c'était une manière déloyale de faire la guerre (1). »

« L'ennemi, qui a cru enfermer les Parisiens dans une tombe muette, les murer dans un sépulcre, n'a pu mettre le couvercle à son caveau. Leur prison a pour plafond le ciel et l'on n'investit pas le ciel. La noire fourmilière des envahisseurs n'a pu cerner l'azur, et l'homme, délivré de l'antique pesanteur, a, grâce au ballon, les ailes de l'oiseau (2). »

Revenons à M. Gaston Tissandier. En traversant Versailles, il jette les proclamations que le Gouvernement lui a remises et qui « disaient à l'armée allemande que nous n'avions plus, chez nous, ni empereur ni roi et que, s'ils avaient le bon sens de nous imiter, on ne se tuerait plus inutilement comme des bêtes sauvages (3) ». Admirable manière, on en conviendra, d'intéresser à notre cause les souverains de l'Europe et de faciliter la réussite des démarches que M. Thiers tentait, à cet instant, auprès des différentes cours!

(1) Alfred Duquet, *Journal de la guerre* (Inédit).

(2) Théophile Gautier, *Tableaux du siège, Paris*, 1870-1871; Paris, Charpentier 1886; pp. 41 et 42.

(3) *Histoire de mes ascensions*, par Gaston Tissandier; Paris, Maurice Dreyfous; 8e édition; p. 75.

Grâce à la chaleur qui dilate toujours le gaz du mauvais aérostat emportant M. Gaston Tissandier, l'altitude de 1,600 mètres est à peu près conservée, et le ballon ne descend pas avec la rapidité qu'il aurait acquise sans cette circonstance exceptionnelle. Cependant, au-dessus du bois de Houdan, la chute se précipite. Les Prussiens tirent sur le ballon. Vainement, M. Gaston Tissandier jette-t-il plusieurs sacs de lest, par suite des pertes de gaz, du refroidissement subit de l'atmosphère, la descente s'accentue. Heureusement, le vent est vif et, tout en se rapprochant de terre, l'aérostat fuit à une centaine de mètres au-dessus des arbres : les Allemands, qui le voient passer, ne songent pas à le fusiller à si bonne portée. De la cavalerie, que M. Gaston Tissandier apercevait sous lui, indiquait que la ligne d'avant-postes allait être bientôt franchie. En effet, les prairies verdoyantes ont remplacé les bois inhospitaliers ; une petite ville apparaît au loin. A la vue du tombeau de la famille d'Orléans, dont on distingue le dôme singulier, M. Gaston Tissandier reconnaît Dreux et se rapproche de terre. Une foule de gens accourent et crient qu'il n'y a pas de Prussiens à redouter. A ce moment, le ballon bondit sous les coups de vent et, quand les paysans parviennent à l'arrêter, l'aéronaute sort tout meurtri de la nacelle (1).

Arrivé à Tours, M. Gaston Tissandier va essayer de faire descendre des ballons à Paris; plus tard, nous rendrons compte de ces tentatives qui, par malheur, ne furent pas couronnées de succès.

Après cette ascension du *Céleste*, les départs allaient se succéder, et nous reviendrons sur ce service important qui permit à la capitale de com-

(1) Gaston Tissandier, *Histoire de mes ascensions*, pp. 70 à 79. — Pierre Maquest, pp. 57 à 59.

muniquer avec la province, car un fatal contretemps avait coupé le dernier fil, on peut le dire, qui rattachait la capitale à la province.

Le ministère Palikao avait fait acheter, à Londres, un câble qui, immergé à Paris, devait aboutir à Mantes, et même à Rouen. Les inspecteurs des lignes télégraphiques, Richard, Lagarde et Raynaud, eurent l'habileté et le bonheur de mener à bonne fin ce difficile travail, dans le plus grand secret. Malheureusement, à peine maîtres de la Seine, les Prussiens draguèrent le fleuve, et, le 24 septembre (au commencement d'octobre plutôt), le câble était coupé. Il n'avait servi que quelques jours (1). Un nommé Dagomet avait informé les Prussiens de ce genre de communication. Voici comment M. Alfred Darimon relate cet incident :

« Lorsqu'on craignit l'investissement de Paris, l'administration des Télégraphes fit charger, la nuit, dans le plus grand secret, à bord d'un toueur qu'on avait amené dans un des bassins du canal de l'Ourcq, un long câble d'une grosseur de deux centimètres de diamètre. Il était destiné à être jeté dans la Seine, entre Paris et le Havre. Le câble se déroulait par le fond du bateau, sans que cette opération pût attirer l'attention de personne.

« On réussit parfaitement et l'on arriva sans entrave jusqu'à Traye, situé entre Rouen et le Havre, près de la Meilleraye. Paris, par ce fait, se trouvait en communication avec la province depuis le 15 septembre. Mais, le 25 du même mois, deux individus

(1) Steenackers, p. 32. — « On a des raisons de supposer que la trahison ne fut pas étrangère à cette rupture. » (*Enquête parlementaire sur les actes du Gouvernement de la Défense nationale*; Versailles, imprimerie Cerf et fils, 1873; rapport de M. Lallié; p. 6. — Voir, à propos de l'immersion de ce câble et de sa rupture : Jules Favre, *Gouvernement de la Défense nationale du 30 juin au 31 octobre* 1870, p. 216.

d'un village riverain dénoncèrent le fait aux Prussiens.

« Un officier fit saisir le chef éclusier de Bougival et le somma de lui indiquer en quel endroit le fil électrique traversait le talus de l'écluse. Celui-ci s'y refusa. On le menaça de le fusiller; il fut roué de coups; on n'obtint rien de lui.

« Ce ne fut qu'à Saint-Germain qu'on découvrit le fil, après de longues recherches (dans les premiers jours d'octobre), sa pesanteur l'avait, en effet, déjà envasé profondément.

« On remonta jusqu'à l'écluse et l'on vit alors que le fil communiquait avec l'autre bras par une tranchée, recouverte soigneusement de gazon, qui traversait l'île de la Loge.

« Sans la dénonciation des deux misérables, Paris aurait pu continuer à être longtemps en communication avec la France.

« Les deux traîtres, qui étaient connus dans tout le pays, n'avaient point été inquiétés; c'est seulement au mois de février 1872 que l'un d'eux, le nommé Dagomet, fut renvoyé devant la Cour d'assises de Seine-et-Oise. Il fut condamné à une peine insignifiante (1)! »

Vers la fin de septembre, une affiche du peintre Courbet, affiche qui devait lui coûter bien cher, était apposée sur les murs de Paris : elle réclamait la destruction de la colonne de la Grande-Armée. « Le citoyen Courbet *considérant* (*sic*) *que la colonne Vendôme n'a aucune valeur artistique; qu'elle ne sert qu'à perpétuer le souvenir et l'idée anti-démocratique de la guerre*, etc., etc., demande que l'on *déboulonne* la colonne, et, par la même occasion,

(1) Alfred Darimon, ancien député de la Seine, *Notes pour servir à l'histoire de la guerre de* 1870; Paris, Ollendorff, 1888; 2e édition; pp. 260 et 261. — Voir aussi: *Ibid.*, pp. 264 et 265.

qu'on débaptise toutes les rues qui portent des noms de victoires ou de généraux (1). » Les propositions de M. Courbet souriaient assez à M. Louis Veuillot (2) qui, la veille, reprochait au Gouvernement de ne pas s'être opposé à l'entrée des Italiens à Rome (3)! Voilà où nous conduit la passion politique ou religieuse.

La pétition de M. Courbet était digne du pétitionnaire qui possédait, du reste, la confiance du Gouvernement, lequel avait mis toutes ses complaisances en ce peintre encombrant et inégal. En effet, après le Quatre-Septembre, M. Jules Simon avait fait nommer « une commission de dix à douze artistes établis, suivant un texte officiel, *pour pénétrer dans les galeries du Louvre et s'assurer par elle-même de l'état des choses*, mais formée, en réalité, dans le but de tenir en suspicion les conservateurs... L'un des porte-paroles de ce nouveau comité d'inquisiteurs se trouvait être Gustave Courbet. On pense si la délicatesse de forme inhérente au personnage était de nature à rien atténuer de l'odieux de l'institution. Des hommes d'une honorabilité justement chatouilleuse et irritable comme Villot, Reiset, Barbet de Jouy, Daudet, Heuzey, Clément de Ris et d'autres encore, se trouvaient, à coup sûr, les moins faits pour ce rôle de prévenus. Aussi éprouvèrent-ils, dès les premières entrevues, un parfait dégoût et un dédain catégorique à l'adresse de ces intrus, d'une éducation très sommaire pour la plupart. Les nerfs des pauvres conservateurs en furent secoués pendant de longs mois, et cela se termina par l'héroïsme de M. Barbet de Jouy à l'égard du

(1) Edmond Rousse, t. II, p. 198. — Jouaust, p. 10. — Jules de Marthold, p. 79.

(2) *Paris pendant les deux sièges*, par Louis Veuillot ; Paris, Palmé, 1880 ; 3e édition, t. I, pp. 213 à 216.

(3) *Ibid.*, pp. 211 et 212.

fédéré Dalou. Se figure-t-on, par exemple, M. Raiset s'entendant dire, de ce rustre de Courbet, les insanités et les âneries les plus grossières à propos des dessins et de leur préservation! Un jour, entre autres, où il s'agissait de sauvegarder les dessins de Michel-Ange, le conservateur, perplexe, ne cachait pas ses préoccupations. Courbet s'en crut blessé dans son importance de maître-peintre et gueula très fort : «« Après tout, si ceux-là brûlent, on en fera d'autres. »» (Traduction : *J'en ferai d'autres.*) Le toit du Louvre, menaçant ruine, n'eut pas plus terrifié M. Reiset (1) ».

Pour préserver nos trésors artistiques, les conservateurs du musée faisaient descendre sous les voûtes du rez-de-chaussée du Louvre les tableaux et objets les plus précieux; les combles recevaient d'immenses provisions d'eau ; des sacs de terre bouchaient les fenêtres; les cours étaient dépavées et labourées pour amortir l'effet des bombes. Dans tous les autres musées et bibliothèques, le même travail de préservation était effectué.

Rapportons, enfin, sommairement, la discussion assez vive qui eut lieu le 30 septembre, dans le conseil de l'Hôtel de Ville, à propos de la Légion d'honneur.

Le Gouverneur fit un exposé complet de ses vues. « L'institution de la Légion d'honneur, dit-il, est complètement faussée. Au civil, les gouvernements en ont fait l'auxiliaire de leur politique et un principal moyen de gouvernement; elle a propagé dans toutes les classes de la société française des appétits malsains, des habitudes de sollicitation et de servilité; *elle a cessé d'être respectable.* Dans l'armée, elle est devenue banale à ce point que tout

(1) Henri de Chennevières; *Nouvelle Revue*, n° du 15 septembre 1889 ; p. 330.

officier, admis à la retraite, se tient pour déshonoré, s'il n'emporte la décoration dans ses foyers, et qu'aucun officier de cette catégorie, à moins d'indignité éclatante, n'a manqué, depuis vingt ans, d'en être pourvu. La République veut-elle continuer ces déplorables errements? Dans le douloureux abaissement où nous sommes, allons-nous donner le spectacle de la dispute des décorations, entre gens qui s'arment et qui combattent pour défendre leurs foyers envahis?... Que nos décorations soient rares, données à bon escient, et, surtout, que ces actes du Gouvernement ne soient pas rendus publics. Sinon, avant deux mois de siège, nous serons absolument débordés. Tout Paris voudra être décoré (1). »

La prédiction se réalisa point à point. Et, en province, ce fut la même chose puisque, à Bordeaux, nous avons vu décorer des fournisseurs qui avaient réalisé des gains considérables en vendant de mauvaises marchandises à l'Etat; bien mieux, nous connaissons même des Français, ayant servi d'espions aux Prussiens, et auxquels on a donné la croix.

« Tous voulaient des médailles et des décorations... Il semblait que le pays ensanglanté, ruiné, humilié, n'eût plus d'autre souci que d'être décoré (2). »

Mais que doit penser, aujourd'hui, de la Légion d'honneur, le général Trochu, alors qu'en 1870 il s'exprimait comme on vient de le voir? Après les scandales de ces dernières années, quel dégoût ne doit-il pas éprouver pour une institution si effrontément détournée de son but!

(1) *Pour la vérité et pour la justice*, par le général Trochu; Paris, Hetzel; pp. 136 à 138.

(2) *L'Empire et la défense de Paris devant le jury de la Seine*; introduction et conclusion par le général Trochu; Paris, J. Hetzel et Cie, 1872; réponse du général Trochu, p. 389.

Quoi qu'il en soit, à la suite d'une longue discussion, M. Ferry appuya le général Trochu et « fut d'avis de rompre avec ces vieilles habitudes dont MM. Pelletan et Rochefort demandèrent le maintien. Le conseil décida qu'on conserverait la croix d'honneur et la médaille militaire, en les décernant au nom de la République (1) » !

Reprise des Hautes-Bruyères, de Villejuif, du Moulin-Saquet et de Vitry.

Ainsi que nous l'avons déjà expliqué, le Gouvernement avait craint, à l'approche des premières avant-gardes allemandes, que l'ennemi, franchissant la Marne à Chennevières ou à Créteil, ne forçât la boucle, à Saint-Maur et à Joinville, et ne s'emparât des redoutes de Gravelle et de la Faisanderie, d'où il aurait pris, à revers, les forts de Nogent et de Charenton, et menacé sérieusement l'enceinte.

« Ces redoutes n'avaient pas un seul canon... Très tourmenté, le général d'Exéa (qui commandait à Joinville) s'empressa de faire connaître à Paris la situation, priant instamment qu'on lui envoyât au moins du canon. Il ne lui fut rien répondu... Le général apprit seulement, par la suite, que sa demande avait provoqué une discussion entre les membres du Gouvernement pour savoir s'il ne fallait pas abandonner les ouvrages de Gravelle et de la Faisanderie, clefs de cette importante position (2) », au lieu de les garnir de pièces de campagne en attendant celles de place.

(1) *Enq. parlem. déf. nationale*, rapport de M. Chaper sur les procès-verbaux des séances du Gouvernement de la Défense nationale, p. 32.

(2) Général Ducrot, t. I, p. 222.

C'est de la sorte que le général Trochu comprenait, dès le début du siège, son rôle de commandant ; c'est de la sorte que son intelligence militaire se manifestait, et il pouvait, sans sursauter d'indignation, entendre des incapables émettre l'hypothèse de l'évacuation de points si précieux pour la défense. « Une espèce de vertige paraissait s'être emparé des généraux et de leurs états-majors (1). »

Heureusement, M. de Moltke ne croyait pas à une pareille aberration ; il ne hasarda pas l'assaut de redoutes dépourvues de canon et nous donna le temps de nous fortifier à l'Ecole vétérinaire de Charenton, à Joinville, à Nogent et sur le plateau de Tilmont. Les Prussiens étaient bien trop inquiets pour songer à autre chose qu'à se défendre (2).

Nous avons raconté également la panique qui s'était emparée de la population parisienne le soir de Châtillon (3), panique qui avait gagné le Gouvernement lui-même puisqu'il « avait fait évacuer précipitamment toutes les défenses extérieures (4) ». On sait les conséquences de cet affolement inexplicable et nous n'insisterons pas.

Mais un fait inqualifiable va nécessiter la prompte occupation de la rive droite de la Seine, entre Billancourt et Saint-Denis. « Dans la matinée du 20 septembre, les mobiles de la Seine, en garnison au Mont-Valérien, ayant destitué par l'élection la

(1) Francis Garnier, p. 11.

(2) « Loin de passer à une attaque de vive force, les Allemands s'occupaient, au contraire, à se retrancher d'abord sur les positions. » (*La Guerre franco-allemande de* 1870-1871, rédigée par la section historique du grand état-major prussien, traduction de M. le commandant E. Costa de Serda ; Paris, Dumaine, 1878 ; 2e partie, p. 144.)

(3) *Paris, le Quatre-Septembre et Châtillon*, par Alfred Duquet ; Paris, Charpentier et Cie, 1890 ; pp. 219 à 222. — *Histoire de la guerre de* 1870-1871, par le général Ambert ; Paris, Plon, 1873 ; p. 332.

(4) Général Ducrot, t. I, p. 227.

plupart de leurs officiers, abandonnent la forteresse et reviennent en débandade sur Paris. Informé de ce fait odieux, le général Le Flô, ministre de la Guerre, envoie deux bataillons de la Loire-Inférieure pour réoccuper le Mont-Valérien. Au delà du pont de Neuilly, les bataillons nantais rencontrent les mobiles de Paris; ces hommes, se sauvant de leur poste, fuyant l'ennemi, allaient par les chemins, sans officiers, débandés, la crosse en l'air, criant la *Marseillaise... Mourir pour la patrie* (1). » Par bonheur, les mobiles de la Loire-Inférieure peuvent entrer dans le Mont-Valérien avant que l'ennemi se doute de l'équipée des enfants de Paris qui comprenaient ainsi le *droit* qu'ils avaient, d'après le général Trochu, de défendre leurs foyers (2).

Du reste, les Allemands ne sont rien moins qu'entreprenants : les fortifications de la capitale ont l'air de leur inspirer une aversion profonde. Ils se cantonnent à bonne distance des murailles, se fortifient, se relient les uns aux autres, interceptent toute communication, aussi bien pour entrer que pour sortir de la ville, mais aucun coup de main, voire même, aucune reconnaissance ne sont essayés sur nos ouvrages.

(1) Général Ducrot, t. I, p. 228. — « Dans la matinée du 20, les gardes mobiles, affectés au service de sûreté du Mont-Valérien, étaient rentrés en désordre dans Paris. » (*La Guerre franco-allemande*, 2e partie, p. 144. — « Les mobiles de la Seine, qui occupaient le Mont-Valérien, avaient lâchement abandonné cette forteresse. » (*Le Blocus de Paris et la Première armée de la Loire*, par A. G., ancien élève de l'Ecole polytechnique (commandant Grouard); Paris, Baudoin, 1889, 1re partie, depuis la capitulation de Sedan, jusqu'à la capitulation de Metz; p. 50.) — Frédéric Canonge, commandant au 52e de ligne (colonel Canonge), *Histoire militaire contemporaine* (1854-1871); Paris, Charpentier, 1882; t. II, p. 350, en note.

(2) « L'ennemi approchait. S'il avait fait une pointe audacieuse, il serait entré au Mont-Valérien sans coup férir. » (Robinet de Cléry, p. 30.)

De notre côté, le Génie hérisse les intervalles des forts de travaux de toutes sortes et se prépare à une défense passive. De Boulogne à Saint-Denis, comme de Charenton à Rosny, les batteries et les tranchées s'établissent et sont creusées de telle sorte que les Allemands auraient bien de la peine à les enlever.

Le 22 septembre, le Gouverneur, voyant que les ennemis n'avaient pas encore tenté l'assaut, ainsi qu'il le craignait (1), commença à reprendre un peu de confiance et à envisager la situation d'un œil moins égaré. Il se décida à faire sortir de Paris les divisions de Maud'huy et Blanchard, qu'il y avait fait rentrer si précipitamment le soir de Châtillon, et résolut, sur les instances des généraux Vinoy et de Chabaud-Latour (2), de reprendre la redoute des Hautes-Bruyères, Villejuif, la redoute du Moulin-Saquet et Vitry, abandonnés, le 19, avec une légèreté impardonnable.

On avait remarqué que les Allemands, de peur d'une attaque de nuit, évacuaient, le soir, Villejuif, le Moulin-Saquet et Vitry. Le 22, à la nuit, le général Dumoulin, de la division de Maud'huy, s'installe dans Villejuif; le général Blaise, de la même division, tourne l'ouvrage du Moulin-Saquet et s'y fortifie.

Le 23, un peu avant le jour, les Prussiens se présentent à l'entrée de Villejuif afin d'occuper ce bourg, selon leur habitude. Nos soldats se dissimulent der-

(1) *Campagne de* 1870-1871, *Siège de Paris, Opérations du* 13e *corps et de la* 3e *armée*, par le général Vinoy; Paris, Plon, 1874; p. 159. — Général Ducrot, t. I, pp. 72 et 228.

(2) Alfred Duquet, *Paris, le Quatre-Septembre et Châtillon*, p. 272. — Charles de Mazade, *La guerre de France*, t. II, p. 74, en note. — Ce qui n'a pas empêché le général de Chabaud-Latour de dire que c'était le Gouverneur qui avait demandé de réoccuper les redoutes des Hautes-Bruyères et du Moulin-Saquet. (*L'Empire et la Défense de Paris devant le jury de la Seine;* déposition du général de Chabaud-Latour, p. 170.) Il est impossible de mieux se contredire.

rière une barricade, dans les maisons, et, gardant le plus grand silence, laissent approcher l'ennemi à bout portant. Au signal donné par le lieutenant Perrot, la fusillade éclate et foudroie les bataillons prussiens qui se sauvent à la débandade, laissant entre nos mains : 20 hommes morts ou blessés, dont un officier, et 50 fusils (1).

Du côté du Moulin-Saquet, les reconnaissances prussiennes s'étaient pareillement heurtées à nos troupes et enfuies vers Thiais et Choisy-le-Roi, poursuivies par les obus du fort d'Ivry (2).

A la redoute des Hautes-Bruyères, la lutte avait été plus vive. La veille, au soir, le lieutenant-colonel Miquel de Riu n'avait pu s'emparer de l'ouvrage, reçu qu'il avait été par la fusillade et la canonnade. Mais, le 23, au matin, le colonel prend sa revanche et enlève prestement la redoute, qu'il trouve dans un état déplorable : parapets éventrés, fossés dégradés, embrasures à peine indiquées. L'ennemi, qui avait été surpris dormant encore (3), fuit en toute hâte et disparaît derrière Chevilly et L'Hay (4).

Le calme ne dure pas longtemps. A peine leurs avant-gardes sont-elles à l'abri que les Prussiens

(1) Général Ducrot, t. I, p. 248. — Général Vinoy, p. 161. — « Au moment où les bataillons du 22e allaient atteindre les premières maisons, un feu violent les refoulait, blessant le colonel de Quistorp. » (*La Guerre franco-allemande*, 2e partie, p. 155.) — Amiral de La Roncière-le Noury, p. 58.

(2) Général Ducrot, t. I, p. 248. — « La 7e compagnie, venant de Thiais, échouait, de même, dans une attaque contre l'ouvrage du Moulin-Saquet. » (*La Guerre franco-allemande*, 2e partie, p. 155.) — *Ibid.*, p. 156.

(3) *Historique du 1er régiment de Haute-Silésie*, n° 22, in-8°, Bibliothèque nationale, M, 3808. (Traduction de M. Stanislas Mouillard.)

(4) « Au point du jour, la 2e compagnie est obligée d'abandonner la redoute des Hautes-Bruyères au 9e régiment de marche. » (*La Guerre franco-allemande*, 2e partie, pp. 155 et 156.) — « La redoute des Hautes-Bruyères fut attaquée et enlevée sans grands efforts. » (Colonel Lecomte, t. III, p. 202.)

reprennent le combat à coups de canon, au moyen de leurs batteries de L'Hay et de Chevilly. Deux sections d'artillerie cherchent à leur répondre, en se plaçant dans la redoute; mais le tir de l'ennemi est d'une telle précision qu'il enfile à tous coups les embrasures, rend la redoute intenable, nous forçant à établir nos pièces entre Villejuif et les Hautes-Bruyères, où elles « résistent, cette fois, sans désavantage et pendant toute la matinée, aux batteries prussiennes (1) ».

Au Moulin-Saquet, nos soldats se garent tant bien que mal des balles qui leur arrivent de Vitry, mais les Allemands ne tentent aucune offensive. Bientôt, même, ils évacuent ce bourg. Auparavant, ils ont essayé de reprendre la redoute des Hautes-Bruyères en jetant contre elles des colonnes d'infanterie; « accueillies par les décharges de nos mitrailleuses, elles doivent définitivement se retirer sans avoir pu réussir dans leur entreprise (2) ». L'artillerie ennemie de L'Hay, de Chevilly et de la ferme de la Saussaye est contrainte de se mettre hors de la portée de nos canons, et le feu cesse complètement, vers une heure de l'après-midi (3).

(1) Général Vinoy, p. 162.

(2) *Ibid.*, pp. 162 et 163. — « A la redoute des Hautes-Bruyères, l'affaire fut plus chaude. » (Général Ambert, *Récits militaires, le Siège de Paris*, p. 54.) — « Aux Hautes-Bruyères, l'affaire était un peu plus chaude; on rencontrait quelque résistance et même, après avoir pris la redoute, on avait à repousser plusieurs tentatives de l'ennemi. » (Charles de Mazade, *La guerre de France*, t. II, p. 126.) — Colonel Lecomte, t. III, p. 203. — Camille Farcy, *Histoire de la guerre de* 1870-1871 ; Paris, Dumaine, 1872 ; p. 271. — *Opérations du corps du génie allemand*, travail rédigé par ordre supérieur et d'après les documents officiels, par Adolphe Gœtze, capitaine du génie prussien, attaché au Comité du génie et professeur à l'Académie de guerre ; traduit de l'allemand par MM. Grillon et Fritsch, capitaines du génie au dépôt des fortifications ; Paris, Dumaine, 1873 ; t. II, p. 115.) — Baron du Casse, p. 92. — *Mémorial du siège de Paris*, par J. d'Arsac ; Paris, Curot, 1871, p. 129.

(3) Général Vinoy, p. 163. — Général Ducrot, t. I, p. 250.

Nous avions 70 hommes tués et blessés (1); les Prussiens en comptaient un peu plus : 85 (2). Nous pouvions nous attribuer la victoire, car nous avions atteint le but que nous nous proposions : « nous étions maîtres de tout le plateau qui domine la route de Choisy-le-Roi à Versailles, par la Belle-Epine. Nous obligions ainsi l'ennemi à reculer sa ligne de communication et à faire un grand détour; il se trouvait menacé dans ses positions de Choisy-le-Roi, par Moulin-Saquet. De plus, la redoute des Hautes-Bruyères commandait non seulement la vallée de la Bièvre, mais encore elle flanquait admirablement les forts de Montrouge et de Vanves et voyait un peu à revers le plateau de Châtillon (3). « Les forts de Bicêtre, Montrouge et Ivry n'étaient plus aussi exposés aux coups des Allemands, et Bercy, le faubourg Saint-Antoine, Notre-Dame, le Palais de Justice, l'Hôtel de Ville, étaient à l'abri du bombardement. Enfin Vitry nous appartenait sans contestation (4).

Nos conscrits avaient fait très bonne figure et notre artillerie avait été à la hauteur de celle de l'ennemi, qu'elle avait fait reculer (5). Il est bon de constater combien les Allemands furent faibles, ce jour-là, et l'on peut en augurer quels résultats l'on aurait obtenus si l'armée avait été commandée par un soldat et non par un discoureur. « L'abandon sans combat, par ordre du Gouverneur de Paris,

(1) Général Ducrot, t. I, p. 251. — Général Vinoy, p. 165.

(2) *La Guerre franco-allemande*, 2e partie, supplément no LXXI, p. 26*.

(3) Général Ducrot, t. I, p. 252.

(4) *La Guerre franco-allemande*, 2e partie, p. 156. — Voir, pour les conséquences de la journée du 23 septembre : général Vinoy, pp. 165 à 168.

(5) *Ibid.*, p. 166. — *Journal d'un Suisse pendant le siège de Paris, 15 septembre* 1870-30 *janvier* 1871, par P. Schuler; Bienne, p. 36.

des redoutes de Saquet et des Hautes-Bruyères avait été un événement malheureux : leur reprise fut un réel succès, et si son importance ne fut pas suffisamment appréciée au moment même où il se produisit, les faits ultérieurs démontrèrent surabondamment l'incontestable influence qu'elle eut sur l'avenir de la défense (1). »

La journée du 23 septembre est donc encore tout à l'avantage du général Vinoy : nous n'avons pas besoin de dire que les généraux Trochu et Ducrot ne lui en surent pas le moindre gré. « Le combat du 23 septembre est le seul des combats autour de Paris qui ait pleinement réussi, parce que c'est le seul, peut-être, qui ait eu un but précis (2). »

On a prétendu que les Prussiens voulaient raser les ouvrages des Hautes-Bruyères et du Moulin-Saquet, puis les abandonner sans, cependant, laisser les Français les occuper (3). Ce n'est pas notre avis. Les Allemands avaient trop d'intérêt à tenir sous leur feu : Arcueil, Villejuif, Vitry, Ivry, Maisons-Alfort et les forts de Montrouge, de Bicêtre et d'Ivry, pour ne pas s'exposer aux coups de ces forts. Bry-sur-Marne était commandé par le fort de Nogent : est-ce que les Allemands ont abandonné pour cela une localité si bien placée le long de la rivière ? Non, l'ennemi n'a pas réoccupé les Hautes-Bruyères et le Moulin-Saquet parce qu'il ne l'a pas pu, et il ne l'a pas pu en raison du canon des forts ; mais si l'on avait commis la faute de l'y laisser, nul doute qu'il s'y serait installé et qu'il en eût fait de nou-

(1) Général Vinoy, p. 167. — « Le général Vinoy reprend le plateau de Villejuif, et, par l'occupation du Moulin-Saquet, de Villejuif et des Hautes-Bruyères, assure un solide appui aux entreprises ultérieures. » (Colonel Canonge, t. II, p. 353.)

(2) Wyrouboff, p. 39.

(3) Commandant Grouard, *Le Blocus de Paris et la Première Armée de la Loire*, 1re partie, p. 52.

veaux Châtillons. Toutes les déclarations de l'état-major prussien n'y feront rien et l'on ne doit y voir qu'une façon de déguiser un insuccès : c'est, du reste, son habitude en pareil cas ; il ne faut pas s'y laisser prendre.

Le même jour, 23 septembre, les Français qui, la veille, avaient laissé l'ennemi s'installer dans la partie méridionale du village de Pierrefitte, tentaient de le chasser de ses nouvelles positions. Le général de Bellemare lançait le 28ᵉ de marche à l'assaut du village, en trois colonnes, sous les ordres du colonel Le Main et des commandants Jamais et de Boisdenemets. Les assaillants culbutaient d'abord deux compagnies prussiennes qui se sauvaient à toutes jambes ; mais, arrivées à la jonction des routes de Sarcelles et de Villetaneuse, sur le flanc ouest de Pierrefitte, elles sont recueillies par le restant du bataillon, qui soutient la lutte, aidé par de nombreuses forces accourues de Montmagny. Les Français « débordent la gauche des défenseurs de Pierrefitte dont une partie bat déjà en retraite (1) », mais de nouveaux contingents prussiens rétablissent le combat et le général de Bellemare est obligé de se retirer sur Saint-Denis (2).

Du côté de Stains, une escarmouche semblable avait eu lieu. « Ces engagements d'avant-postes avaient coûté aux Prussiens une centaine d'hommes tués et blessés ; les pertes des Français montaient à peu près au même chiffre (3). »

On voit que nos jeunes soldats faisaient bonne

(1) *La Guerre franco-allemande*, 2ᵉ partie, p. 148. — « Le 28ᵉ de marche avait fait merveille et su conquérir la réputation d'une troupe éprouvée. » (*Histoire de la Défense de Paris en* 1870-1871, par le major H. de Sarrepont (colonel Hennebert) ; Paris, Dumaine, 1872 ; p. 286.) — Capitaine Gœtze, t. II, p. 25.

(2) *La Guerre franco-allemande*, 2ᵉ partie, p. 148. — Jouaust, p. 9.

(3) *La Guerre franco-allemande*, 2ᵉ partie, pp. 148 et 149.

contenance devant les troupes exercées de l'envahisseur. C'était à égalité qu'on pouvait les prendre et l'état-major prussien n'en était que moins rassuré. Ces alertes, qui se renouvelaient depuis plusieurs jours, sans interruption et sur tous les points, l'effrayaient grandement, bien que le Gouverneur de Paris eût pu les multiplier encore, empêcher les Allemands de construire leurs ouvrages et détruire ceux qui commençaient à s'élever. Aussi, nous verrons la terreur qui s'emparera des officiers prussiens, à Versailles, le matin du 30 septembre, à l'heure où commencera l'affaire de Chevilly. Ils ne parleront de rien moins que de lever le siège et nous dirons bientôt ce qui les rassurera et les détournera de donner suite à cette résolution. Notons seulement, pour l'instant, la bonne tenue de nos recrues (1).

Ces légers succès produisirent, à Paris, un effet extraordinaire. Ils eurent l'avantage de faire oublier le désappointement de Châtillon et de raviver la confiance, un moment éteinte, par la panique du 14e corps (2). Seulement, il est regrettable que l'imagination parisienne les ait transformés en victoires décisives, malgré les observations, fort justes, de certains journaux plus rassis. Le *Temps*, notamment, tâcha de réagir contre les exagérations des feuilles à sensation, qui multipliaient tout par mille. Il n'y réussit qu'à moitié (3), car, « quelque temps après, les imaginations un peu refroidies, un

(1) « Ces combats ne furent pas sans quelque gloire. » (*Deux combats d'artillerie sous les forts de Paris*, par le général Favé; Paris, Dumaine, 1874; p. 9.) — A Drancy et à Pierrefitte « les avant-postes allemands furent bravement refoulés. » (Colonel Lecomte, t. III, p. 204. — Camille Farcy, p. 274. — J. d'Arsac, pp. 129 et 130.

(2) « Des journées comme celle-ci font bien et rehaussent les âmes abattues. » (Louis Moland, p. 21.) — Michel Cornudet, p. 49. — Sarcey, p. 83. — Camille Farcy, p. 274.

(3) *Le Temps*, no du 25 septembre 1870.

journal de Paris écrivait encore : «« Le carnage que l'on a fait ce jour-là a été tellement épouvantable qu'un général disait : Encore une journée comme celle de Villejuif, et l'armée prussienne est disloquée (1). »»

« On était fier et, de bouche en bouche, l'affaire prenait des proportions héroïques. Les uns affirmaient que 12,000 Prussiens étaient anéantis, et que 6,000, cernés dans un bois, n'avaient d'autre salut que de capituler. D'autres répandaient la nouvelle de prises formidables : 40 canons et 20 mitrailleuses (2). »

« Le bruit du succès va grandissant. C'est une victoire, c'est un triomphe : 15,000 hommes tués à l'ennemi, 50,000 prisonniers !... On ne s'arrête plus. Il y a foule au boulevard Saint-Michel pour les voir passer (3) ! »

Certes, nous comprenons la soif de succès qui pressait les Parisiens ; pourquoi faut-il qu'elle leur ait fait perdre la juste appréciation des choses et ait fourni matière aux lourdes et inconvenantes railleries des Teutons victorieux !

(1) Général Ducrot, t. I, p. 251, en note. — « Ce brillant combat, dont la portée fut aussitôt fantastiquement grossie par l'imagination publique.... » (Jules Claretie, t. I, p. 270.) — Les Prussiens, dit-on, ont été « mitraillés, anéantis ». (Emile Chevalet, p. 14.) M. Chevalet écrivait d'après les journaux. — Mme Edgar Quinet, p. 87. — Mme Adam, p. 102. — *A Paris pendant le siège*, p. 38. — *Journal de Fidus, la Révolution de septembre, Paris assiégé*, pp. 101 et 102. — Michel Cornudet, p. 32. — Louis Moland, pp. 20 et 21. — *Journal du siège par un bourgeois de Paris*, pp. 50 et 51. — Voir, enfin, à ce sujet : Général Vinoy, pp. 163 et 168.

(2) Général Ambert, *Récits militaires, le Siège de Paris*, p. 55.

(3) Edmond Rousse, t. II, p. 183. — « C'est bien nous que je revois tels que nous étions alors, après les premiers étonnements de la défaite ; avec nos terreurs soudaines et nos indomptables espérances, notre crédulité folle au bruit menteur d'une victoire, et notre stupeur devant les éternels démentis du lendemain. » (*Ibid.*, t. II, p. 169.)

COMBATS DE CHEVILLY ET DE BAGNEUX

COMBAT DE CHEVILLY

PRÉPARATIFS

« Les Français n'avaient donc pas cherché à entraver sérieusement les travaux des Allemands pendant qu'ils s'organisaient sur leurs positions et s'y retranchaient, en tirant parti de la configuration du terrain (1). » Et voici que le 30 septembre, à six heures du matin, les assiégés débouchent des Hautes-Bruyères, de Villejuif et du Moulin-Saquet, se précipitant à l'assaut de L'Hay, de Chevilly et de Thiais, après avoir eu l'imprudence de prévenir l'ennemi par « une demi-heure de canonnade, *montre en main*, comme l'avait prescrit le Gouverneur (2) ». Les Parisiens vont-ils sortir de leur réserve et s'en prendre aux ouvrages ébauchés des Allemands? Quand ils auront tout bousculé, tué les hommes d'avant-postes, incendié les maisons, vont-ils se retirer rapidement, avant que les troupes de soutien aient eu le temps d'arriver sur le terrain? Vont-ils

(1) *La Guerre franco-allemande*, 2e partie, p. 162.

(2) Général Ducrot, t I, p. 258. — Général Vinoy, pp. 184, 185 et 444. — Les Prussiens disent que cette attaque « avait été préparée par une rigoureuse canonnade d'une heure et demie ». (*La Guerre franco-allemande*, 2e partie, p. 162.)

compromettre ainsi l'investissement et détruire les plans hasardeux de M. de Moltke?

Toute la matinée, on le crut à Versailles, où nous étions à cette époque. Réveillé en sursaut par les bruyantes et nombreuses détonations des pièces de marine, nous nous étions précipité dans la rue, qui présentait le plus curieux des spectacles. Officiers et soldats sortaient, affolés, des maisons qu'ils habitaient et couraient de tous côtés sans savoir où ils allaient. On attelait les canons qui garnissaient la Place-d'Armes, les estafettes galopaient à franc étrier, mais tout ce mouvement ne faisait qu'augmenter les sentiments de terreur chez les soldats, de crainte chez les chefs, sentiments que nous remarquions sur le visage de tous ces hommes qui nous rappelaient exactement la fourmilière dans laquelle il a été donné un coup de pied.

Du reste, il ne faudrait pas croire que cette frayeur a été un fait isolé. Sans parler de la panique causée par le combat de la Malmaison, nous rapporterons l'incident suivant qui se passa, à Wissembourg, le 23 août 1870. « Vers dix heures du matin plusieurs femmes de la campagne accourent vers la porte de Haguenau, criant : « « Les turcos viennent sur le chemin de Lemberg! » » Aussitôt, on fait sonner le rappel, le bataillon de landwehr bavaroise, qui occupait la ville, se réunit en hâte sur la place, et l'état-major donne les signes de la plus vive émotion. Le bruit se répand, avec une rapidité incroyable, que c'est l'avant-garde de Bazaine qui, sortant de Metz, marche sur Bitche, par Wissembourg, pour couper la retraite de l'armée allemande. *Une vraie panique saisit les Bavarois; un conseil de guerre se tient et décide que l'on ne se défendra pas* (1). »

(1) Edgarr Hepp, *Wissembourg au début de l'invasion de* 1870, Récit d'un Sous-Préfet ; Paris, Berger-Levrault et Cie, 1887 ; p. 96.

Quoi qu'il en soit, le 30 septembre, à Versailles, le calme se rétablit peu à peu; la ville se vida de troupes de toutes armes; il ne resta plus que quelques hommes de service et les princes allemands que leur grandeur attachait au rivage. Cependant l'appréhension la plus vive continuait à régner parmi ces personnages et nous avons entendu le prince de Wurtemberg, qui venait causer tous les jours avec M. Horace Delaroche, lui dire : « Nous allons lever le siège pour des raisons stratégiques, mais nous reviendrons bientôt, et, cette fois-là, Paris sera obligé de se rendre (1). »

Heureusement pour nos adversaires, le canon révélateur et inutile (2) de nos forts les avait mis en éveil : quand nos premières colonnes abordèrent les positions prussiennes, elles trouvèrent les défenseurs d'autant plus prêts à les recevoir que, la veille, « le Gouverneur s'était rendu aux forts d'Ivry et de Bicêtre, qu'il avait donné des ordres pour le lendemain, qu'on avait connu son arrivée, que la nouvelle d'une sortie s'était répandue, que l'ennemi en avait été bientôt informé et que, le soir même, nos grand'gardes avaient signalé le renforcement de sa première ligne (3) ». Les Prussiens ne savaient pas

(1) Etaient présents, notamment : M. Pigeonneau, professeur d'histoire moderne à la Sorbonne et M. Funck-Brentano, professeur à l'Ecole des Hautes-Etudes.

(2) Dans L'Hay, Chevilly et Thiais « aucune brèche n'avait pu être pratiquée ». (Général Ducrot, t. I, p. 276.) — D'après le colonel Canonge, une canonnade d'une demi-heure était « une préparation insignifiante ». (T. II, p. 354.) Raison de plus, alors, pour ne pas l'entamer. — « Le feu des forts, puisqu'on l'avait engagé, aurait dû continuer deux heures de plus, puisque nos soldats n'arrivaient à portée de l'ennemi qu'à six heures et demie. » (*Lettres militaires du siège*, par le lieutenant-colonel Colonna Ceccaldi ; Paris, Plon, 1872 ; p. 35.) Voir *infrà*, pp. 68 et 69, semblable appréciation du même colonel.

(3) Général Ducrot, t. I, p. 256. — Le général Ducrot a pris cette phrase, en l'atténuant, dans le général Vinoy : « Le Gouverneur de Paris s'était rendu, avec une escorte considérable, au

positivement le point de l'attaque et le jour où elle aurait lieu : la canonnade d'Ivry et de Bicêtre les fixa tout de suite (1). « Le commandant en chef du 13e corps avait demandé que le feu des forts ne précédât pas l'action, parce qu'il devait produire ou trop ou trop peu d'effet. Il en produirait trop, pour une surprise déjà ébruitée, et trop peu, pour obtenir un résultat efficace..... Le Gouverneur de Paris s'était refusé à faire droit à ces représentations (2). »

Voici ce que le colonel Ceccaldi pense de cette canonnade :

« L'action fut engagée, sur la rive gauche de la Seine, le 30, vers quatre heures du matin, par l'artillerie de nos forts, dont les projectiles firent immédiatement déguerpir l'ennemi des postes avancés. Mais ce feu cessa trop tôt, tandis que, par le fait, il eût pu continuer utilement près de deux heures sans que nos canonniers fussent exposés à atteindre nos colonnes, nos soldats n'étant arrivés à la portée de l'ennemi que vers six heures et demie.

« Réduite à cette proportion, cette canonnade

fort de Bicêtre, puis à celui d'Ivry, et il y avait donné, *publiquement*, des ordres pour le feu du lendemain. Dans la soirée, la nouvelle d'une sortie pour le jour suivant circulait dans tout Paris, etc., etc. » (Général Vinoy, p. 186.) — « On laissa s'ébruiter cette entreprise comme à plaisir. » (Colonel Lecomte, t. III, p. 205.) — « Le 29, on commentait, dans les clubs, les projets du Gouverneur ; on connaissait, du moins d'une façon générale, que c'était en avant du front sud qu'on allait se battre. » (Wyrouboff, p. 39.) — Camille Farcy, p. 275. — Baron du Casse, p. 99.

(1) « Ce feu terrible indiqua aux assiégeants le point que nous allions attaquer. » (Général Ambert, *Récits militaires, le Siège de Paris*, p. 58.) — Il ne fallait pas que « les canonnades des forts annonçassent à l'ennemi une attaque imminente. » (*Guerre franco-allemande, Résumé et Commentaires de l'ouvrage du grand état-major prussien*, par Félix Bonnet, chef d'escadron d'artillerie ; Paris, Baudouin, 1882 ; t. II, p. 71.) — « Il paraît très positif que les Prussiens étaient prévenus à l'avance de nos intentions. » (Michel Cornudet, p. 62.) — Colonel Colonna-Ceccaldi, pp. 35 et 36. — Baron du Casse, pp. 97 à 99. — Flourens, p. 96.

(2) Général Vinoy, pp. 187 et 188.

n'aboutit qu'à donner l'éveil aux Prussiens, sans être assez efficace pour les ébranler dans les positions qu'ils occupaient... Il aurait fallu, dans ces attaques, employer surtout une nombreuse artillerie, avec des lignes de tirailleurs, canonner longuement les villages attaqués pour les rendre intenables. Le fort d'Ivry, par exemple, peut parfaitement envoyer ses obus sur Choisy, distant de 4,000 mètres, et il en eût certainement, par une canonnade un peu prolongée, rendu les maisons inhabitables pour l'ennemi; notre infanterie, lancée alors, eût trouvé un adversaire ébranlé et eût enlevé la position (1). »

Voici également l'opinion du commandant Bonnet :

« Si l'ennemi n'avait pas déjà vu le rassemblement de troupes, qui se faisait au-devant de lui, ce vacarme ne pouvait servir qu'à l'informer de notre point d'attaque et à en prévenir tous les points voisins de la ligne d'investissement. C'était faire une fausse application du principe qui veut que toute attaque d'infanterie soit préparée par un feu d'artillerie. Ce principe, excellent sur un champ de bataille, ne vaut rien dans un siège. En effet, l'ennemi, qui veille le long de ses lignes, ne sait pas où tombera l'orage. Une canonnade de ce genre le renseigne sur-le-champ, et sa durée ne fait que lui faciliter le moyen de réunir les troupes nécessaires à sa défense (2). »

Au cas où la canonnade des forts devrait battre un point quelconque de la ligne de contrevallation, il faudrait, alors, que tous les ouvrages avancés de la place ouvrissent le feu, afin de faire naître le doute sur l'endroit qui va être abordé par les troupes de sortie. Mais cette canonnade aurait en-

(1) Colonel Colonna-Ceccaldi, pp. 35 et 36.
(2) Commandant Félix Bonnet, t. II, p. 75.

core l'inconvénient de renseigner l'ennemi sur le jour et l'heure de l'attaque : il vaut donc mieux s'en dispenser, se mettre en marche avant le jour, et prendre l'ennemi, corps à corps, à l'aube.

Nous allons voir comment nos soldats culbutèrent les avant-postes allemands, mais il n'y eut pas surprise, et le temps que nous perdîmes à ces petits engagements permit à quelques troupes de soutien, d'abord, et, plus tard, aux corps plus éloignés, d'accourir à l'aide de leurs camarades et de nous chasser des positions où nous commettions la faute de vouloir demeurer (1). En somme, « l'artillerie n'ayant pu agir efficacement, nos hommes marchèrent à découvert contre des murailles crénelées et garnies de défenseurs (2) ».

Avant de raconter ces combats, il nous faut dire un mot des intentions du général Vinoy, pour cette journée, et faire connaître l'ordre du Gouverneur prescrivant la reconnaissance qui amènera cette sanglante rencontre où près de 18,000 hommes entrèrent en ligne.

Le général Vinoy, ayant su que la garde de Choisy-le-Roi était confiée à la landwehr, eut la pensée de détruire le pont de bateaux qu'il croyait jeté en amont de la ville (3), et demanda au Gouverneur l'autorisation d'exécuter cette opération, le 29, avec quelques bataillons seulement, en agissant d'une manière inopinée (4). Mais le Gouverneur jugea qu'il était préférable de déployer de plus grandes forces, de remettre l'affaire au lendemain et rédigea

(1) « Ces péripéties diverses ont donné aux Allemands le temps de se reconnaître et de recevoir des renforts. » (Général Ducrot, t. I, p. 263.)

(2) *Ibid.*, p. 243.

(3) « En réalité, il y existait seulement une traille. » (*La Guerre franco-allemande*, 2e partie, p. 62, en note.) Voir aussi *Ibid.*, p. 146.

(4) Général Ducrot, t. I, p. 255.

des instructions très détaillées, quoique peu claires, « instructions que le général Vinoy avait vainement tenté de faire modifier, en plusieurs points (1) ».

Dans ces instructions, le général Trochu commence par indiquer L'Hay et Choisy-le-Roi comme buts de la *reconnaissance offensive* (2). Il oublie de dire ce que les troupes devront y faire. Napoléon Ier eût sévèrement qualifié cet oubli qui annihile, le plus souvent, les meilleurs résultats.

Le Gouverneur continue en chargeant une brigade d'occuper L'Hay, un régiment de tenir Chevilly. Une colonne spéciale s'établira à la croix formée par la grande route de Villejuif à la Belle-Epine et par le chemin de Thiais à Chevilly. Une brigade des divisions Blanchard et d'Exéa inquiétera l'ennemi du côté de Châtillon et du côté de Créteil, par une « démonstration à distance ».

Le général en chef décide ensuite que les positions ne seront abordées qu'après une canonnade d'une demi-heure, à la pointe du jour (3).

La dernière phrase, que nous allons transcrire, montre bien que le Gouverneur n'accordait qu'une importance secondaire à cette *reconnaissance*.

« L'opération devra être rapidement conduite; la retraite devra se faire en bon ordre, le terrain à parcourir étant très peu étendu. Les troupes, désignées à l'avance pour cet objet, réoccuperont, en passant, le Moulin-Saquet, Villejuif et les Hautes-Bruyères avec le canon qui garnit les positions (4). »

(1) Colonel Lecomte, t. III, p. 206.
(2) Voir cet ordre, *in extenso*, général Vinoy, pp. 441 à 444.
(3) « La canonnade durera une demi-heure juste. Il est absolument interdit de tirer un seul coup ensuite. Dès que les forts cesseront leur feu, les colonnes d'attaque seront lancées. » (Amiral de La Roncière-le Noury, p. 73.)
(4) Général Vinoy, p. 444.

Un mot sur cet ordre.

On doit remarquer son peu de clarté et son absurdité tactique : on pressent ce qui serait arrivé si *un seul régiment* avait abordé Chevilly ; de cette sorte, le général Trochu faisait attaquer le point fort, le point décisif, par une force vraiment trop faible ! Nous verrons qu'une brigade n'a pu s'y maintenir, et cette lourde faute tactique a décidé contre nous du sort de la journée. Mais nous ne voulons nous attacher qu'à la dernière phrase reproduite littéralement par nous :

« *L'action devra être rapidement conduite.* » C'est à merveille, seulement, aurait-il encore fallu, comme nous le faisions remarquer plus haut à propos d'une autre phrase de cet ordre, ajouter ce que l'on exécuterait, une fois arrivé à L'Hay et à Choisy-le-Roi. Rien. Le Gouverneur demande, il est vrai, que « *la retraite se fasse en bon ordre* » ; mais cette recommandation était inutile, le contraire ne se lisant guère dans les ordres semblables. Elle implique, pourtant, l'idée juste qu'il ne fallait pas *s'obstiner* dans les positions enlevées et que, les travaux ennemis une fois détruits, il n'y avait plus qu'à se retirer, en bon ordre, bien entendu. Faute d'avoir écrit deux lignes de plus, le Gouverneur, habituellement si peu chiche de sa prose, a vu sa reconnaissance se changer en bataille, car les chefs et les soldats, ignorant que l'opération consistait en un simple aller et retour, n'ont pas voulu céder le terrain conquis et, par cette héroïque, mais fâcheuse persistance, ont perdu plus de monde dans la seconde partie de la lutte qu'ils n'en avaient tué aux Prussiens dans la première. Tous nos avantages du matin étaient compromis : tant il est vrai, comme le dit le major von der Goltz (1), que « tout ordre

(1) Baron Colmar von der Goltz, commandant dans le grand

militaire doit dire, en grands traits, quelle est l'intention de celui qui donne l'ordre ».

Nous terminerons ces observations en montrant que le terrain choisi pour cette *reconnaissance* était on ne peut plus défavorable, en raison de la proximité de Versailles et « du glacis découvert qu'il fallait remonter (1) », en se retirant. Le général Trochu s'était trompé grossièrement lorsqu'il avait changé les plans du général Vinoy et fait d'une escarmouche une affaire considérable. « Le but à atteindre avait-il une importance proportionnée aux pertes que nous serions obligés d'éprouver pour y parvenir. Ne pouvait-on pas, sans abandonner l'idée d'une action vigoureuse, en différer l'exécution de quelques jours, de manière à laisser d'abord aux exagérations répandues dans le public le temps de se rapprocher un peu plus du bon sens et de la vérité, mais, surtout, de façon à tromper l'ennemi sur nos intentions, en lui donnant à croire qu'il avait été induit en erreur sur notre projet de sortie? *Le Gouverneur ne partagea pas l'avis du général Vinoy* (2). »

Maintenant que nous connaissons ce que l'on peut appeler la *philosophie* du combat de Chevilly, nous avons la liberté d'en commencer le récit.

ATTAQUE DE L'HAY

Le général Vinoy avait chargé la brigade Du-

état-major prussien. *La Nation armée;* traduit, avec l'autorisation de l'auteur, par Ernest Jœglé, professeur à l'Ecole militaire de Saint-Cyr; Paris, Hinrischen et Cie, 1884; p. 114. — *Principes de stratégie*, par le général Berthaut; Paris, Baudoin, 1881; p. 246. — « Pourquoi attaquer Choisy? C'est ce que M. Trochu ne nous dit pas, et c'est ce qu'il serait difficile de dire. » (Wyrouboff, p. 40.)

(1) Colonel Canonge, t. II, p. 354.
(2) Général Vinoy, p. 187.

moulin (9ᵉ et 10ᵉ de marche) d'emporter le village de L'Hay (1).

« Le temps était beau et un peu frais : le soleil se levait au milieu des brouillards du matin qui s'étendaient surtout sur la vallée de la Seine (2). » A cinq heures et demie, les colonnes se mettent en marche, par les pentes qui longent la rive droite de la Bièvre, et la batterie du capitaine Foncin, s'installant sur la route de Villejuif, devant la redoute des Hautes-Bruyères, se met à bombarder L'Hay. Pendant ce temps, nos tirailleurs ont repoussé les avant-postes prussiens et sont arrivés en vue des maisons du village d'où sort un feu meurtrier, exécuté par les trois compagnies de garde et un bataillon de fusiliers accouru de La Rue (3). Nos jeunes soldats ne se laissent pas arrêter : le 9ᵉ de marche et les chasseurs à pied emportent la barricade qui coupe, à l'entrée de L'Hay, la route de Cachan, et se retranchent dans les premières maisons (4).

Un peu plus à gauche, la levée de la Vanne et l'escarpement, sur lequel est bâtie l'église, sont également enlevés ou tournés. Mais les deux bataillons du 9ᵉ de marche, exposés alors à une dangereuse fusillade, qui part du cimetière et couche à terre un trop grand nombre de soldats de ce brave régiment, doivent reculer sous ce feu (5).

Quelques minutes auparavant, le 10ᵉ de marche, formant seconde ligne, avait suivi le 9ᵉ. Après avoir dépassé le moulin Cachan, le colonel Mimerel, fusillé, sur sa droite, par les postes prussiens dissimulés de l'autre côté de la Bièvre, est forcé de faire

(1) Voir la pièce justificative, nᵒ I.
(2) Général Vinoy, p. 189.
(3) *La Guerre franco-allemande*, 2ᵉ partie, p. 167, en note.
(4) *Ibid.*, p. 167. — Général Ducrot, t. I, p. 272.
(5) *Ibid.* — *La Guerre franco-allemande*, 2ᵉ partie, p. 167.

attaquer ces gênants adversaires par une compagnie, qui les abordera de front, et par une autre, qui les tournera, en traversant le ruisseau. Le restant du régiment se tient derrière le 9e de marche, entre la route de Cachan et le chemin des Bruyères.

C'est alors que se produit le recul dont nous venons de parler. Le 10e essaie de remettre les affaires en état : la levée de la Vanne, le second escarpement sont de nouveau dépassés, les premières maisons reconquises; malheureusement, comme tout à l'heure, le feu du cimetière nous décime et nos troupiers ne peuvent que se maintenir sur leurs positions, grâce à l'attitude énergique de leurs officiers (1).

Il n'est plus facile de tourner la droite de L'Hay, les longs murs du parc, criblés de meurtrières, permettant à l'ennemi de nous tenir en respect; seul, le capitaine Schombourger « parvient, en se défilant, en se rasant, à s'approcher de l'entrée du village (2). » Mais, sur tout le front de L'Hay, nous ne faisons plus un pas en avant.

En effet, à sept heures et demie, de forts contingents allemands montent le chemin, qui vient de Bourg-la-Reine, et exécutent, de face et de flanc, d'effrayantes décharges sur la brigade Dumoulin. A la vue de ces nouveaux ennemis, les Français lâchent pied et se retirent en assez bon ordre sur les Hautes-Bruyères, en butte aux balles des défenseurs de L'Hay.

Cette retraite découvre la droite de la brigade Guilhem, dont nous allons raconter bientôt la brillante conduite, et compromet l'attaque de Chevilly. Aussi, le général Vinoy qui, depuis les premiers coups de feu, se tient sur la redoute des Hautes-

(1) Général Ducrot, t. I, p. 273.
(2) *Ibid.*

Bruyères (1), prescrit-il au général Dumoulin de se porter derechef contre L'Hay (2). « Fortement impressionnés par les pertes énormes faites à la première attaque, nos conscrits hésitent, se pelotonnent et refusent de pousser au delà. Tous les efforts des officiers restent impuissants; beaucoup paient de leur vie leur dévouement : les commandants Benedetti et Aubry se précipitent en avant; ils se font tuer sans parvenir à entraîner leurs troupes (3). »

Néanmoins, quelques tirailleurs du 10e de marche s'approchent de la gauche du village. Est-il nécessaire de dire qu'ils sont bientôt obligés de se retirer définitivement (4)?

Le général Vinoy écrit que nos « soldats, jeunes et inexpérimentés, perdirent un temps précieux à tirailler contre un mur crénelé et bien défendu et que, malgré les efforts de leurs officiers, dont un grand nombre furent blessés, ils persistèrent à ne pas avancer (5). »

Assurément, les troupes de l'armée du Rhin auraient, probablement, enlevé cet obstacle; cependant, il ne faut pas oublier que ce n'était pas un seul mur, mais toutes les maisons et toutes les clôtures de L'Hay que deux régiments, incomplets (6), avaient à emporter alors que l'artillerie n'y avait fait aucune brèche, alors que personne n'arrivait à leur aide, alors que l'ennemi recevait des renforts de tous côtés.

De plus, si l'attaque avait été mieux préparée,

(1) Général Vinoy, p. 189.
(2) *Ibid.*, p. 190.
(3) Général Ducrot, t. I, p. 274.
(4) *Ibid.*, pp. 274 et 275.
(5) Général Vinoy, p. 190.
(6) Un bataillon du 9e de marche était resté aux Hautes-Bruyères, des compagnies du 10e chassaient les Bavarois embusqués sur la rive gauche de la Bièvre, au nord de Bourg-la-Reine. (*La Guerre franco-allemande*, 2e partie, p. 167, en note.)

plus brusquée, si les épaulements de la rive gauche de la Bièvre, qui nous ont pris de flanc et à revers durant notre marche sur les pentes, avaient été nettoyés plus tôt, nous eussions pu, vraisemblablement, nous emparer d'un seul coup de L'Hay et éviter ainsi la démoralisante boucherie du premier recul. Mais, exiger de conscrits et de rappelés un effort plus dangereux et plus difficile que celui qui a eu déjà si peu de succès, nous paraît imprudent et excessif, et nous pensons qu'à cette heure il n'y avait qu'à faire tirailler la brigade Dumoulin pour permettre à la brigade Guilhem de se dégager, et qu'à ordonner la retraite générale avant que tous les renforts prussiens fussent entrés en action.

Quant à la compagnie du sous-lieutenant Abadie, chargée de franchir la Bièvre et de chasser les Allemands des épaulements qui avaient tant retardé notre marche, elle avait réussi dans sa mission; « mais nos troupes ne pouvant plus avancer, ce résultat était sans importance (1) ». Une dernière fois, c'était dès le commencement de l'affaire qu'il eût fallu songer à l'assurer.

A huit heures du matin, les Prussiens, voyant la désorganisation qui règne dans nos rangs, sortent de L'Hay et poussent devant eux les quelques combattants de la brigade Dumoulin n'ayant pas reculés. Arrêtés par le canon des forts et des Hautes-Bruyères, qui tonne jusqu'à dix heures du matin, les Prussiens ne peuvent s'éloigner de L'Hay que d'une cinquantaine de pas et se contentent d'entretenir le feu (2).

(1) Général Ducrot, t. I, p. 275.
(2) *La Guerre franco-allemande*, 2e partie, p. 168.

Attaque de Chevilly.

La brigade Guilhem, composée des 35e et 42e régiments de ligne, s'était mise en marche peu de temps après la brigade Dumoulin et, suivant la route de Fontainebleau, s'était dirigée : le 35e sur Chevilly, le 42e sur la ferme de la Saussaye.

Les deux bataillons présents de ce dernier régiment, appuyés, en seconde ligne, par le 1er bataillon des mobiles de la Côte-d'Or, enlèvent prestement la ferme de la Saussaye (1) et repartent, sans s'arrêter, vers la partie orientale de Chevilly. Les balles que les Prussiens, retranchés dans le grand parc des Pères du Saint-Esprit, font pleuvoir sur les Français, ne les arrêtent pas, tout d'abord, et ils peuvent se grouper le long de la route de Chevilly à Thiais. Le général Guilhem a installé là quatre pièces de la batterie du capitaine Houeix : deux sur la route, légèrement encaissée, de Thiais, deux sur la route de Fontainebleau, derrière de petits épaulements élevés par les Prussiens (2). Nous occupons même « une fabrique se trouvant au sud du chemin de Thiais (3) », sur la route de Fontainebleau, de telle sorte que le bataillon prussien, qui nous fusille du grand parc, est presque entièrement cerné : à sa droite, par le 42e de ligne, à sa gauche, par le 35e.

Confiant dans ses quatre pièces de canon qui commencent, à 500 mètres, le feu contre le mur du grand parc, le général Guilhem, se mettant, l'épée

(1) « L'avant-poste prussien de la ferme de la Saussaye s'était enfui. » (Général Vinoy, p. 190.) — « Le 42e, refoulant dans la direction de la Belle-Épine un poste avancé de chasseurs prussiens. » (*La Guerre franco-allemande*, 2e partie, p. 164.)

(2) Général Ducrot, t. I, p. 260.

(3) *La Guerre franco-allemande*, 2e partie, p. 164.

à la main, à la tête d'un bataillon du 42e et d'un bataillon de mobiles de la Côte-d'Or, se précipite audacieusement contre Chevilly. Une fusillade infernale foudroie les assaillants qui se heurtent à un mur que nos obus n'ont pu entamer. Un bataillon de chasseurs prussiens, posté sur la route de Fontainebleau, tire efficacement sur la gauche de la colonne d'attaque pendant qu'une batterie, établie à la Belle-Epine, nous canonne à outrance (1).

Le général Guilhem tombe, mortellement frappé de dix balles dans la poitrine (2), et bientôt « nos deux bataillons, un peu en désordre, se rabattent vers la route de Fontainebleau (3) ».

Heureusement, la situation est bien meilleure au nord de Chevilly. Malgré la lenteur avec laquelle la brigade Dumoulin marche sur L'Hay (ce qui permet aux postes prussiens, réfugiés dans ce village, de fusiller le 35e de ligne, de la brigade Guilhem, qui s'approche, bien lentement aussi, de Chevilly), un bataillon de ce dernier régiment atteint enfin les pépinières, où il essuie toujours le feu des défenseurs de Chevilly.

Ainsi arrivés à 300 mètres des premières maisons, « les hommes se couchent ; mais, au bout de cinq à six minutes, irrités de recevoir des balles sans en rendre, ils se lèvent d'eux-mêmes, et, dans un élan énergique, se jettent en avant, tête baissée (4) ».

Voyant la bonne attitude de ses soldats, le colonel de la Mariouse engage tout son monde, et deux bataillons du 35e « se précipitent comme un ouragan sur Chevilly. Ils emportent la première barricade,

(1) *La Guerre franco-allemande*, 2e partie, p. 165.
(2) Général Vinoy, p. 192. — Charles de Mazade, *La guerre de France*, t. II, p. 128.
(3) Général Ducrot, t. I, p. 261. — « Cette attaque, bien que vigoureusement conduite, s'arrête impuissante.... » (*La Guerre franco-allemande*, 2e partie, p. 165.)
(4) Général Ducrot, t. I, p. 259.

les premières maisons, et font prisonniers quelques Prussiens qui n'ont pas fui assez vite. Effrayé par ce choc irrésistible, l'ennemi abandonne sa première ligne de défense et se réfugie au centre de Chevilly, évacuant même le petit parc, situé sur la face occidentale du village, où il était solidement retranché (1) ».

La position devient critique pour nos adversaires; les 23e et 63e régiments prussiens, qui gardent Chevilly, ont abandonné le village, sauf un bataillon, que nous avons cerné et qui fait « une très bonne résistance (2). » C'est le bataillon du 23e qui se défend si bien contre le 42e de ligne et qui trouve moyen, à l'aide de quelques hommes de la brigade, qui n'ont pas fui, d'arrêter encore le 35e de ligne dans certaines maisons du village.

Le grand état-major prussien n'avoue pas cet abandon, mais la preuve en résulte de la déclaration du général Vinoy et de la relation officielle prussienne elle-même. En effet, elle reconnaît que le 42e de ligne s'était emparé d'une fabrique bâtie sur la route de Fontainebleau, au sud-est de Chevilly (3), que le 35e de route avait pénétré dans le saillant nord-est de ce dernier village, et que les Prussiens « avaient cédé peu à peu du terrain dans le village, jusqu'à la ligne de défense la plus rapprochée (4) ».

De plus, on verra, tout à l'heure, que le petit parc,

(1) Général Ducrot, t. I, pp. 259 et 260. — Amiral de La Roncière-le Noury, p. 75.

(2) Général Vinoy, p. 190. — « La brigade d'infanterie ennemie, qui était de garde dans le village, s'était également repliée pour aller se reformer plus loin, mais en abandonnant un de ses bataillons que nos troupes cernèrent. » (*Ibid.*)

(3) *La Guerre franco-allemande*, 2e partie, p. 164. — Voir *suprà*, p. 78.

(4) *La Guerre franco-allemande*, 2e partie, p. 164. — « La brigade Guilhem avait entièrement disparu dans le village, *dont elle était alors complètement maîtresse.* » (Général Vinoy, p. 190.)

situé à l'ouest de Chevilly, était à notre discrétion (1). L'enveloppement était donc presque complet : l'insuffisance tactique de nos généraux nous a, seule, empêchés d'en recueillir les fruits. Mais, continuons notre récit, qui va confirmer notre assertion.

Nous sommes donc maîtres de la barricade et des maisons entourant Chevilly tout le long de la ligne nord-est ; les Allemands ont fui vers La Rue, Rungis et la Belle-Epine ; il n'y a plus que le vaillant bataillon du 23ᵉ prussien pour nous disputer le village ; il suffirait d'un léger effort pour l'en chasser, surtout si le général Trochu pensait à faire appuyer le 35ᵉ de ligne par nos réserves, notamment par la brigade Daudel, qui aurait dû être en état de se porter sur le point décisif et qui demeurait, inactive, derrière le Moulin-Saquet, « *le gouverneur ayant prescrit de ne point l'engager* (2) ».

En raison de cet ordre étonnant, le général Vinoy ne peut se servir des troupes dont il a un si pressant besoin et est obligé de laisser le 35ᵉ de ligne achever, seul, la besogne commencée. Or, dans ce brave régiment, les chefs, abandonnés par leurs généraux, n'ayant aucun outil pour pratiquer des brèches (3), ont un peu perdu la tête. Au lieu de marcher en avant, on s'arrête, on tourne autour des

(1) Général Ducrot, t. I, p. 262.

(2) Général Vinoy, p. 193. — « Au moins aurait-il fallu faire soutenir la brigade Guilhem par la brigade Daudel... mais le Gouverneur avait prescrit de ne point engager la brigade Daudel, ce qui semble étrange. » (Colonel Lecomte, t. III, pp. 209 et 210.) — *Histoire critique du siège de Paris par un officier de marine*, p. 45. — « Le système invariablement suivi, presque à chaque affaire, dans tout le cours de la défense peut se traduire ainsi : *Combattre sans objectif déterminé ; trop engager les troupes si on se proposait seulement de les aguerrir ; et, au contraire, ne pas assez les engager, et surtout en force restreinte et avec une artillerie insuffisante, si on avait en vue un résultat sérieux et précis.* » (*Ibid.*, p. 39.)

(3) Général Ducrot, t. I, p. 262. — Que faisaient donc les vingt sapeurs du lieutenant Petit qui avaient été adjoints à la brigade Guilhem ? (*Ibid.*, t. I, p. 257.)

maisons, où se cachent quelques soldats ennemis, et l'on ne parvient même pas à pénétrer dans le petit parc que les Prussiens ont évacué sans y laisser un seul combattant! Il n'est pourtant pas difficile de démolir un mur ou de l'escalader quand on ne craint pas de trouver, de l'autre côté, un adversaire qui vous fusillera.

Non, on attend des outils et le commandant de La Mure cherche à contourner le parc avec deux ou trois compagnies (1). Mais il est beaucoup plus dangereux de suivre le mur du petit parc à l'extérieur qu'à l'intérieur. En effet, à l'intérieur, on est protégé, par le mur nord-ouest, contre la fusillade de L'Hay; à l'extérieur, au contraire, on y est exposé en plein. Aussi le commandant de La Mure est-il arrêté net quand il tente l'aventure, la brigade Dumoulin étant déjà en retraite, laissant, aux défenseurs de L'Hay, toute liberté de tirer sur nos troupes de Chevilly (2).

Comme nous l'avons déjà rapporté, « ces péripéties diverses ont donné aux Allemands le temps de se reconnaître, de recevoir des renforts (3), » et, lorsque le commandant Algan veut pénétrer au centre de Chevilly, il se trouve arrêté par l'église où l'ennemi a embusqué les hommes qui, ne se sentant pas poursuivis, sont retournés au combat. Le commandant revient sur ses pas et se fortifie dans une grande ferme se trouvant dans un pâté de maisons, à l'entrée du chemin de Thiais à Chevilly. Quant aux deux autres bataillons du 35e, « ils attendent toujours des outils pour faire brèche dans la muraille (4) » du petit parc, et font naïvement le

(1) Général Ducrot, t. I, p. 262.
(2) *Ibid.* — « L'Hay prend Chevilly de flanc et de revers. » (Général Vinoy, p. 190.)
(3) Général Ducrot, t. I, p. 263.
(4) *Ibid.*

coup de feu avec les Prussiens retranchés dans L'Hay. L'impéritie du commandement est telle que nos soldats ne voient arriver ni sapeurs du génie, ni même les outils qu'ils croient nécessaires pour démolir un pan de mur (1).

Ainsi ménagés par des adversaires commodes, les Prussiens se gardent bien de ne pas profiter de l'aubaine. A mesure que les renforts apparaissent, le général de Tümpling, commandant le VIe corps, les dirige vers les points les plus menacés et ramène dans les rangs les fuyards du premier moment (2). « Se glissant le long des murs, les Allemands réoccupent, à notre insu, les maisons et le petit parc. Tout à coup, les barricades, les créneaux, les fenêtres se garnissent de fusils, et le 35e, massé, reçoit un feu de salve à bout portant. Surpris, ébranlés, les soldats reculent, abandonnant leurs morts, leurs blessés. A quelque distance du village, les restes de notre malheureux 35e font face en tête ; ils veulent riposter, mais la violence de la mousqueterie est telle qu'il est impossible de lutter à découvert ; nos hommes reculent encore et ce n'est qu'à 1 kilomètre de Chevilly que le colonel peut rallier son régiment (3). »

Nous venons de subir un échec mérité. Non seulement nous n'avons pas poursuivi notre marche en avant, quand nous avons culbuté les Prussiens

(1) Si le détachement du génie qu'on avait dirigé sur Choisy-le-Roi, afin de détruire un pont qui n'existait pas, s'était trouvé à Chevilly, l'affaire y aurait certainement changé de tournure. (Général Ducrot, t. I, p. 267.)

(2) « Le bataillon ennemi que nous avons cerné dans un parc (le grand parc) où il était enfermé, avait réussi à rétablir ses communications avec son régiment. » (Général Vinoy, p. 192.)

(3) Général Ducrot, t. I, p. 263. — « Sur plusieurs points, à l'extrémité nord du village, les contingents opposés luttaient pour ainsi dire corps à corps jusqu'au moment où les Français, à bout de forces, regagnaient les plantations situées plus au nord. » (*La Guerre franco-allemande*, 2e partie, p. 166.)

en entrant dans Chevilly; non seulement nous n'avons pas voulu pénétrer dans un parc inoccupé, mais nos chefs n'ont su ni trouver des outils pour renverser de prétendus obstacles, ni disposer le 35ᵉ de ligne de manière à le mettre à l'abri des atteintes de l'ennemi, ni suivre et conjurer le mouvement de retour des Allemands; et ces chefs imprévoyants ont massé leurs hommes, afin d'offrir, sans doute, une cible plus dense aux bataillons ennemis (1)!

La science de la guerre fait défaut aussi bien aux colonels qu'aux généraux : ces braves se font tuer, mais, quant à prévoir, à diriger, quant à jeter sur le champ de bataille un coup d'œil tactique, il ne faut pas le leur demander, ce serait chose inutile; leur éducation, leur instruction militaires ne le leur permettent pas; encore une fois : mourir, oui; penser, non! C'est la conséquence fatale des méthodes en usage, qui placent les exercices au-dessus de la stratégie et de la tactique, au-dessus de la philosophie de la guerre, comme si l'accessoire était plus que le principal, comme si la main devait diriger la tête. « On peut connaître parfaitement les manœuvres et ignorer complètement la guerre; être fort brillant sur le Champ de Mars et fort médiocre sur le champ de bataille (2). »

Quoi qu'il en soit, le 35ᵉ de ligne a évacué Chevilly, à l'exception du commandant Algan qui, à la tête de cent hommes de bonne volonté, se trouve complètement cerné dans la grande ferme, située sur la lisière nord-est du village, et s'y défend héroïquement.

(1) Des bataillons et des batteries, accourant au secours des points menacés, prenaient les Français en flanc, ce qui les obligea à une prompte retraite. « (Capitaine Gœtze, t. II, p. 30.)

(2) Opinion de l'archiduc Charles, de Jomini, de Lewal, citée par le général Iung, *Stratégie, Tactique et Politique*, p. 134.

Rien ne peut dépeindre l'ardeur des assiégés. « Chaque homme en vaut dix; par les portes, par les fenêtres, par les créneaux, ils font un feu terrible; les abords de la ferme sont jonchés de cadavres et de blessés. Cependant, le nombre des Prussiens ne cesse de s'accroître; dans la rue, dans les maisons, devant, derrière, l'ennemi est partout. Notre poignée d'hommes diminue rapidement, la moitié est hors de combat, les munitions s'épuisent (1). »

Le capitaine Rameau cherche en vain à percer les masses prussiennes : il tombe frappé à mort. Le major prussien Ronneberg croit le moment favorable pour écraser la vaillante petite troupe et lance ses hommes à l'assaut : « il tombe, pareillement, à la tête de ses soldats qui réussissent bien à forcer l'entrée et à s'emparer de l'extrémité sud des bâtiments, mais tout le reste demeure encore aux mains des Français qui s'y défendent avec acharnement (2) ». — « Notre tir devenant moins vif, les Prussiens s'approchent de la ferme et y mettent le feu. A un signal donné, brisant les portes, ils se précipitent dans la cour, en poussant leurs hourrahs..... nos soldats font une décharge, s'élancent à la baïonnette et les rejettent hors du bâtiment. Mais l'incendie n'a pu être éteint; un des locaux de la ferme est en feu; les quinze hommes qui l'occupent, avec le sous-lieutenant Bozonnat, grièvement blessé, en sont chassés par les flammes ; les autres défenseurs ont brûlé leurs dernières cartouches; épuisés, anéantis, ils cèdent, ils se rendent (3) », — « après avoir vainement tenté de se faire jour (4) ».

(1) Général Ducrot, t. I, p. 264.
(2) *La Guerre franco-allemande*, 2e partie, p. 166.
(3) Général Ducrot, t. I, p. 264.
(4) *La Guerre franco-allemande*, 2e partie, p. 167.

« A la tête de ces braves, a écrit le général Ducrot, étaient : Algan, chef de bataillon; Rameau, capitaine, tué; Nolard, capitaine; Thomas, sous-lieutenant; Bozonnat, sous-lieutenant, blessé (1). »

A l'heure où le 35e de ligne se battait, tout à la fois si héroïquement et si malheureusement, le 42e, soutenu par le bataillon des mobiles de la Côte-d'Or et le 3e des mobiles de la Vendée, tenait toujours au carrefour du Réservoir, permettant à la batterie du capitaine Houeix de continuer son feu.

Plusieurs fois, ce régiment et ce bataillon avaient essayé de dégager les hommes du commandant Algan, mais la fusillade du grand parc et de la Belle-Epine, appuyée par les batteries de ce dernier carrefour, les avait empêchés de franchir la route de Fontainebleau (2).

Et « la batterie Houeix souffrait de plus en plus. Toute l'artillerie prussienne, réunie à la Belle-Epine (3), concentrait son feu sur elle; heureusement, la plupart des obus, s'enfonçant dans les terres labourées, y éclataient sans avoir d'effets meurtriers; néanmoins, sur seize servants, sept étaient déjà hors de combat; sur les neuf restant, trois avaient été atteints légèrement et le capitaine était contusionné par un éclat d'obus (4) ».

De son côté, l'infanterie prussienne redoublait son tir à mesure que les renforts lui arrivaient, et, ici, il y a lieu de remarquer la différence qui existe entre les deux adversaires : l'un qui reçoit constamment du soutien, l'autre qui n'en reçoit aucun. Enfin, l'évacuation de Chevilly par le 35e de ligne rend intenable la position où se trouve la batterie

(1) Général Ducrot, t. I, p. 264.
(2) *Ibid.*, pp. 264 et 265.
(3) 3 batteries. (*La Guerre franco-allemande*, 2e partie, p. 165.)
(4) Général Ducrot, t. I, p. 265.

Houeix. La retraite est ordonnée; elle se fait sur la ferme de la Saussaye, en bon ordre, en dépit du petit nombre de chevaux, ce qui force les canonniers survivants à se mettre au timon et à pousser aux roues (1).

Le 42e de ligne suit le mouvement et, gagnant les pépinières plantées entre la Saussaye et Chevilly, il soutient le mouvement de recul du 35e de ligne. Démoli par les balles de Chevilly, il finit par se retirer, mais en faisant une très bonne contenance et en rendant coup pour coup.

L'indomptable batterie Houeix s'était reportée vers un rond-point, situé entre la redoute des Hautes-Bruyères et la route de Fontainebleau, sur le chemin de Villejuif à l'Hay, et, de là, elle entame le feu contre les maisons de Chevilly, dont les occupants font tant de mal au 42e de ligne. Elle les réduit au silence.

Un instant, on voit une forte colonne sortir de Chevilly, dans l'intention de passer entre les pépinières et de reprendre la Saussaye, afin de couper la retraite au 42e. Mais toute notre artillerie tonne si bien contre les assaillants qu'ils se retirent précipitamment vers L'Hay (2). Les 35e et 42e de ligne sont en sûreté autour des Hautes-Bruyères et à la droite de Villejuif.

La cavalerie du général Cousin qui s'était aventurée au milieu de la plaine afin de garantir nos

(1) Général Ducrot, t. I, p. 265.

(2) *Ibid.*, p. 266. — « Une colonne sortit même assez audacieusement de l'Hay (lire Chevilly) par la route de Choisy-le-Roi et déboucha dans la plaine avec l'intention évidente d'opérer un mouvement tournant autour de Chevilly (autour de la pépinière de gauche et de la Saussaye.) Mais la batterie de 12 des Hautes-Bruyères intervint efficacement contre cette troupe hardie et lança sur elle une véritable pluie d'obus qui, tombant au milieu de ses rangs serrés, y jeta un grand trouble et l'obligea à rentrer précipitamment jusque dans l'Hay. » (Général Vinoy, pp. 192 et 193.)

soldats de la poursuite de l'infanterie prussienne (1), n'a que le temps de tourner bride pour échapper aux coups de l'artillerie ennemie qui l'avait aperçue et la canonnait à force.

Là encore, la batterie Houeix a le bonheur de faciliter cette retraite en s'en prenant de nouveau à l'artillerie prussienne (2). Cette batterie s'était couverte de gloire pendant ce rude combat et les Allemands ne peuvent nous présenter, pendant toute la guerre, un exemple plus frappant d'habileté, de courage et d'opiniâtreté.

ATTAQUE DE THIAIS

La brigade Blaise, qui devait s'emparer de Thiais, puis de Choisy-le-Roi, s'était mise en marche quelques minutes après la brigade Dumoulin, c'est-à-dire, un peu avant six heures, quand le canon d'Ivry avait suffisamment averti les Prussiens de se mettre en garde. Deux batteries d'artillerie, sous les ordres du commandant Delcros, s'avancent entre les deux régiments de la brigade, 11e et 12e de marche. Deux autres batteries s'installent au Moulin-Saquet et dans la tranchée creusée entre ce moulin et Villejuif (3).

Le général Blaise avait ordonné au 11e de marche de tourner Thiais, par le couchant, pendant que le 12e de marche aborderait le village par le nord et par le levant (4).

Les Français, franchissant le dos du terrain situé au sud de Vitry, chassent facilement l'ennemi du

(1) Général Vinoy, p. 194.
(2) Général Ducrot, t. II, p. 266.
(3) *Ibid.*, p. 267.
(4) *Ibid.*, p. 268. — *La Guerre franco-allemande*, 2e partie, p. 162.

Moulin-d'Argent-Blanc. « Les avant-postes prussiens, pliant devant les lignes de tirailleurs français, reculent d'abord jusque sur la position principale (1). »

Nous poussons en avant. Mais la fusillade, qui crépite sur la lisière des bouquets de bois, le long des murs, des maisons de Thiais, les obus que nous lance une batterie, établie derrière un ouvrage de terre, à 400 mètres au nord du village, arrêtent notre élan et nous forcent à cribler de balles les abris où se tiennent nos ennemis. Le résultat est excellent. Nous « réduisons l'artillerie ennemie au silence en mettant presque tous les servants hors de combat (2) ».

Suivant notre mouvement, la batterie du capitaine Salle s'était portée en avant du Moulin-d'Argent-Blanc et bombardait les positions prussiennes. A la faveur de ce tir, les Français croient pouvoir aborder la longue ligne de murs et de bâtiments où l'ennemi s'est barricadé. Par malheur, comme nous l'avons déjà constaté, les Allemands ont, depuis longtemps, fait accourir des renforts, avertis qu'ils ont été par les allées et venues de la veille et l'inopportune canonnade de la matinée. Le 11e de marche, mal impressionné par la grêle de projectiles qui s'abat sur lui, tourne à gauche au lieu de longer la route de Fontainebleau et vient se heurter au 12e de marche qui attaque Thiais de front. De ce choc il résulte une confusion très fâcheuse « et le mouvement en avant se trouve encore suspendu (3) ».

Pour comble de malchance, la batterie de Thiais,

(1) *La Guerre franco-allemande* p. 163. — « Le 30 septembre, à six heures du matin, nous sommes attaqués et délogés. » (*Historique du 1er régiment de Haute-Silésie*, n° 22.)
(2) Général Ducrot, t. I, p. 268.
(3) *Ibid.*

que nos tirailleurs avaient démontée, a pu se reconstituer en hommes et en chevaux : maintenant, elle s'en prend à la batterie Salle qu'elle force à se retirer derrière le Moulin-d'Argent-Blanc d'où elle recommence la lutte contre Thiais, de concert avec les pièces du capitaine Salin, postées de l'autre côté du moulin. Par suite de ce feu vigoureux, la batterie prussienne de Thiais « est bientôt obligée de se taire (1) ».

Profitant de cette accalmie, le lieutenant-colonel Lespieau, entraînant le 1er bataillon du 12e de marche et un certain nombre d'hommes du 11e, se précipite sur Thiais. De tous côtés l'on sonne la charge, les soldats du 11e escaladent « la batterie fortifiée et enlèvent deux pièces avec le mur crénelé qu'elles défendent (2) ».

« L'élan subit de cette attaque refoule partout l'adversaire (3) », — « les essaims de tirailleurs français qui poussent en avant, entre Thiais et Chevilly, contraignent dix pièces allemandes à rétrograder jusqu'à la route de Versailles (4) » ; c'est une débâcle complète pour l'ennemi ; mais nous sommes arrêtés par un troisième mur crénelé (5), et forcés « de faire le coup de feu avec les Prussiens postés dans les maisons et derrière les murs (6) », sans pouvoir gagner du terrain, aucune réserve ne se por-

(1) Général Ducrot, t. I, p. 269.

(2) Général Vinoy, p. 191. — Le général Ducrot dit que c'est le 12e de marche qui a enlevé cette batterie (t. I, p. 269). — « Quittant à la hâte l'épaulement qu'il occupait au nord de Thiais, l'ennemi nous abandonne une batterie entière. » (*Ibid.*) — *Le Blocus de Paris et la Première Armée de la Loire*, 1re partie, p. 54. — « Le 4e bataillon du 75e de ligne se jeta sur une batterie retranchée et enleva deux pièces. » (Colonel Lecomte, t. III, p. 209. — J. d'Arsac, p. 137. — Major de Sarrepont, p. 290. — Baron du Casse, p. 101.

(3) Général Ducrot, t. I, p. 269.

(4) *La Guerre franco-allemande*, 2e partie, p. 163.

(5) Général Vinoy, p. 191.

(6) Général Ducrot, t. I, p. 269.

tant au secours des deux énergiques régiments.

De plus, nos soldats n'ont pas d'attelages pour enlever les pièces conquises, pas d'outils pour les enclouer (1). Ils essaient, pendant quelque temps, de conserver leur prise ; un retour offensif les oblige à se retirer, en bon ordre. « Ramenés de nouveau au combat, ils reprennent la batterie et les murs construits en arrière (2). »

A ce moment, les Prussiens se sauvent à la débandade. « La route, qui conduit de Choisy-le-Roi au carrefour Pompadour, est couverte de fuyards dont le canon et les mitrailleuses de la division d'Exéa précipitent encore la déroute (3). »

Mais les fractions du 11e de marche, qui se décident à tourner le village par le couchant, selon le plan convenu, sont accueillis par un feu meurtrier, venant du cimetière, sorte de réduit situé au nord-ouest de Thiais, et où les Prussiens finissent de concentrer les renforts qui leur arrivent de toutes parts. Le 11e de marche plie tout à coup après avoir combattu d'abord de pied ferme. L'ennemi s'aperçoit de cette défaillance et se précipite hardiment sur nos soldats épuisés et abandonnés à eux-mêmes. Pour la seconde fois, nous lâchons de nos mains les pièces de canon, si glorieusement enlevées, et nous battons en retraite (4), bien qu'une compagnie du 42e, se

(1) Général Ducrot, t. I, pp. 269 et 270. — « Ainsi, le manque de précautions, le dépourvu, la désorganisation continuaient. » (Jules Claretie, t. I, p. 270.) — Charles de Mazade, *La guerre de France*, t. II, p. 128. — *Paris sous les obus*, par A.-J. Dalsème ; Paris, Chamerot, 1883 ; p. 86. — Vincent d'Indy, *Histoire du 105e bataillon de la Garde nationale de Paris, en l'année 1870-1871, par un engagé volontaire dudit bataillon* ; Paris, Douniol, 1872 ; p. 22. — Michel Cornudet, p. 61. — Major de Sarrepont, p. 290.

(2) Général Vinoy, pp. 191 et 192.

(3) *Ibid.*, p. 192. — Général Ambert, *Histoire de la guerre de 1870-1871*, p. 336. — Francis Garnier, p. 19. — Major de Sarrepont, p. 291. — Camille Farcy, p. 276.

(4) Général Vinoy, p. 192. — Général Ducrot, t. I, pp. 269 et 270. — Il est à remarquer que la relation officielle prussienne ne

portant du Réservoir sur Thiais, « se soit engagée avec les défenseurs de ce village pour venir en aide à la brigade Blaise (1) », en tournant la gauche du cimetière.

Du côté de Choisy-le-Roi, les affaires avaient, primitivement, mieux marché. Presque d'un seul bond, « nos têtes de colonnes pénétraient dans Choisy-le-Roi, mais elles ne pouvaient s'y avancer suffisamment parce que Thiais, qui domine la vallée, résistait encore (2). »

Il était alors huit heures; ainsi que nous l'avons vu, les Prussiens détalaient à qui mieux mieux; c'était le cas, ou jamais, d'engager la brigade Daudel et d'achever la besogne si bien commencée. Mais nous savons que la réserve, de par l'ordre formel du Gouverneur de Paris, avait été amenée sur le lieu du combat pour ne pas y prendre part (3); aussi la lutte dégénère promptement en une fusillade inefficace, et quand les Français de Thiais sont forcés d'abandonner leur conquête, ceux de Choisy doivent les suivre sans retard.

A neuf heures du matin, de L'Hay à Choisy-le-Roi, nos trois brigades sont en pleine retraite. Comme pour les colonnes Dumoulin et Guilhem, cette retraite est très meurtrière pour la brigade Blaise. Elle se fait, toutefois, en très bon ordre.

dit pas un mot de l'enlèvement de cette batterie. Or, quand on voit avec quel soin méticuleux, le grand état-major de Berlin inscrit les moindres incidents du combat, alors qu'ils sont à l'avantage de l'armée allemande, on ne peut s'empêcher de trouver étrange qu'il glisse si facilement sur les parties moins glorieuses pour elle, quand il ne les passe pas tout à fait sous silence. Il n'y a qu'à lire, dans l'ouvrage de M. de Moltke, notamment : la bataille de Saint-Privat (déroute des Prussiens devant le Point-du-Jour), la défense de Châteaudun et la bataille de Coulmiers, pour reconnaître la justesse de notre observation.

(1) Général Ducrot, t. I, p. 261.

(2) Général Vinoy, p. 191.

(3) *Ibid.*, p. 193.

Aussi bien, l'ennemi, trop heureux d'en être quitte à si bon marché, ne songe pas à nous inquiéter, tenu en respect qu'il est par les deux batteries du Moulin-d'Argent-Blanc et les deux bataillons de mobiles de la Vendée. Le général Blaise s'installe facilement dans les ouvrages du Moulin-Saquet (1).

DÉMONSTRATIONS DES BRIGADES DE SUSBIELLE ET MATTAT

Afin d'empêcher l'ennemi de venir au secours des troupes de L'Hay-Chevilly-Thiais, nous savons que la brigade de Susbielle devait attaquer Clamart, et la brigade Mattat Mesly.

Après le bombardement, par les canonnières du Point-du-Jour, de la ligne Meudon-Bellevue, le général de Susbielle engage un bataillon du 13e de marche sous le bois de Meudon. A la faveur des couverts, nos hommes tombent à l'improviste sur la compagnie de grand-garde, enlèvent la barricade, qui coupe la route du Bas-Meudon à Bellevue, et culbutent l'ennemi jusque dans ce dernier village. Un avant-poste de quinze hommes du 7e régiment de la Garde royale avait été enlevé en entier (2). Attaqué par trois régiments, qu'il n'avait pu voir, le bataillon français, grâce au feu nourri de la flottille (3), peut se retirer et s'établir rapidement dans un bâtiment crénelé, dominant le Val, d'où il commande les chemins en X situés entre les Capucins et la voie ferrée. Il tient, toute la journée, dans

(1) Général Ducrot, t. I, p. 270. — Toutes « nos colonnes s'étaient retirées sur leurs positions du matin, en bon ordre, soutenues par le feu des forts, qui avait suffi à arrêter la poursuite de l'ennemi. » (*Le Blocus de Paris et la Première armée de la Loire*, 1re partie, p. 55.) — « La retraite s'effectua, sous le feu, dans un ordre parfait. » (Major de Sarrepont, p. 290.)
(2) Général Vinoy, p. 193.
(3) *Ibid.*

cette position, et ne rentre à Issy qu'à neuf heures du soir, rapportant les fusils pris aux Prussiens délogés de leurs ouvrages (1).

De son côté, le 3e bataillon du 13e de marche avait emporté Clamart et y était resté pendant la matinée.

Quant au 14e de marche, il s'était contenté de surveiller Châtillon et Bagneux et, « voyant que rien n'apparaissait, ce régiment ne s'était pas engagé (2) » ! C'est ainsi que les généraux français comprenaient une *démonstration!* Comme si les Allemands auraient eu la naïveté de nous attaquer à Châtillon alors qu'ils n'avaient que trop à faire de Choisy-le-Roi à L'Hay. Comme si ce n'était pas nous qui devions les tâter audacieusement, de Bagneux à Bellevue, afin d'atteindre le but de l'opération, c'est-à-dire, afin de les forcer à dégarnir les villages où l'on se battait et à n'y pas envoyer de renforts. Encore une fois, nos généraux ne l'entendaient pas de cette oreille, et la démonstration de la brigade de Susbielle se réduisit à engager deux bataillons! Aussi cette brigade ne perdit-elle que 3 hommes tués et 21 blessés (3); mais les Allemands furent bien tranquilles sur leur gauche : ils purent manœuvrer à leur aise de Versailles à L'Hay (4).

Sur notre gauche, le général d'Exéa s'acquitta mieux de sa mission. Il était chargé d'inquiéter les positions qui s'étendent du carrefour Pompadour à Bonneuil-sur-Marne, au moyen de la brigade d'in-

(1) Général Vinoy, p. 196.
(2) Général Ducrot, t. I, p. 287.
(3) *Ibid.* — Commandant Bonnet, t. II, p. 75.
(4) « On s'imagine souvent qu'une diversion, qu'une démonstration doit se borner à quelques tirailleries sans importance. C'est une erreur. Pour qu'elles obtiennent un résultat, il faut qu'elles soient exécutées assez vivement et poussées assez à fond pour que l'ennemi puisse s'imaginer qu'il a affaire à l'attaque principale et qu'il dégarnisse ses autres points pour renforcer celui-là. » (*Ibid.*)

fanterie Mattat, de la brigade de cavalerie de Bernis et du 1er chasseurs à cheval.

A quatre heures et demie du matin, les Français traversent la Marne à Charenton. Deux escadrons se portent en avant de Maisons-Alfort, entre la Seine et le chemin de fer de Lyon.

Grâce à la prévoyance du général Trochu, l'infanterie, l'artillerie et la cavalerie ne peuvent prendre la grande route de Bâle, qui passe par Créteil, « car tous les arbres qui la bordent ont été coupés, renversés les uns sur les autres, de manière à former un fouillis inextricable. Sur tout le pourtour de Paris, on avait eu la malheureuse idée d'obstruer complètement les routes : c'était un très grand inconvénient pour nous quand nous voulions faire une opération quelconque, et cela ne gênait en rien l'ennemi qui nous attendait dans ses positions (1) ».

Les colonnes sont donc obligées de s'allonger sur la seule route de Maisons-Alfort. La première, arrivée à l'église, oblique à gauche, prend le chemin de Créteil, entre dans ce village, où elle surprend l'ennemi avant le jour, lui fait des prisonniers, le met en fuite. La ferme de Notre-Dame-des-Mèches est pareillement enlevée.

Les chasseurs à pied avancent encore et s'en prennent aux contingents ennemis installés au carrefour Pompadour. La batterie prussienne, qui s'y tient, est forcée de se retirer, écrasée par le feu de nos tirailleurs et surtout par les obus des deux batteries du commandant de Cossigny, qui se sont portées à la droite de Notre-Dame-des-Mèches (2).

Par suite de ce succès, les bataillons français, en ligne de Créteil à Maisons-Alfort, se mettent en marche sur le carrefour Pompadour, et nos troupes

(1) Général Ducrot, t. I, p. 289, en texte et en note.

(2) *La Guerre franco-allemande*, 2e partie, p. 169. — Général Ducrot, t. I, p. 290.

de Créteil fusillent les tirailleurs ennemis répandus le long des pentes du Mont-Mesly.

Mais les renforts commencent à arriver aux Prussiens. Du carrefour Pompadour et de la ferme de l'Hôpital sortent de nombreuses compagnies qui se dirigent sur Notre-Dame-des-Mèches. La batterie de mitrailleuses, que nous avons à la gauche de cette ferme, leur envoie quelques coups bien ajustés et les voici en pleine déroute. Le général d'Exéa veut les faire charger par sa cavalerie..... il ne l'a pas sous la main et, lorsqu'elle arrive, les fuyards sont déjà loin. Néanmoins, elle part au galop; malheureusement, les escadrons se trompent de direction et vont donner dans les maisons de Mesly où ils sont accueillis par des volées de mitraille et de balles qui les forcent à rebrousser chemin immédiatement, laissant pas mal d'hommes et de chevaux sur le terrain.

Cependant, nos cavaliers ne perdent pas la tête : ils se retirent avec calme. Très inquiet, le général d'Exéa envoie le sous-lieutenant de Castries leur donner l'ordre d'allonger l'allure : un éclat d'obus le blesse mortellement. Enfin, ils sont à l'abri (1), trop heureux de se tirer à si bon marché d'une pareille équipée.

Mais le canon ne gronde plus du côté de Choisy-le-Roi et de Villejuif. Bien que le Gouverneur ne juge pas à propos d'avertir le général d'Exéa que la bataille principale est finie, celui-ci le devine au silence qui règne sur la rive gauche de la Seine et commande la retraite.

La route de Bâle étant obstruée, nos bataillons de Créteil reprennent le chemin qu'ils ont parcouru pour venir, chemin qui va de cette route à Maisons-Alfort. Mais, dans les murs le bordant, une grande

(1) Général Ducrot, t. I, p. 291.

brèche de 20 mètres a été pratiquée. Les Prussiens s'en aperçoivent, pendant que les Français défilent à la hâte. Une batterie, établie à 3,000 mètres, sur le versant du Mont-Mesly, dirige son feu vers cette brèche. « Les premiers coups sont d'abord trop courts, mais, le tir étant rectifié, tous les obus tombent rapides, pressés, juste au milieu de la route, à l'endroit découvert. Il n'y avait pas d'autre passage. Nos batteries le franchissent au grand trot, avec intervalle entre les pièces; cavaliers, fantassins se précipitent par groupes. Soit hasard, soit promptitude de la part des nôtres, l'ennemi, malgré la précision mathématique de son tir, nous fait très peu de mal : à peine si quelques hommes sont blessés ou contusionnés. La batterie de mitrailleuses traverse également sans encombre le passage périlleux; la section du génie qui ferme la marche est seule atteinte; deux obus éclatent au milieu d'elle; les hommes sont bousculés, jetés à terre, mais, au grand étonnement de tous, aucun n'est blessé (1). »

A onze heures et demie, toutes les troupes étaient rentrées dans leurs cantonnements : elles comptaient 45 hommes hors de combat (2).

RÉSULTATS ET CONSIDÉRATIONS

Cette affaire, si chaudement engagée le matin, était terminée avant midi. Quels en étaient les résultats matériels et moraux ?

Les Français avaient, en tout, 2,189 hommes hors de combat (3); les Allemands 441 seule-

(1) Général Ducrot, t. I, p. 292.

(2) *Ibid.*, p. 293. — Pour ce petit combat, voir *La Guerre franco-allemande*, 2e partie, pp. 169 et 170.

(3) Général Ducrot, t. I, pp. 285, 287 et 293. — D'après le

ment (1). Le général Guilhem, blessé à l'attaque de Chevilly, avait été transporté par les Prussiens au village de Rungis, où il était mort une heure après.

Aucun drapeau, aucun canon n'avaient été capturés de part et d'autre, mais nous n'avions conservé aucune des positions conquises et n'avions pas détruit les travaux de l'ennemi. L'échec était donc patent pour la Défense. Les bulletins officiels français disaient qu'on n'avait voulu faire qu'une simple reconnaissance. Mais « pour faire une reconnaissance, il ne faut pas mettre en ligne des divisions. Si l'on avait voulu prendre un village et le conserver, il aurait fallu appuyer les colonnes d'attaque par des troupes de soutien (2) ». — « Il y avait eu trop de troupes, et surtout engagées trop sérieusement, s'il s'agissait d'une reconnaissance ; pas assez de monde et pas assez d'usage de tous nos moyens, s'il s'agissait d'une attaque à fond (3). »

Nous avons déjà donné la cause de cet échec dont le commandement supérieur était responsable. Le lieu, choisi pour la reconnaissance, était tellement défavorable qu'il était difficile d'espérer un meilleur résultat, surtout en menant l'affaire avec l'*inhabileté* tactique avec laquelle elle fut conduite.

En effet, le général Trochu, qui s'était réservé la direction des opérations et qui avait même défendu au général Vinoy de se servir des réserves (4), n'avait pu trouver le moyen d'arriver au fort de Bicêtre

général Vinoy, nous n'aurions eu que 1,988 hommes hors de combat (p. 198, en note).

(1) *La Guerre franco-allemande*, 2e partie, supplément LXXI, p. 28 *. — « La simple opposition des chiffres comporte avec elle son enseignement. « (Colonel Canonge, t. II, p. 355.)

(2) Robinet de Cléry, p. 47.

(3) Colonel Colonna-Ceccaldi, p. 29. — « L'attaque de Choisy-le-Roi devait se faire par trois divisions au moins. » (*Ibid.*, p. 35.) — Flourens, p. 98.

(4) Voir, *suprà*, pp. 80 et 92.

qu'à dix heures du matin, alors qu'il avait donné l'ordre d'attaquer vers cinq heures (1) ! C'était un peu tard, et, ce jour-là, les occupations politiques du Gouverneur auraient bien dû céder le pas aux occupations militaires.

Il eût été préférable de ne pas se rendre au fort, comme le général Trochu l'avait fait, la veille, révélant ainsi à l'ennemi ses projets du lendemain, et de s'y trouver de meilleure heure, le jour de l'action. Toutes les félicitations et tous les discours qu'il adressa aux troupes, sur la manière dont elles avaient accompli leur retraite, n'avaient pas remplacé les ordres que doit donner, pendant la lutte, celui qui a la mission de la diriger.

De plus, il y a à remarquer « combien avait été défectueux l'ordre de bataille où l'on avait intercalé, comme à plaisir, des brigades de divisions différentes. Une brigade de la division Blanchard avait été tout à fait séparée des autres. Les deux, de la division de Maud'huy, l'avaient été par une de la division Blanchard (2) ».

Enfin « les démonstrations sur les deux ailes avaient été faites avec des forces insuffisantes, *distraites à tort de l'attaque principale*, sur le front de laquelle il n'y avait, de fait, que 25,000 hommes répartis sur un front de 6 kilomètres. Or, l'expérience l'a prouvé, une densité de quatre hommes par mètre courant est très insuffisante pour une

(1) Général Vinoy, p. 196. — L'amiral de La Roncière-le Noury dit que le Gouverneur est arrivé à sept heures quarante au fort de Bicêtre, c'est-à-dire, près de deux heures après le départ des colonnes d'attaque. Mais l'amiral doit se tromper, car le général Vinoy affirme que le général Trochu ne s'est montré qu'à dix heures, et aucun ordre de lui n'existe, antérieur à ce moment. (Amiral de La Roncière-le Noury, p. 75.) — « Le général Trochu ne sort de Paris que pour assister, quand la lutte est près de finir, au combat de Chevilly. » (*Journal de Fidus, La Révolution de septembre, Paris assiégé*, p. 124.)

(2) Commandant Bonnet, t. II, p. 72.

attaque contre des troupes non retranchées. Ici l'on avait en face de soi des villages fortifiés, défendus par des troupes excellentes; on pouvait donc prévoir, sans autre calcul, que l'attaque serait repoussée (1) ».

Le général Vinoy avait entamé cette affaire à contre-cœur et, gêné par le Gouverneur, il s'en désintéressait quelque peu, laissant la responsabilité à celui qui avait voulu l'assumer. Quant aux généraux et colonels sous ses ordres, nous répéterons qu'ils firent preuve de beaucoup de bravoure, mais que leurs connaissances tactiques laissèrent grandement à désirer : on marcha droit devant soi et ce fut tout.

Cependant, la journée du 30 septembre ne fut pas complètement vaine. Notre infanterie et nos mobiles y firent très bonne figure ; « le 35e et le 42e de ligne avaient été héroïques (2) ». Notre artillerie avait fait preuve d'un réel savoir et avait tenu tête à sa redoutable rivale. « Nos troupes avaient montré de la fermeté au feu, de l'aplomb dans la retraite (3). »

« En somme, le combat de Chevilly, s'il n'avait pas réussi, quant au but qu'on s'était proposé, n'en était pas moins glorieux pour les troupes qui l'avaient soutenu avec beaucoup de fermeté et de bravoure (4). » Les mobiles, encadrés dans la ligne, avaient crânement supporté cette épreuve du premier feu. « Enfin, l'issue de ce combat démontrait, d'une manière certaine, qu'il était facile d'aborder

(1) Commandant Bonnet, t. II, p. 72.

(2) Général Ducrot, t. I, p. 277. — Général Vinoy, p. 196. — Général Ambert, *Histoire de la guerre de 1870-1871*, p. 336.

(3) Charles de Mazade, *La guerre de France*, t. II, p. 128. — Colonel Lecomte, t. III, p. 211. — Adolphe Michel, p. 57.

(4) Général Vinoy, pp. 196 et 197. — Général Ducrot, t. I, p. 278. — Jules Claretie, t. I, pp. 270 et 271. — Général Favé, p. 9.

et d'inquiéter assez sérieusement l'ennemi jusqu'au milieu de ses lignes de défense (1). »

Cette affaire ne laissa pas d'avoir une influence sur les Allemands. Nous savons combien elle les avait émus, aux premiers coups de canon, et, si la façon dont elle avait été menée les avait bientôt rassurés et décidés à ne pas s'éloigner de Paris (2), pourtant ils ne continuèrent plus « à agir autour de nos forts en pleine sécurité, sans trop se préoccuper de l'armée de défense qu'ils jugeaient de peu d'importance. De ce jour, ils comprennent que la grande place a, dans ses murs et autour d'elle, des troupes avec lesquelles il leur faudra compter. Dès lors, ils pousseront, avec une fiévreuse activité, tous leurs travaux d'investissement et, sans rien changer aux emplacements de leurs lignes, ils les amélioreront sans cesse et, désormais, se tiendront toujours sur leurs gardes (3) ».

Le combat de Chevilly avait donc eu pour résultat indiscutable de mettre les assiégeants en éveil et de rendre bien plus difficile pour les assiégés toute sortie ultérieure. On ne saurait s'empêcher de déplorer un pareil résultat : ce n'était pas la peine de sacrifier plus de 2,000 hommes pour l'obtenir, et le général Trochu inaugurait tristement sa direction effective des opérations militaires.

Il n'avait pas su discerner le vrai plan d'opérations qui consistait, comme nous l'avons déjà dit et redit, à ne pas laisser un instant de répit à l'assiégeant.

(1) Général Vinoy, p. 197.

(2) Le lendemain, rencontrant le prince de Wurtemberg, nous lui rappelâmes ses paroles et lui demandâmes pourquoi le siège n'était pas levé, comme il nous l'avait dit. « Rien ne presse, répondit-il avec autant de calme qu'il était agité la veille, nous verrons plus tard. » (Voir *suprà*, p. 67.)

(3) Général Vinoy. pp. 198 et 199. — Capitaine Gœtze, t. II, p. 115. — Général Ambert, *Histoire de la guerre de 1870-1871*, p. 336.

M. Charles de Mazade convient bien que telle aurait dû être la conduite des assiégés, car il écrit :

« Il aurait fallu attaquer aussitôt l'ennemi dans ses positions, le troubler dans ses travaux par lesquels il opposait, en quelque sorte, citadelle à citadelle, empêcher *à tout prix* cet établissement permanent, rompre incessamment ce cercle de fer par des sorties de tous les jours et de toutes les heures (1). »

Mais il ajoute :

« Malheureusement, qu'on me passe le mot, on était ici à deux de jeu, dans une situation à la vérité bien inégale pour les deux adversaires. Les chefs de la Défense parisienne ne pouvaient pas se jeter ainsi à corps perdu sur les lignes prussiennes; ils venaient d'éprouver, à Châtillon, le peu de solidité des troupes de campagne qu'ils avaient. Il fallait au moins quelques semaines pour donner un certain équilibre à cette défense improvisée d'heure en heure depuis un mois... et, en ces quelques semaines, les travaux de l'ennemi étaient assez avancés déjà pour qu'il fût difficile de les aborder (2). »

Il n'est pas juste de dire que l'on était à *deux de jeu* puisque nos fortifications étaient faites et celles des Allemands à faire ; puisque ces derniers étaient obligés de se disséminer sur un immense cercle, tandis que nous pouvions nous jeter, sur un point de la circonférence, à l'improviste, avec l'avantage de n'avoir qu'un rayon à parcourir au lieu de cette circonférence. Enfin, ce qu'il fallait, ce n'était pas *rompre le cercle de fer*, comme le dit M. de Mazade, c'était simplement ne pas laisser l'ennemi en repos, menacé qu'il eût été sur tous les points de sa ligne de contrevallation (3). Pour lui, l'alerte

(1) Charles de Mazade, *La guerre de France*, t. II, p. 112.
(2) *Ibid.*, pp. 112 et 113.
(3) Comme on attribue souvent le même sens à *contrevallation*

eût été générale et continuelle; pour les assiégés, elle n'eût été que partielle et temporaire. La Garde nationale se serait rapidement faite à ce genre de combat qui ne demande pas les connaissances nécessaires chez des troupes qui livrent une bataille rangée. C'eût été une succession de surprises, de vraies et de fausses attaques de jour et de nuit, jamais poussées à fond (1).

« Plusieurs fois, sous la protection de lignes de tirailleurs, des masses d'hommes descendirent, sur la pente du Mont-Valérien, pour ramasser des pommes de terre ; leur présence, avec des voitures, faisait croire à des mouvements de troupes, soutenues par de l'artillerie, et faisait prendre les armes sur toute notre ligne (2). » Si, sans le vouloir, les assiégés causaient de pareilles alertes, que n'eus-

et à *circonvallation* (Voir Littré), nous déclarons ici que nous appelons, d'après la logique des expressions et des choses : *circonvallation*, la ligne qui *entoure* un assiégeant du côté opposé à la place, et *contrevallation*, la ligne qui est tracée par le même assiégeant *en face* des ouvrages de l'assiégé.

(1) Il fallait « faire, entre autres choses, ce qui nous a trop manqué, des attaques hardies, répétées, de jour et de nuit, que l'assiégé doit prodiguer, quand il en a le moyen, et pour lesquelles les Français, naguère encore, n'avaient pas de rivaux. » (*Enq. parlem. déf. nationale*, rapport de M. Chaper sur le gouvernement de la Défense à Paris, au point de vue militaire, p. 86.) — « Notre sentiment était, qu'avec le caractère de la population parisienne, il fallait faire, non pas une guerre purement défensive comme la comprenait le Gouverneur de Paris, mais une guerre offensive sur une petite échelle, une guerre de petites sorties continuelles de jour et de nuit qui auraient fatigué l'ennemi, gêné ses grands travaux qui nous ont fait tant de mal, et qui auraient empêché l'ennemi de détacher contre nos armées de province une partie de l'armée de siège. » (*Ibid.*, déposition de M. Henri Martin, p. 402.) — Voir aussi : *Ibid.*, p. 403, et *Ibid.*, opinions du commandant Bourgeois et du colonel Boulanger, t. V, Pièces diverses, pp. 54 et 55. — « J'aurais voulu des actions plus répétées. » (Jules Favre, *Gouvernement de la Défense nationale du 30 juin au 31 octobre 1870*, p. 299.) — Général Ambert, *Récits militaires, le Siège de Paris*; p. 231.

(2) *Historique du 1er régiment d'infanterie de Basse-Silésie*, n° 46.

sent-ils obtenu avec une direction intelligente !

Mais écoutons toujours les Prussiens : « Tous les matins, entre quatre et cinq heures, *le ventre vide*, les bataillons de service se réunissaient à la place d'armes et restaient sous les armes, jusqu'à ce qu'il fût prouvé qu'aucune surprise n'était à craindre. Au jour, travail à la tranchée, prolongé quelquefois pendant la nuit... Quiconque a fait le siège de Paris se souvient du mot : «« *On s'attend à une sortie.* »» Le sommeil était court dans l'attente du signal d'alarme ; le service de nuit, les patrouilles ne fatiguaient pas seulement les os et les muscles ; chez beaucoup, les nerfs étaient malades ; aussi, un médecin du régiment a pu trouver l'heureuse expression : *nervosité obsidionale* (1). »

Qu'aurait-ce été si les craintes eussent fait place aux réalités, si les escarmouches s'étaient multipliées, si le repos n'eût plus été possible ? Encore une fois, jamais armée n'eût pu résister à un pareil traitement.

La masse, sur ce point, avait vu juste, et, dès les premiers jours du siège, avait indiqué les petits combats et n'avait réclamé ni les grandes sorties, ni les grandes batailles.

« N'était-ce point là le système qu'il fallait suivre, système d'escarmouches journalières, de petits combats continuels, d'attaques, de reconnaissances, de mouvements répétés et de harcèlements ? Pourquoi le général Trochu n'adopta-t-il pas cette tactique, inaugurée avec succès à Villejuif, et presque en même temps, à Pierrefitte, par les soldats du général de Bellemare (2) ? »

(1) *Historique du 1er régiment d'infanterie de Basse-Silésie*, n° 46.

(2) Jules Claretie, t. I, p. 270. — « 23 septembre. A Pierrefitte, le général de Bellemare harcèle l'ennemi. Cette guerre d'escarmouches, *indiquée par l'opinion générale*, exaspère les Prussiens. » » (Mme Edgar Quinet, p. 87.) — « La Garde nationale, au fond,

M. Viollet-le-Duc va fournir la preuve de la bonté de ce système :

« L'armée allemande se contentait d'établir quelques postes en avant de sa ligne de contrevallation, de faire occuper quelques villages dans la plaine par des troupes peu nombreuses, pouvant rendre compte de nos mouvements si nous nous présentions en force. Ces troupes ne se défendaient que juste assez pour permettre aux corps placés en arrière de se mettre en ligne, se retiraient promptement si elles se croyaient débordées, *ou se laissaient prendre sans prolonger une défense inutile. Ce sont ces postes avancés qui ont fourni les quelques centaines de prisonniers que nous avons faits devant Paris* (1) », sans compter ceux de Bry-sur-Marne.

Voici, maintenant, sur la tactique à employer par les assiégés, l'opinion de deux militaires :

« Le gouverneur d'une place assiégée, dit le colonel Hennebert, doit entretenir le moral et l'activité de la garnison ; diriger contre les lignes ennemies des chicanes de tous les instants; opérer de petites sorties, à des heures très diverses, tantôt

ne demande pas qu'on fasse des trouées, si c'est impossible, mais elle voudrait tomber à chaque instant sur l'ennemi, l'inquiéter, le fatiguer.... Harceler, harasser l'ennemi, par ci, par là, à toute heure, la nuit; donner des primes aux coups de tête.... effarer, affoler l'assaillant: voilà nos vraies traditions comme assiégés. » (Mme Adam, pp. 110 et 111). — Floureus, p. 97. — Dalsème, p. 75. — Emile Chevalet, pp. 27 et 28. — Francis Garnier, p. 20. — *Le général Trochu devant l'histoire*, extrait du *Diario del sitio de Paris*, par A. Borrego ; traduit de l'espagnol par Louis Gerdebat; Paris, librairie générale ; p. 20. — *Ibid.*, p. 24. — Michel Cornudet, p. 63. — *Précis de la guerre franco-allemande*, par le colonel Fabre; Paris, Plon, 1875 ; pp. 176 et 177. — *Le Siège de Paris, 1870-1871, Souvenirs personnels d'un volontaire*, par M. de Senevas ; Evreux, Hérissey, 1871 ; p. 49. — Le *Gaulois*, nº du 5 octobre 1870.

(1) Viollet-le-Duc, p. 19. — « On s'emparait toujours avec la plus grande facilité des premières lignes. » (Wyrouboff, pp. 47 et 48.)

sur un point, tantôt sur un autre : un jour, avec une cinquantaine d'hommes, un autre jour avec cinq cents; ne jamais faire de grandes sorties, ni provoquer d'engagements de nature à dégénérer en bataille (1). »

Cependant, il faut que l'ennemi la redoute continuellement et si l'on s'en tenait au chiffre maximum de cinq cents hommes, la sécurité de l'assiégeant serait bientôt complète.

« Bloquer Paris, élever une ligne de contrevallation de plus de cinq journées de marche autour d'une capitale fortifiée et renfermant deux millions d'habitants, n'était pas seulement une opération difficile et grandiose, mais surtout une opération hardie et périlleuse, qui ne pouvait réussir qu'à la condition qu'en France on ne trouvât pas un militaire sachant tirer parti des ressources dont disposait encore ce grand Etat.

« Il est vrai que la France avait éprouvé de terribles secousses; que les désastres qu'elle avait essuyés à Wœrth, à Spicheren, à Borny, à Mars-la-Tour, à Gravelotte et surtout à Sedan, avaient ébranlé toute la nation, et les débris qui lui restaient de son armée devaient avoir le moral considérablement affaibli. Si, cependant, un général entreprenant, homme de tête, comprenant les avantages qu'il pouvait tirer de la grande position fortifiée de Paris et des ressources militaires et industrielles qu'elle renfermait, était sorti de la foule, il est probable que le blocus de ce grand centre de population n'eût pas réussi.

« De l'aveu même du général Trochu, Paris renfermait plus de 300,000 hommes armés, dont environ 100,000 capables de tenir la campagne. Or, cette dernière armée, occupant une position cen-

(1) Colonel Hennebert, pp. 186 et 187.

trale et pouvant opérer autour de Paris, sa base, sans traîner à sa suite le moindre encombrement de voitures, aurait eu une mobilité que les armées allemandes, obligées de se faire suivre de tous leurs *impedimenta*, n'auraient pu égaler. Si donc, avant ou pendant l'établissement de la ligne de contrevallation, le général français avait fait, sur plusieurs points, des démonstrations avec une grande partie de ses troupes irrégulières, tandis qu'avec son armée de ligne de 100,000 hommes, il aurait pris franchement l'offensive sur d'autres points, il aurait pu combattre les fractions isolées de l'ennemi avec une telle supériorité numérique que le succès n'eût pu guère être douteux.

« On objectera que les troupes françaises, de nouvelle formation, étaient d'une qualité très inférieure à celle des Allemands, dont les victoires avaient exalté le moral. C'est vrai ; mais quand un général a, pour lui, l'avantage de la position, de la mobilité et du nombre ; s'il sait mettre ses troupes habilement en action et leur communiquer le feu sacré dont lui-même doit être animé, le moral des troupes peut promptement se raffermir et alors la fortune des batailles devrait être bien ingrate pour abandonner celui qui a tous les avantages de son côté (1). »

Aussi bien, un grand stratège prussien va nous montrer la faiblesse et le danger des lignes de contrevallation continues :

« 1° En disposant ses forces autour de la place assiégée, l'attaquant les éparpille trop.

(1) Colonel Vandevelde, pp. 207 et 208. — « Pendant que l'ennemi, qui agissait sur la circonférence avec rapidité, bien qu'il eût des distances énormes à parcourir et des différences de niveau très notables à franchir, nous qui n'avions à faire que des mouvements diamétraux, ou suivant des cordes d'arc, nous ne pouvions nous mouvoir qu'avec lenteur. » (Viollet-le-Duc, pp. XXXIX et XL.)

« 2° La garnison de la place, qui, jointe à l'armée de secours, ne constitue, en somme, que la totalité des forces de l'adversaire, prend, dans ces conditions, l'importance d'un corps de troupes absolument indépendant, *invulnérable* ou, du moins, *inabordable dans ses retranchements et d'autant plus menaçant, si l'assiégeant est lui-même attaqué, que l'assiégé se trouve précisément placé au centre de la position occupée par les assiégeants.*

« 3° Sur une ligne de circonvallation (de contrevallation) la résistance ne peut être qu'absolument *passive*, parce que, de toutes les formations, l'ordre circulaire est la plus défavorable, la plus faible et celle qui se prête le moins aux retours offensifs. Attaqué dans cet ordre, l'assiégeant n'a d'autre ressource que de se défendre jusqu'à la dernière extrémité sur les lignes mêmes et en arrive facilement, dans ces conditions, à un affaiblissement bien plus considérable que celui qui résulterait pour lui de l'éloignement et de l'action séparée du tiers de son effectif formé en corps d'observation (1). »

Mais les Allemands tenant, par-dessus tout, au blocus rigoureux, afin d'affamer Paris, il leur fallait se servir de la contrevallation. C'était une aubaine pour la Défense ; le général Trochu aurait dû en profiter pour menacer, harceler, attaquer sans cesse, mais ne jamais pousser cette attaque à fond ; « le cordon tracé autour de la place était mince (2) » et permettait cette tactique (3) ; en effet, à cette époque

(1) Général de Clausewitz, *Théorie de la grande guerre* ; traduction du lieutenant-colonel de Vatry ; Paris, Baudoin, 1887 ; t. III, p. 81.

(2) *Historique du 1er régiment d'infanterie de Basse-Silésie*, n° 46.

(3) « Toutes les nuits, les tirailleurs français nous harcèlent et alarment nos positions ; on prend les armes jusqu'au IIe corps bavarois. » (*Historique du 1er régiment de Haute-Silésie*, n° 22.) Cette excellente tactique fut bientôt abandonnée par nous.

« les forces réunies devant Paris comptaient 168,000 hommes d'infanterie, 13,000 de cavalerie et 672 pièces de campagne. Elles occupaient une ligne de 100 kilomètres environ, ce qui portait la densité de la ligne d'investissement à 1,98. On voit combien cette proportion était faible pour résister aux nombreuses troupes, enfermées dans la capitale, qui pouvaient, à tout moment, déboucher avec des forces supérieures sur un point quelconque de ce vaste cercle (1) », mais, ainsi que M. de Freycinet en province, MM. Trochu et Ducrot, à Paris, ne rêveront que batailles rangées!

Nous aurons, du reste, bientôt à revenir sur cette question, en nous occupant de la défense active et de la défense passive, nous n'allongerons donc pas, ici, une discussion déjà bien complète et nous fermerons ce chapitre, en répétant, avec le colonel Vandevelde : « Malheureusement pour la France... le général Trochu était plus rhéteur qu'homme d'Etat, plus philosophe que militaire (2) » et, de toutes les philosophies, c'était celle de la guerre qu'il possédait le moins.

(1) Commandant Bonnet, t. II, pp. 70 et 71.
(2) Colonel Vandevelde, p. 208.

INSTALLATION DES ALLEMANDS AUTOUR DE PARIS

VIVRES ET CANTONNEMENTS

Il importe de revenir quelque peu en arrière et d'examiner l'installation des Allemands autour de la capitale, ainsi que leurs rapports avec la population qui n'avait pas quitté les villes et villages envahis.

A peine arrivées dans les positions assignées, les troupes d'investissement avaient commencé, le 19 septembre, à s'y installer militairement et hygiéniquement.

A cette dernière fin, les facilités ne manquaient pas aux assiégeants ; les innombrables maisons, villas et châteaux, bâtis dans un rayon de quatre à cinq lieues autour de Paris, procuraient les cantonnements les plus sains et les plus confortables, la plupart de ces habitations, abandonnées par les occupants, ayant conservé leurs meubles et leurs ustensiles de toutes sortes.

« Notre campement était bon, un peu étroit, déclare l'historique du 1er régiment de Basse-Silésie ; les maisons inhabitées étaient pleines de meubles, de matelas ; à l'automne, les cheminées parurent d'un usage charmant; le bois sec était en abondance; mais, peu à peu, ce confortable disparut, la maison changeant de maître tous les deux jours... les allées furent salies, les meubles brisés, autour des pièces d'eau on voyait la marque du passage des chevaux; les portes et les fenêtres disparurent; les matelas gisaient partout... En dépit des efforts des chefs, tout devint plus sale; dans l'intérêt de l'hygiène et de la discipline on dut abandonner certaines maisons, et quand l'hiver fut devenu rude, comme il est rarement en France, ce luxe de cheminées, qui nous avait charmés, nous fit regretter le vieux poêle allemand. Bougival fut notre meilleur cantonnement; c'était notre perle, avec sa barricade à musique faite avec des pianos.

« *Dieses schöne Thal ist mein Bougival.*

« *Ist mein liebes theures Bougival.*

« La villa Ricord, au Chesnay; Rocquencourt avec la villa Heine; Marly, Louveciennes; délicieux souvenirs (1)! »

« Chaque soldat avait un matelas. Grâce à l'excellence de ce régime, l'état sanitaire fut meilleur qu'en garnison (2). »

On voit combien les troupes allemandes étaient confortablement installées. Seuls, les extrêmes avant-postes étaient obligés de se contenter de bivouac, et, encore, en pareil cas, des baraques se construisaient pour abriter les grand-gardes (3). Quelquefois, même, exposées aux feux des forts, elles s'établissaient dans des maisons qui les couvraient tant bien que mal (4).

(1) *Historique du 1er régiment de Basse-Silésie*, n° 46.

(2) *Historique du régiment d'infanterie de Nassau*, n° 87, par le capitaine Kaessler; in-8; Bibliothèque nationale, M, 2.745. Traduction de M. Stanislas Mouillard.

(3) *Historique du 1er régiment de Basse-Silésie*, n° 46.

(4) *La Guerre franco-allemande*, 2e partie, p. 145.

Toutes les localités, situées près des avant-postes, étaient vides d'habitants, comme à Garches où « vieillards, femmes, enfants avaient reçu, en même temps, l'ordre du départ; et, malgré les supplications, tous avaient été obligés de quitter leurs habitations, sans pouvoir presque rien emporter... les malades, eux-mêmes, n'avaient pas été exemptés (1) ».

La première difficulté à laquelle les Allemands se heurtèrent fut celle des approvisionnements, bien qu'il n'y ait eu, au début, que 122,000 hommes pour investir Paris.

Contrairement à ce que les Français pensaient, les ressources de l'ennemi étaient singulièrement minces (2).

« La rapidité avec laquelle les Allemands, après Sedan, se portèrent en avant pour arriver sous Paris, fut telle, que les corps se ravitaillaient à grand'peine et que les vivres leur manquaient souvent. *Ils trouvèrent dans les environs de Paris des ressources qui purent satisfaire aux premiers besoins*, mais qui furent bientôt insuffisantes. Avant même de se porter au-devant des troupes que la province allait tenter de former sur leurs derrières, ils durent envoyer des corps assez nombreux pour assurer le ravitaillement de l'armée sur un rayon très étendu. Je tiens d'un officier bavarois (dit M. Viollet-le-Duc) que les vivres français, laissés par nous dans la redoute de Châtillon, furent pour le corps, chargé d'occuper cette position, d'une grande ressource. Ce corps put se nourrir trois semaines avec ces

(1) E. Delerot, *Versailles pendant l'occupation*; Paris, Plon 1873; p. 85.

(2) « La troupe manquait souvent du nécessaire. » (*Videant consules*, traduit de l'allemand par Ernest Jeglé, professeur à l'Ecole militaire de Saint-Cyr; Paris, Hinrichsen, 1890; p. 148.) — *La Guerre franco-allemande*, 2e partie, p. 49.

vivres que nous avions abandonnés (1). » — « Dans les premières semaines du siège, les Allemands, privés de leurs arrivages rapides d'approvisionnements, par l'interruption prolongée du chemin de fer, souffrirent souvent de la disette (2). » En effet, « le ravitaillement des armées en opérations doit être continuel et s'opérer par le mouvement pério-

(1) Viollet-le-Duc, p. 92, en note. — Voir dans *Paris, le Quatre-Septembre et Châtillon*, pp. 205 et 207, la preuve de ce qu'avance le célèbre ingénieur et architecte.

(2) *Histoire des chemins de fer français pendant la guerre franco-prussienne*, par le baron Ernouf ; Paris, Librairie générale, 1874 ; p. 57. — « L'administration militaire allemande déploya la plus grande activité ; elle employa sans pédanterie et *sans trop de scrupules*, tous les moyens, et pourtant il y eut des périodes, courtes, il est vrai, où les troupes n'avaient pas ce qu'il fallait. » (Baron Colmar von der Goltz, *La Nation armée*, p. 421.) — « A 40 kilomètres autour de Paris, l'ennemi avait de la peine à trouver de quoi nourrir l'armée, et l'Intendance prussienne se voyait réduite à user de toutes sortes d'expédients violents ou précaires. » (Charles de Mazade, *La guerre de France*, t. II, p. 109.) — Voir aussi : *Ibid.*, t. II, pp. 236 à 238. — « Pendant l'investissement de Paris, la seule ligne de communication, le chemin de fer de Toul, étant interceptée par cette place, il se produisit, dans l'alimentation des troupes, une crise qui ne fut conjurée qu'au prix des plus grands efforts du personnel d'administration (achats dans le pays) et par le rapide établissement d'une communication ferrée. » (*Les Éléments de la Tactique*, par J. Meckel, officier supérieur d'état-major ; traduit de l'allemand par H. Monet, lieutenant breveté au 123e régiment d'infanterie ; Paris, Louis Westhausser, 1887 ; 2e édition, p. 275.) — Le succès ultérieur dépendait essentiellement du rétablissement des voies ferrées qui traversaient les parties occupées du pays ennemi. » (*Opérations des armées allemandes depuis la bataille de Sedan jusqu'à la fin de la guerre*, d'après les documents officiels du grand quartier-général, par W. Blume, major au grand état-major prussien ; traduit de l'allemand par E. Costa de Serda, capitaine d'état-major ; Paris, Dumaine, 1872 ; p. 46.) — L'Intendance prussienne n'était pas sans inquiétude relativement aux subsistances de l'armée établie devant Paris (*Ibid.*, p. 53.) — « L'armée vivait au jour le jour. » (*Ibid.*) — Voir aussi : *Ibid.*, pp. 251 et 252. — « Le soin des subsistances donna, au début surtout, de graves préoccupations. » (Colonel Lecomte, t. III, p. 248.) — Jacqmin, p. 151. — *Histoire générale de la guerre de* 1870-1871, par L. Dussieux, professeur honoraire à l'École militaire de Saint-Cyr ; Paris, Victor Lecoffre, 1881 ; 3e édition ; t. I, p. 191. — Schuler, pp. 52 et 53. — *Les Prussiens à Melun*, 1870-1871, par Julliot ; Melun, typographie A. Hérisé, 1872 ; pp. 15 et 16.

10.

dique de trains circulant journellement sur chaque ligne, ramassant les ressources préparées en tout genre, et les portant sur les points indiqués (1) ».

« Durant les premières journées qui suivirent le 19 septembre, on en était réduit à recourir exclusivement aux colonnes de vivres, car les habitants, en s'enfuyant, avaient emmené avec eux la plus grande partie du bétail, et les autres ressources avaient été détruites en majeure partie, quand il n'avait pas été possible de les enlever. En maints endroits de la campagne, on voyait fumer encore les meules de blé incendiées par les Français; seules, les caves, conservées intactes, semblaient recéler une inépuisable quantité de vin. On parvenait bien, il est vrai, par l'appât de prix supérieurs, à attirer peu à peu sur le marché les ressources encore existantes dans les environs; parfois, aussi, les partis de cavalerie, jetés au loin dans l'intérieur du pays, ramenaient des approvisionnements d'une certaine importance; mais, néanmoins, en présence d'un blocus qui pouvait se prolonger, il était de toute nécessité de recourir en principe à l'Allemagne pour assurer les subsistances des troupes par des ravitaillements réguliers (2). »

Il est, par conséquent, évident que les Allemands eurent, pendant le siège, beaucoup de peine à assurer leur nourriture et que, plusieurs fois, ils faillirent manquer de pain et mourir de faim. De

(1) Général Lewal, cité par le général Pierron: *Stratégie et Grande Tactique*; Paris, Berger-Levrault et Cie, 1887; pp. 20 et 21.

(2) *La Guerre franco-allemande*, 2e partie, pp. 135 et 136. — « Le pain surtout fit défaut. » (*Historique du 1er régiment de Basse-Silésie*, n° 46.) — « A Bougival, on mit à jour un entrepôt de spiritueux parfaitement muré et dont la capacité était si grande que l'Intendance en prit possession et put fournir, par jour, jusqu'à la fin de janvier, 2,400 rations d'eau-de-vie, à chaque homme une demi-bouteille de vin, et une par officier. » (*Ibid.*) — « Les habitants de Viroflay avaient quitté ce village; les caves, dans lesquelles ils avaient caché lits, meubles et vaisselle, furent

leur propre aveu, à la fin de septembre, l'état-major prussien éprouvait les plus grandes difficultés à ramasser les vivres nécessaires aux troupes assiégeantes et il ne para à ces difficultés qu'en tirant d'Allemagne les provisions de bouche, en attendant qu'on allât y chercher les munitions de guerre.

On peut, dès lors, en induire que l'investissement n'eût pas été possible si, après nos défaites, les chefs de corps d'abord, les autorités départementales ensuite, avaient, sans tarder, détruit de fond en comble les chemins de fer. A ce point de vue, le maréchal de Mac-Mahon, après Frœschwiller, le maréchal Bazaine, après Forbach, les préfets et le Gouvernement, après Sedan, ont manqué aux plus simples devoirs (1).

A un moment, sous la pression du bon sens, le

bientôt ouvertes, et la provision de vin trouvée fut si copieuse qu'elle ne fut épuisée qu'au mois de janvier. » (*Historique du 1er régiment d'infanterie de Nassau*, n° 87.) — « La Ve division de cavalerie s'avança jusqu'à Evreux et rapporta d'immenses provisions en bestiaux et en fourrages, tandis que la VIe division marchait sur Chartres et sur Epernon d'où elle tirait un riche butin. » (Edmond Neukomm, pp. 65 et 66.) — « De vivres, il n'y en a presque plus; point de pain à plusieurs lieues à la ronde. » (*Lettre d'un militaire wurtembergeois*, Pierre Maquest, p. 116.)

(1) « Les journaux allemands citent la ligne de Nancy à Vesoul comme un des plus remarquables exemples de la rapidité et de la rage surprenantes avec lesquelles les Français ont accumulé les ruines pour arrêter la marche des armées allemandes.

« Sur cette ligne, en effet, la destruction des ouvrages fut faite sans hésitation et les Français sacrifièrent successivement :

« Le 13 août 1870, le pont de Langley-sur-Moselle ;

« Le 13 octobre, celui de l'Euron ;

« Et, le même jour, le viaduc de Bertraménil, le grand viaduc de Xertigny et le viaduc d'Aillevillers-Plombières.

« Ces sacrifices ne furent pas inutiles ; les Allemands ne purent rétablir la circulation : jusqu'à Epinal, que le 15 novembre 1870, et jusqu'à Vesoul, que le 10 mars 1871.

« *Si la ligne de Saverne à Sarrebourg, si la section de Frouard à Commercy eussent été détruites avec la même rage, pour conserver l'expression allemande, peut-être le sort de la campagne eût-il été moins désastreux pour la France.* » (Général Pierron, *Stratégie et Grande Tactique* ; t. II, pp. 291 et 292.) Ce n'est pas *peut-être* qu'il faut dire, c'est *certainement*.

Gouvernement de la Défense nationale eut l'idée de ce qu'il fallait prescrire, au point de vue du vide à faire autour de Paris. Voici ce qui se passa, d'après M. Gustave Desjardins, archiviste de Seine-et-Oise, porte-paroles de M. Charton, préfet du département :

« Les membres du Gouvernement n'étaient pas d'accord entre eux sur la conduite qu'il convenait de suivre. Le préfet de police poussait aux mesures les plus énergiques ; le Gouverneur de Paris se montrait plus modéré, sans sortir de l'indécision... Un instant, on parut s'arrêter à des résolutions désespérées. Ordre fut donné de brûler toutes les granges et meules du département et d'incendier avec du pétrole les bois autour de Versailles. Des francs-tireurs commencèrent à se répandre dans les campagnes. Mais les paysans, qui se voyaient à la fois livrés à l'ennemi et à la famine, prirent une attitude menaçante, et les observations sensées (*sic*) de M. Charton firent revenir le Gouvernement à une plus juste appréciation de la situation. Par la guerre, en effet, on se propose d'épuiser les forces de son adversaire. Or, c'est faire le jeu de l'ennemi que de se livrer, *sans intérêt pour l'honneur et pour la défense*, à la destruction de la richesse nationale. Quand le département de Seine-et-Oise eût été entièrement ravagé (il ne s'agissait que d'incendier les granges, les meules, les moulins et les bois), les Prussiens, qui disposaient d'une nombreuse cavalerie inutile à l'investissement et qui communiquaient librement avec leur pays, auraient trouvé ailleurs les ressources nécessaires (1). »

(1) *Tableau de la guerre des Allemands dans le département de Seine-et-Oise*, 1870-1871, par Gustave Desjardins, archiviste du département de Seine-et-Oise, ancien élève de l'École des Chartes ; Paris, Cerf et Cie, 1882 ; p. 6. — Delérot, p. 8. — Il est bien malheureux que l'ordre, expédié de Paris, n'ait pas été exécuté

On a vu, tout à l'heure, par l'aveu des Prussiens, quelle est la valeur du raisonnement de M. Gustave Desjardins. Non, la cavalerie allemande n'aurait pu suffire à approvisionner l'armée, et cela se conçoit de reste; non, les Allemands ne communiquaient pas librement avec leur pays, puisqu'ils se hâtaient de réparer les chemins de fer; enfin ces cavaliers, envoyés en fourrageurs, auraient eu mille fois plus de peine à rapporter des denrées, s'il ne s'en était plus trouvé dans le département de Seine-et-Oise, car il résulte encore du même aveu des Prussiens que les provisions restées dans les localités environnant Paris leur ont permis d'attendre l'arrivée de leurs convois d'Allemagne, ce qui n'aurait pas eu lieu si tous les habitants d'un rayon de 25 lieues autour de Paris avaient abandonné leurs maisons, emmenant avec eux ou brûlant les vivres de toutes sortes (1).

M. Rameau, maire de Versailles, imita l'exemple

car beaucoup de paysans commençaient à émigrer vers l'Ouest, emportant tout ce qu'ils possédaient. (*Ibid.*) — Dans la journée du 10, on compta ainsi, au passage, plus de 200 bestiaux escortant des familles de petits cultivateurs. (*Ibid.*) — M. Albert Thirouin, fermier à Ablis, avait fait partir ses vaches ; le 7 octobre, il les faisait revenir. (*Une page de l'histoire de la guerre avec la Prusse*, 1870-1871, par Alphonse Dilhan, membre du conseil municipal d'Ablis ; Clichy, Imprimerie Paul Dupont, 1875 ; p. 19.) — Un fermier de Brétigny (Seine-et-Oise), M. Lanne, avait soustrait ses moutons aux Allemands. Plus tard, il eut la malheureuse idée de vouloir les faire revenir à sa ferme. Pris par les Français, il faillit passer en conseil de guerre et ne dut la vie qu'à de pressantes sollicitations exercées sur les membres du Gouvernement de Tours. Il eut de nombreux imitateurs qui, eux, parvinrent à faire repasser leurs bestiaux.

(1) « A la ferme de Soisy-sous-Etiolles, le 51e régiment d'infanterie prussienne s'empare des récoltes et du bétail. » (Gustave Desjardins, p. 15.) — « Dans les conditions les plus favorables, une armée de 200,000 hommes a besoin de se procurer, chaque jour, environ 4,500 quintaux de vivres ; et si le pays est *épuisé*, il lui faut un approvisionnement *journalier* de près de 9,000 quintaux. » (L'intendant militaire Le Creurer, cité par le général Pierron, *Stratégie et Grande Tactique*, p. 23.)

de M. Charton et fit ce qu'il put pour arrêter l'émigration, assurant que les boulangers et les bouchers ne cesseraient pas l'exercice de leur profession (1) ». C'était voler au-devant des désirs de l'ennemi. Bien mieux! M. Rameau demandait à l'intendance française de lui fournir du biscuit (2)! C'était de l'inconscience!

Enfin, si l'on veut bien se rappeler que les Allemands ont été plusieurs fois à bout de vivres, on comprendra quels dangers ont courus les habitants de Seine-et-Oise qui avaient suivi les conseils de leur préfet et du maire de Versailles, car personne ne mettra en doute que si les convois d'Allemagne avaient subi le plus léger retard, l'ennemi aurait commencé par faire main-basse sur toutes les provisions, laissant bourgeois, paysans et ouvriers français mourir de faim.

Revenons aux faits. Le nombre des peureux et des prévoyants fut, hélas! trop petit; les casaniers, les indifférents, les imbéciles, et même les malins qui flairèrent de bonnes affaires à faire en se mettant à la disposition de l'ennemi, formèrent une masse qui demeura chez elle, y conservant, par conséquent, des provisions qui servirent aux Allemands.

Le général Dragomiroff a dit, dans ses Maximes de guerre : « *Ne maltraite pas l'habitant, c'est lui qui nous donne à manger et à boire* (3). »

« On s'est beaucoup étonné, en 1870, de voir les Allemands aux petits soins pour certaines populations, pour certaines villes françaises, et d'une dureté révoltante pour certaines autres. Le général Dragomirow en révèle la raison : nos ennemis

(1) Delérot, p. 11.
(2) *Ibid.*, p. 12.
(3) *Revue du Cercle militaire*, n° du 5 mai 1889, p. 408.

étaient tendres pour ceux qui leur donnaient à manger et à boire » et impitoyables pour les autres. Ce n'était pas pour eux une affaire d'humanité, mais de calcul.

« C'est triste à dire, il y a eu des villes, des bourgades où la bonne harmonie entre envahisseurs et envahis était telle que l'on mangeait ensemble et, la plupart du temps, la pièce de résistance du festin était fournie par les Allemands qui la prenaient dans les chasses gardées, si c'était du gibier, dans les réquisitions, si c'était de la viande de boucherie (1).

« En revanche, l'ennemi n'avait plus à s'occuper ni de l'administration du pays, ni de la recherche des approvisionnements de toutes sortes : c'étaient des Français qui s'en chargeaient, et nous en connaissons qui ont fait, à ce métier, de scandaleuses fortunes.

« Heureusement que ces trahisons ne déshonorent que certaines contrées et qu'elles furent rachetées par l'attitude pleine de dignité et de réserve de la grande majorité des habitants des villes et des campagnes, surtout en Beauce, où le sentiment de résistance qui a illustré Châteaudun existait jusque dans les plus petits villages (2). »

Aux alentours de Paris, les villes soumises s'enrichirent grandement. A voir les boutiques ouvertes, l'ordre dans les rues, l'animation dont elles étaient remplies, on aurait plutôt cru au passage de troupes alliées qu'à une occupation par d'implacables ennemis : les commerçants y faisaient des affaires d'or et

(1) « Ceux qui avaient juré de mourir, plutôt que d'avoir le seuil de leur maison souillé par un Prussien, étaient gaiement attablés avec eux et, le verre en main, leur tapaient sur l'épaule. » (*Un château en Seine-et-Marne en* 1870, par le marquis de Mun ; Paris, Dentu, 1875 ; p. 60.) — « Les paysans de l'Ile-de-France godaillaient et trafiquaient avec l'ennemi. » (Jean Larocque, 1871, *Souvenirs révolutionnaires ;* Paris, Savine, 1888 ; p. 179.)

(2) *Le Spectateur militaire*, n° du 1er octobre 1889, pp. 14 et 15.

l'on peut dire que, pour eux, l'invasion fut un coup de fortune (1).

« Les commerçants français de Versailles ont posé des affiches allemandes ainsi conçues : *Ici on parle allemand. Dîners et déjeuners pour MM. les officiers de l'armée allemande. Bières allemandes. Costumes civils et militaires.* C'est à tel point que parfois on se demande si Versailles n'a pas été transporté tout à coup du Rhin ou de l'Oder..... Les gens les plus à plaindre sous le rapport matériel sont évidemment les propriétaires et les rentiers qui ne touchent plus qu'une très faible portion de leurs revenus. Au contraire les hôteliers, les cafetiers et, en général les commerçants du détail, font de beaux bénéfices et plusieurs d'entre eux ont réalisé des fortunes dans les quatre mois de l'occupation. On cite tels et tels individus qui ont gagné plusieurs centaines de mille francs depuis le 15 septembre... Il ne déplaît pas aux vainqueurs de tolérer cet état de choses, d'abord pour établir leur modération d'une façon irréfutable, ensuite *dans l'intérêt de l'approvisionnement de l'armée.* Les commerçants français qui ont la certitude de vendre la marchandise trois ou quatre fois ce qu'elle leur coûte ne reculent devant aucun danger pour se la procurer, et plusieurs d'entre eux enfreignent journellement, et même en territoire français, les articles du Code pénal qui interdisent de ravitailler l'ennemi (2). »

En effet, l'autorité allemande, sentant bien le danger, faisait tous ses efforts pour décider les

(1) *Versailles, quartier général prussien*, par J.-E. Dieulevent; Paris, Lachaud, 1872 ; p. 132. — « Les paysans de Seine-et-Oise apportaient leurs denrées aux Prussiens comme à des soldats français. » (Mme Adam, p. 181.)

(2) Lettre écrite de Versailles, le 16 janvier 1871, au *Journal de Bruxelles*, citée par Pierre Maquest, pp. 686 à 688.

habitants à apporter des marchandises et surtout des denrées sur les marchés. Comme nous venons de le voir, un trop grand nombre de Français répondirent aux avances de l'ennemi et nous allons rapporter une des circulaires par lesquelles le préfet prussien de Seine-et-Oise tentait des gens qui ne demandaient qu'à pécher. « Il devient de plus en plus difficile de ravitailler la ville de Versailles. Dans ces circonstances il m'est agréable de pouvoir annoncer aux habitants de la ville que le chemin de fer qui, jusqu'à présent, reliait la ville d'Orléans par Etampes à Longjumeau (*sic*), sera rétabli sous peu de jours, les troupes allemandes ayant trouvé à Orléans un matériel suffisant pour rouvrir les communications sur cette voie ferrée. La ville d'Orléans et ses environs n'ayant pas souffert autant de la guerre que le département de Seine-et-Oise, il s'y trouve des vivres en assez grande quantité pour en permettre l'exportation. *J'invite donc les négociants de Versailles* de profiter de la prochaine réouverture des chemins de fer pour se mettre en relation directe avec ses (*sic*) contrées et *assurer ainsi l'approvisionnement de la ville par des achats sur les marchés d'Orléans. L'on me trouvera toujours prêt à favoriser de mon côté, ce commerce utile, en accordant aux négociants des sauf-conduits pour passer les lignes allemandes*. Versailles, le 18 octobre 1870. Le préfet de Seine-et-Oise, de Brauchitsch (1). »

Voilà une nouvelle preuve et de la pénurie des vivres et des services qu'ont rendus aux Prussiens les habitants qui avaient consenti à vivre au milieu d'eux.

La viande et la farine faisaient principalement défaut à l'ennemi. Le département de Seine-et-Oise, dès le 30 septembre, n'était plus en état de

(1) *Le Nouvelliste de Versailles*, nº du 18 octobre 1870.

l'approvisionner à cet égard, et les Allemands étaient obligés de ramener bêtes et farines de fort loin. « C'est une pitié, écrit un témoin, de voir arriver des troupeaux de vaches et moutons pris dans la Beauce et le Gâtinais (1). »

Quant aux récoltes non rentrées, elles furent d'un grand secours aux ennemis. Ils trouvaient dans les jardins des fruits excellents. « Ils mangent beaucoup de raisin, qui est bien mûr, des poires et des pêches, écrit toujours le même habitant; cela ne me gène pas puisqu'on ne peut les vendre (2). » Un peu plus tard, ce sont les pommes de terre qui alimentent l'ennemi : « Le major prussien nous ordonne de faire arracher toutes les pommes de terre qui sont dans les champs..... on met des hommes dans toutes les pièces de terre dont les propriétaires sont absents et l'on rentre les pommes de terre à la mairie afin d'en avoir sous la main s'il faut en donner (3). »

Si les localités faciles bénéficiaient de l'invasion, il n'en était pas de même pour les populations qui n'acceptaient pas cet aplatissement devant le vainqueur, pour les patriotes qui ne suivaient pas le conseil que leur avait donné M. Charton, leur recommandant dans sa proclamation du 14 septembre, d'être bien sages et de « *s'abstenir des actes*

(1) Notes au jour le jour, prises par M. Bourgeron, conseiller municipal de Montlhéry. Manuscrit à nous communiqué.

(2) *Ibid.*

(3) *Ibid.* — « Les pommes de terre furent ramassées et emmagasinées. » (*Historique du 1er régiment de Basse-Silésie*, n° 46.) — « Les pommes de terre, dans les champs, complétaient l'ordinaire. » (*Historique du régiment d'infanterie de Nassau*, n° 87.) — « L'alimentation laisse à désirer; le tiers seulement de la ration normale, un mouton par compagnie; *les pommes de terre seules ne manquent pas*. Au milieu d'octobre, les réquisitions faites par la cavalerie nous donnent un peu de bien-être : il faut la prise de Toul et l'ouverture du chemin de fer pour obtenir le complément de la ration. » (*Historique du 1er régiment de Haute-Silésie*, n° 22.)

d'hostilité isolés qui n'auraient d'autre résultat que d'attirer des représailles terribles sur des populations sans défense (1) »!

Après de pareilles défaillances, il n'y a pas à s'étonner si les municipalités ont trop souvent suivi ces déplorables instructions. « Un maire du canton de Limay alla jusqu'à faire poser une affiche, menaçant des peines les plus sévères toute rébellion à l'ennemi et interdisant aux francs-tireurs de se poster sur le territoire de sa commune (2). » Ce maire appliquait les instructions du préfet Charton; néanmoins il est regrettable que les francs-tireurs ne l'aient pas saisi et fusillé séance tenante : ses collègues auraient été moins empressés à l'imiter. Aussi bien, nous reprendrons cette question capitale quand nous nous occuperons de l'administration du département de Seine-et-Oise (3).

Maintenant, nous allons raconter les exploits des divisions de cavalerie allemandes envoyées à la découverte des vivres, à la fin de septembre et au commencement d'octobre.

Reconnaissances allemandes.

Le 21 septembre, le maire de Mézières, petit vil-

(1) Gustave Desjardins, p. 7. — A Berlin, également, en 1806, après l'entrée des Français, les autorités prussiennes « rappelaient à la population que le premier devoir des citoyens était de conserver le plus grand calme ». (Baron Colmar von der Goltz, *Rosbach et Iéna*; traduction de M. le commandant Chabert, du 20e régiment de chasseurs; Paris, Hinrichsen, 1890; p. 379.) — Voir aussi : *Ibid.*, p. 380. — De même, le préfet d'Eure-et-Loir, M. Emile Labiche, dans son instruction du 19 septembre 1870, « recommandait expressément de ne pas établir d'embuscades dans l'intérieur des villages, ou dans le voisinage immédiat des habitations. » (*Enq. parlem. déf. nationale*, rapport de M. de la Sicotière sur l'affaire de Dreux, p. 5.)

(2) Gustave Desjardins, p. 18.

(3) Voir, *infrà*, pp. 139 et suivantes.

lage près de Mantes, avait fait ramasser les fusils destinés aux gardes nationaux et se disposait à les envoyer à Evreux, quand des cavaliers prussiens surviennent et lui font promettre de les leur livrer le lendemain. Le 22, ils reparaissent et sont accueillis par des coups de feu qui leur sont tirés, des maisons et des jardins du village, par une quarantaine d'hommes, venus de Mantes, et qui se sauvent immédiatement. Deux uhlans sont blessés. Le général de Bredow, furieux de cette résistance, bombarde le village et, trouvant que l'incendie ne prend pas assez vite, il fait mettre le feu aux maisons. « Soixante bâtiments sont brûlés; une famille trouve la mort dans les flammes (1). »

Ce bel exploit accompli, la brigade de Bredow se dirige sur Mantes qu'elle canonne. Les habitants s'enfuient, épouvantés, se cachent dans les bois de Rosny « et font supplier le commandant d'un bataillon de francs-tireurs, qui se disposaient à enlever les batteries bombardant la ville, de renoncer à une attaque dont le résultat serait d'attirer sur elle les plus grands malheurs (2). »

Et les francs-tireurs déféraient à cette prière! Y a-t-il alors lieu de s'étonner d'avoir été vaincus dans cette lamentable guerre? Quand les soldats obéissent aux habitants affolés, quand ils renoncent, par crainte de représailles, à s'emparer de batteries aventurées, la nation est bien malade. Ce n'est pas ainsi que les Espagnols et les Russes entendaient la résistance à l'envahisseur, et l'on comprend facilement pourquoi ils ont réussi là où les Français de 1870 ont échoué.

Par bonheur, il y avait des exceptions et l'on trouvait encore, dans notre pays, des hommes qui

(1) Gustave Desjardins, p. 18. — Pierre Maquest, p. 64.
(2) Gustave Desjardins, p. 18.

se préoccupaient plus du salut de la patrie que de leurs biens ou de leurs personnes.

Le 21 du même mois, les soldats allemands viennent à l'Isle-Adam, s'enivrent et pillent les maisons. A Parmain, ils brisent les devantures des boutiques afin de les dévaliser. Un courageux citoyen, M. Capron, pharmacien, réunit vingt-huit hommes valides (1), traverse l'Oise et enlève quatorze fourgons à l'ennemi (2). A cette nouvelle, des volontaires, des gardes nationaux, des pompiers et quelques francs-tireurs Mocquart arrivent de Pontoise, Valmondois, Méry, Jouy-le-Comte, Labbeville, Vallangoujard, Champagne, Presles, Ronquerolles, Amblainville et Méru. Parmain est fortifié tant bien que mal et, les Allemands ne se montrant pas, les coalisés se contentent de s'embusquer sous la forêt, du côté de Maffliers et de Villiers-Adam. Là, ils tirent sur patrouilles et convois ennemis. Le brave Capron est posté à Stors, entre le parc du château et la rivière, et défend le passage. L'adversaire se retire et cherche à forcer l'Abbaye-du-Val. On ne le croirait pas, mais cinq francs-tireurs s'y trouvent qui forcent 1,200 Prussiens à rebrousser chemin (3).

Le 27, un bataillon et un régiment de uhlans de la Garde royale, avec de l'artillerie, pénètrent dans l'Isle-Adam et y saisissent M. Grimot, curé, et son vicaire. Les mettant devant eux, ils se dirigent vers le pont. A ce moment, des barricades de Parmain, la fusillade éclate et force les Prussiens à se retirer sans que les deux prêtres aient été atteints. Alors, l'ennemi tue quelques habitants, met le feu à plusieurs maisons et quitte définitivement la place en

(1) *Les Prussiens à l'Isle-Adam et à Parmain*, par le docteur Abbadie; Paris, imprimerie nouvelle, 1871; p. 6.
(2) *Ibid.*
(3) *Ibid.*, pp. 10 et 11.

emmenant une dizaine d'otages qu'ils maltraitent odieusement.

Ne voulant pas rester sous le coup de ce nouvel échec, le 29, le 1er régiment de uhlans de la Garde royale, un bataillon du 27e d'infanterie, deux bouches à feu et une compagnie de pionniers paraissent devant Parmain. Pendant que partie de ce corps s'en prend, de face, aux défenseurs du village qui lui mettent 130 hommes hors de combat, une autre partie traverse l'Oise, à Mours, et tourne la position. Par chance, la vaillante petite troupe a été prévenue à temps, M. Capron fait sonner la retraite, et quand les Prussiens arrivent en vue du village, ses défenseurs n'y sont plus. Il est sept heures du soir; l'ennemi a peur et n'entre à Parmain que le lendemain matin. Durant cette résistance audacieuse, les nôtres n'avaient eu qu'un homme tué (1). « Une poignée de Français, armés pour la plupart de fusils de chasse, avait tenu en respect, pendant huit jours, un ennemi vingt fois plus nombreux (2). »

Tant il est vrai que, quelques Chartons de moins, quelques Caprons de plus, l'installation des Alle-

(1) Gustave Desjardins, pp. 27 et 28. — *La Guerre franco-allemande*, 2e partie, p. 248. — Docteur Abbadie, *passim*. — *Défense de Parmain au passage de l'Oise*, par E. Capron; Paris, Dentu, 1871; *passim*.

(2) Docteur Abbadie, p. 3. — *Ibid.*, p. 19. — « M. Capron, pharmacien, dont la maison et la pharmacie ont été livrées aux flammes, fut l'instigateur de ce mouvement patriotique. Après l'incendie de sa maison, M. Capron garda courageusement son fusil. Malgré ses soixante ans, il partit pour le département de la Seine-Inférieure et là, tout l'hiver durant, à la tête d'une compagnie de francs-tireurs, au milieu des fatigues et des privations de toute espèce, il continua la lutte jusqu'à la capitulation de Paris. » (*Ibid.*, p. 4.) — « Si quelques hommes ont pu, pendant huit jours, résister à une division ennemie, qu'auraient donc pu obtenir les habitants de toute une contrée soulevée par la défense nationale. » (E. Capron, p. 5.)

mands autour de Paris et en France eût été impossible (1)!

Bien entendu, après leur victoire, les Prussiens bombardaient Nesles, incendiaient Parmain, assassinaient M. Desmortier, ancien juge d'instruction, vieillard de soixante et onze ans, et plusieurs autres citoyens. Quarante otages étaient choisis et transportés à Auvers (2). Ce beau fait d'armes « déterminait les habitants à prendre, peu à peu, une attitude plus calme et amenait dans le pays un apaisement sensible (3) ».

Il faut, maintenant, retourner en arrière et revenir du côté de Mantes, pour relater une autre belle résistance opposée aux troupes assiégeantes.

Le 24 septembre, les *Eclaireurs de la Seine* du commandant de Faybel, et des gardes nationaux, reprennent possession de Mantes, s'installent dans le parc de Magnanville et chassent les Prussiens de toutes les communes environnantes. Ainsi repoussés, les Allemands envoient contre la hardie petite troupe 10 escadrons, 2 batteries divisionnaires et 2 bataillons d'infanterie bavaroise.

Ces troupes sont reçues par une vive fusillade qui part du village des Alluets. Cet accueil exaspère l'ennemi : il jette 120 obus sur le village, qui prend feu. Herbeville est pareillement bombardé et les Allemands s'emparent successivement de Mareil et de Maule, brûlant, à la Falaise, la maison d'un paysan pris les armes à la main. Les nôtres se retirent en combattant, coupent les ponts et bivouaquent

(1) Dans le même sens : docteur Abbadie, pp. 10 et 11, en note.

(2) Gustave Desjardins, p. 28. — Jules Lermina, *La France martyre*, documents pour servir à l'histoire de l'invasion de 1870 ; Paris, Kugelmann, 1887 ; p. 122. — E. Capron, p. 24. — *Les Forteresses françaises pendant la guerre de* 1870-1871, par F. Prévost, lieutenant-colonel du génie ; Paris, Dumaine, 1872 ; pp. 38 et 39.

(3) *La Guerre franco-allemande*, 2e partie, p. 248.

tranquillement à Mantes. Le lendemain, ils se retirent sur Vernon. Les jours suivants, un peu rassuré, l'ennemi se décide à avancer : il pille Maule, saccage la gare de Mantes, où il trouve de gros approvisionnements de vivres, et incendie la gare de Bonnières (1).

Nous avons déjà raconté l'exploit des francs-tireurs de Paris qui, le 18 septembre, embusqués, avec des gardes nationaux de Courances, Dannemois et Moigny, dans le bois de la Garenne, avaient mis hors de combat une centaine de soldats allemands et tué le prince Horn, lieutenant-colonel (2). Après ce fait d'armes, Dannemois et Moigny avaient été incendiés à la torche.

Cette exécution ne découragea pas les braves habitants de ce pays. « Apostés dans les rochers qui couvrent les vallées accidentées de la Juine et de l'Essonne, ils tirent sur des éclaireurs et en tuent et blessent cinq ou six. Plus bas, à la Montignotte, près de Milly, une vingtaine de francs-tireurs et de gardes nationaux attaquent 62 hussards prussiens et les forcent à se retirer, le 26 septembre. Le 28, enhardis par leur succès, ils ne craignent pas de s'en prendre à une colonne de 800 cavaliers et fantassins, envoyés de Melun pour châtier Milly, et lui font éprouver des pertes sensibles (3). » Toutes les villes, tous les villages des environs : Milly, Champcueil, Chamarande, Torfou, la Ferté-Alais, Itteville, sont frappés de contributions exorbitantes ; des habitants sont tués et fusillés, d'autres emmenés comme otages.

Du côté de Rambouillet, une certaine résistance

(1) Combinaison de *La Guerre franco-allemande*, 2e partie, pp. 213 et 214 et de Gustave Desjardins, p. 19.

(2) *Paris, le Quatre-Septembre et Châtillon*, p. 127. — *Souvenirs de l'invasion, les Allemands à la Ferté-Alais*, par M. Milliard, notaire à la Ferté-Alais ; Paris, Pougin, 1871 ; pp. 4 à 7. — M. Milliard dit que cette rencontre a eu lieu le 19 septembre

(3) Gustave Desjardins, p. 24.

est opposée aux envahisseurs. « On tire sur des patrouilles prussiennes au Tremblay, à Craches, à Rochefort, à Condé, à Maurepas, au Perray. Les Prussiens n'osent plus s'aventurer dans ces parages. Dix habitants d'Auffargis, sous la conduite de M. Lesage, officier de cavalerie, tiennent la campagne pendant plusieurs jours (1). » Cette contrée boisée prête aux embuscades. Le 2 octobre, de nombreuses troupes cernent les taillis et futaies : une battue cruelle est organisée et beaucoup de malheureux sont pris. Les cavaliers du roi Guillaume les attachent par les pieds aux sapins qui bordent la route et leur ouvrent le ventre à coup de sabre. Deux prisonniers « avaient essayé de fuir ; ils sont poursuivis et massacrés sur place : l'un d'eux, veuf, tenait ses deux enfants par la main (2). »

Mais des francs-tireurs, des mobiles et des gardes nationaux, rebelles aux instructions de M. Charton, barraient la route de Rambouillet à Chartres. Ils étaient assez mal postés, dans un fond, à Epernon, et y attendaient l'ennemi. « Les gardes nationaux de Reizeux vont se joindre à eux. M. Guespereau, maire d'Emancé, conduit 18 hommes (3) » qui ne demandent qu'à se battre.

Les Allemands ne se gardaient pas ; en effet, après avoir quitté cette petite troupe, à Epernon, nous nous rappelons être entré dans Rambouillet, sans rencontrer une sentinelle ni sur la route, ni dans le parc, ni dans la ville, et être tombé au milieu d'une centaine de cavaliers qui festoyaient dans les hôtels. Or, le 4 octobre, la cavalerie qui occupait Rambouillet avait été renforcée par de l'infanterie, et le colonel d'Alvensleben, commandant

(1) Gustave Desjardins, p. 19.
(2) *Ibid.*, p. 20.
(3) *Ibid.*, p. 21.

de ces détachements, avait porté son monde contre Epernon. Les Français, quoique privés d'artillerie, résistent opiniâtrement, retenus par l'exemple du brave commandant Lecomte, des mobiles d'Eure-et-Loir. Comme toujours, les canons ennemis nous couvrent d'obus et la mort de leur commandant décide les Français à la retraite. Les Allemands restent maîtres du terrain où ils trouvent, outre le corps du commandant Lecomte, 27 tués et 47 blessés (1).

Inquiet des rassemblements qu'on lui signalait du côté d'Orléans, M. de Moltke ordonne, le 6 octobre, au Ier corps bavarois de se concentrer à Arpajon, à la XXIIe division d'infanterie, du XIe corps, de marcher de Villeneuve sur Montlhéry, à la IIe division de cavalerie de garder le flanc gauche des Bavarois postés à Arpajon, à la VIe d'éclairer le terrain à l'ouest de cette petite ville, et à la IVe, qui venait d'être battue près d'Angerville, comme nous le raconterons plus tard, de continuer son mouvement de recul sur Etampes et Arpajon.

Le 7 octobre, un escadron de hussards de la VIe division et une compagnie bavaroise entrent, le soir, à Ablis, village situé entre Dourdan et Auneau. Ils s'y installent, s'y barricadent et y dorment profondément quand, à cinq heures du matin, des francs-tireurs, venus de Denonville, « et qui avaient réussi à s'approcher sans être découverts (2) », fondent à l'improviste sur les mal gardés. « En même temps, des hommes armés, restés cachés en grand nombre dans le village, disent les Prussiens pour justifier leurs violences et leurs incendies du lendemain, commencent à fusiller les écuries où sont

(1) *La Guerre franco-allemande*, 2e partie, pp. 215 et 216.
(2) *Ibid.*, 2e partie, p. 220. — « Pas une grand'garde de cavalerie n'avait été établie à une distance quelconque du village. » (Alphonse Dilhan, p. 19.)

placés les chevaux des hussards, de sorte que ceux-ci, ne pouvant parvenir à les rejoindre, tombent, pour la plupart, aux mains des Français (1). » — « Les Allemands, surpris, ne se défendirent pas (2). »

Les francs-tireurs avaient tué ou blessé 6 Prussiens et emmené avec eux 78 cavaliers ennemis, 95 chevaux et nombre d'armes de toute espèce (3). Ils comptaient 1 tué et 4 blessés (4).

Furieux d'un si piteux engagement où ses soldats, n'avaient su ni se garder ni se battre, le général de Schmidt, commandant de la VIe division de cavalerie, se précipite sur Ablis à la tête de ses deux brigades. Point n'est besoin de dire que les Français ne l'attendaient pas. Il lui fallait se venger. « Comme la participation des habitants au combat ne faisait aucun doute, disent les Prussiens, le village était frappé d'une contribution de guerre et réduit en cendres (5). » Les paysans rencontrés dans les rues étaient massacrés. Les Allemands préludaient ainsi aux incendies et aux boucheries de Châteaudun.

A Etampes, le maire, M. Brunard, tient tête aux envahisseurs. « Insulté par un officier prussien, il le prend à la gorge. Quatorze soldats le couchent en joue : il se fait, contre eux, un rempart du corps de leur chef. Cette énergie impose à l'ennemi qui n'ose plus manquer de respect à M. Brunard (6).

A Courpain, le 8 octobre, des francs-tireurs, sous

(1) *La Guerre franco-allemande*, 2e partie, p. 220.
(2) Alphonse Dilhan, p. 22.
(3) Gustave Desjardins, p. 21.
(4) Alphonse Dilhan, p. 23.
(5) *La Guerre franco-allemande*, 2e partie, p. 220. — « Pour faire un exemple et inspirer la terreur, on brûla le village. » (A. Niemann, *La Campagne de France*, 1870-1871 ; traduction de M. Stiedel, lieutenant de vaisseau ; manuscrit de la bibliothèque du Cercle militaire de Paris, A, II, d, 120 ; p. 220.) — Gustave Desjardins, p. 21. — Jules Lermina, p. 116. — *Le Moniteur prussien de Versailles* ; Paris, L. Beauvais, 1871 ; t. I, p. 8.
(6) Gustave Desjardins, p. 25, en note.

les ordres des capitaines Tholin et Rambuteau, se retranchent dans une ferme, située à l'entrée du défilé de Saint-Cyr, et, malgré les deux batteries qui, de Fontaine-la-Rivière, près Marolles, les canonnent à outrance, ces hommes courageux arrêtent l'ennemi toute une journée, et ne se replient, par Abbeville, que lorsqu'ils apprennent qu'ils ont devant eux le Ier corps bavarois et la IIe division de cavalerie. Ces forces sont obligées de camper autour de Marolles, au sud-est d'Etampes, sans pouvoir gagner leur gîte d'étapes, l'arrière-garde des francs-tireurs leur ayant encore tué huit hommes à Méréville (1).

Ces escarmouches continuelles exaspéraient nos ennemis, aussi, les francs-tireurs étaient devenus pour eux de véritables bêtes noires. Tous ceux qui avaient le malheur de tomber en leur pouvoir étaient impitoyablement fusillés, en violation du *Droit des gens*, que les Allemands portent aux nues, par la voix de leurs professeurs d'Universités et de leurs savants, et qu'ils foulent aux pieds, avec impudeur, quand ils y ont intérêt, se conformant aux instructions de leurs chefs militaires, notamment de Clausewitz (2). Angerville et Méréville furent témoins de ces assassinats, honte d'un peuple qui se prétend civilisé (3).

Un dernier trait de férocité. « Le village de Gressey, près de Houdan, fut le théâtre d'une horrible boucherie. On y amena, de la ferme de Bienouvienne, commune de La Ville-L'Evêque (Eure-et-Loir), dix hommes : fermier, domestiques et ouvriers, accusés d'avoir donné à manger à des francs-

(1) Combinaison de *la Guerre franco-allemande*, 2e partie, p. 221, et de Gustave Desjardins, pp. 25 et 26.

(2) Voir, à ce sujet, l'article intitulé : *Le Droit des gens à la guerre*, que nous avons publié dans le n° du 24 février 1889 de la *Revue du Cercle militaire*.

(3) Gustave Desjardins, p. 26.

tireurs, et on les fusilla au lieu dit Le-Fond-de-la-Mare (1). »

Certes, nous savons que nous avons omis bien des violences, bien des incendies, bien des meurtres dont les Allemands se sont rendus coupables, aux environs de Paris, pendant la période qui va du jour de l'investissement au 13 octobre. Mais il n'est pas possible de nommer, dans un ouvrage semblable au nôtre, tous les martyrs, toutes les victimes de l'invasion et nous avons dû, à contre-cœur, passer rapidement sur toutes ces horreurs et marcher vers le but.

RÉQUISITIONS

Si un trop grand nombre de localités du département de Seine-et-Oise montrèrent une grande bonne volonté et une singulière résignation devant l'envahisseur, cette attitude n'allait pas cependant jusqu'à l'obéissance passive quand les Allemands leur réclamaient de l'argent ou les accablaient de réquisitions. Des velléités de révolte passaient alors sur ces Français égarés, et ce n'était qu'à force de menaces qu'on pouvait leur extorquer ce à quoi ils tenaient si énergiquement.

Pendant que les villes, chères aux ennemis, se tiraient d'affaire en payant une contribution de guerre peu lourde et recevaient, en échange, la protection et les écus sonnants des Prussiens, d'autres villes et la plupart des villages étaient écrasés d'impôts, perdus de réquisitions, quand ils n'étaient pas brûlés comme Dannemois, Ablis et Parmain.

Un fait à constater c'est que, huit jours après leur arrivée autour de Paris, les Allemands avaient visité tous les villages du département de Seine-et-

(1) Gustave Desjardins, p. 55.

Oise afin d'en tirer les ressources indispensables à la subsistance de leur armée (1).

On apercevait d'abord deux ou trois cavaliers qui inspectaient l'horizon avec défiance et s'avançaient avec la plus grande prudence. Au moindre signe de danger, ils tournaient bride et se sauvaient à toute vitesse. Au contraire, ne voyaient-ils rien de suspect, paraissait-on les craindre, ils entraient dans le village, parlaient haut, faisaient combler les tranchées qui interceptaient les routes et réclamaient vin, farine, avoine, riz, denrées de toute sorte.

S'ils étaient pressés par une foule malveillante, ils se faisaient petits, donnaient de bonnes paroles et se gardaient bien de faire usage de leurs armes. Une fois partis, ils revenaient en force, aussi arrogants et grossiers qu'ils avaient été humbles et polis (2).

A Poissy, deux dragons ayant été pris, le général prussien menace de bombarder la ville si l'on ne les lui rend. « Heureusement, écrit inconsciemment M. Gustave Desjardins, le maire avait sauvé la vie à ces deux hommes (3). » Comme si les Prussiens auraient pu brûler toutes les villes et tous les villages! C'eût été contre leur intérêt : incendier une vingtaine de localités, pour l'exemple, rentrait dans leurs vues et ne les gênait pas; les détruire toutes eût rendu leur séjour impossible autour de la capitale; jamais ils n'auraient commis pareille faute.

Un cuirassier blanc avait été blessé et pris par des francs-tireurs, au Perray, près de Rambouillet. Aussitôt, deux conseillers municipaux de cette der-

(1) Gustave Desjardins, p. 29.
(2) *Ibid.*
(3) *Ibid.*, p. 30.

nière ville se mettent en quête et ramènent, à Versailles, le prisonnier qu'ils ont été chercher jusqu'à Dreux.

Nous vîmes, de nos propres yeux, ce cuirassier blanc, que M. Alfred Sirven, sous-préfet de Dreux, me montra, à l'hôpital. C'était un grand et fort gaillard qui ne paraissait nullement contrarié d'être tombé aux mains des Français. La sœur supérieure l'avait fait plonger dans un bain indispensable et, comme nous entrions, le docteur sondait sa plaie : alors, il rugissait de douleur, le sang coulait et teintait de rouge l'eau de la baignoire.

Le maire de Dreux, nommé Batardon, qui, par trois fois, avait fait cacher les fusils de la Garde nationale afin qu'elle ne fût pas en état de résister aux Prussiens (1), croyant ainsi sauver la ville du bombardement et des contributions de guerre, le maire Batardon se démenait donc pour que l'on mît le prisonnier en liberté. M. Sirven, de son côté, ne voulait le lâcher pour rien au monde; il voulait retenir pareillement des habitants de Versailles venus, à Dreux, afin d'acheter des poulets pour le compte des Prussiens, et que M. Maurice Pujos, juge d'instruction et le brigadier de gendarmerie avaient arrêtés. La population s'était divisée en deux camps, les uns suivant le maire, les autres le sous-préfet.

Nous quittâmes Dreux au moment où le conflit était arrivé à l'état le plus aigu, et voici comment nous en apprîmes le dénouement, quelques jours après, à Rambouillet, où nous nous trouvions au milieu des Allemands. Nous allons transcrire lit-

(1) *Enq. parlem. déf. nationale*, rapport de M. de la Sicotière, pp. 5, 10, 13, 28 à 34, 60, 75, 77, 68, 92, 93, 97, 124, 139 et 140. — *Les Prussiens à Dreux*, par Alfred Sirven, sous-préfet de Dreux ; Tours, Juliot, pp. 5 et 13. — *Les Francs-Tireurs de la Sarthe*, par M. le comte de Foudras; Chalon-sur-Saône et le Mans, 1872; p. 15.

téralement notre journal de cette triste époque.

« Deux messieurs parurent sur la place. Ils revenaient d'une mission dont ils semblaient enchantés. Par suite de la capture du cuirassier blanc que j'avais vu à Dreux, le duc de Mecklembourg avait proféré les plus terribles menaces dont l'exécution était subordonnée à la non-restitution du prisonnier. On envoya donc en députation les deux bonshommes ci-dessus (*sic*) afin qu'ils obtinssent le soldat. A Dreux, le maire Batardon voulut naturellement le rendre; non moins naturellement le sous-préfet Sirven jura ses grands dieux qu'il ne le lâcherait jamais. Enfin, plus adroit, le maire fit évader le cuirassier, de nuit, par une porte de derrière de l'hospice, et le remit aux ambassadeurs qui le ramenèrent triomphalement aux Prussiens. »

Nous avons tenu à rapporter cet incident, dont le hasard nous a rendu témoin à Dreux et à Rambouillet, afin de faire comprendre combien, avec de pareilles mœurs et de pareilles agissements, il était facile aux Allemands de pressurer des populations dont les représentants municipaux montraient si peu de patriotisme.

Revenons aux réquisitions. Le lendemain ou le surlendemain de l'apparition des trois uhlans légendaires dont nous parlions plus haut, arrive « une colonne de cavalerie et d'infanterie. Après avoir posé des sentinelles à toutes les issues, l'officier se présente à la mairie et se fait d'abord livrer les armes. Elles sont brûlées sur la place; puis, ces précautions prises, il expose au maire l'objet de sa visite. On pense bien qu'il s'agit d'une réquisition. Dans les campagnes, l'ennemi se contente de provisions de bouche; dans les villes, il demande des couvertures, des matelas, des balais, des gants, des semelles, des fournitures de bureau, des objets de toilette, de l'amidon, du cirage, des bandages herniaires, des peaux de sanglier et de chevreuil, tout ce que sa fantaisie imagine... Certains officiers affectent une politesse exagérée, suivie aussitôt d'une froide menace; d'autres, en arrivant, mettent le revolver au poing, et parlent de tout tuer et brûler si on n'obéit sur-le-champ. A la plus petite objection, coups de cravache et coups de sabre pleuvent comme grêle (1) ».

Par hasard, la note comique dominait.

Le major de Colomb, commandant de place à Corbeil, écoutait un jour un beau parleur « qui lui exposait sa supplique en termes de choix; tous les mots étaient terminés par un *z* ou une *s*, les liant tous ainsi entre eux. Malgré l'harmonie du langage, il fut peu compris, comme on pense, et à cause de cela peut-être, il obtint, néanmoins, à peu près ce qu'il désirait. Ravi, il se retira plein d'une satisfaction qui voulait dire : voilà comme il faut parler aux Allemands!

« — Cet homme, dit le major à M. de la Rue, habitant de Corbeil, ne parle pas comme les autres; je ne sais pas trop ce qu'il a voulu me dire.

« — Ce n'est pas étonnant, se hâta de répondre M. de la Rue; mais si ce monsieur parle mal, il fait admirablement le cuir.

« De Colomb, enchanté, sauta sur sa plume et écrivit une réquisition de soixante peaux pour basaner les culottes des dragons prussiens (2) ».

Mais, ordinairement, le procédé était plus sommaire; c'était une simple razzia : les Allemands entraient dans une ferme, dans une étable, et emmenaient des douzaines de vaches, des troupeaux de moutons tout entiers (3).

(1) Gustave Desjardins, pp. 30 et 31.
(2) *Sous Paris, pendant l'invasion*, par A. de la Rue, inspecteur des forêts; Paris, Furne, Jouvet et Cie, 1871 ; pp. 72 et 73.
(3) Marquis de Mun, pp. 83 et 88.

Si quelque soldat allemand avait été tué ou blessé l'ennemi profitait de cette circonstance pour imposer une contribution de 30, 50,000 francs, et menaçait de bombarder ville ou village si l'argent n'était pas versé dans la journée (1). « C'était le pillage en grand (2). » Les localités qui ne dénonçaient pas les francs-tireurs étaient frappées d'amende, les municipalités arrêtées (3), quand les maisons n'étaient pas incendiées, comme à Ablis. La plupart du temps, l'ennemi prévenait qu'il détruirait par les flammes les villages sur le territoire desquels des coups de feu seraient tirés contre les soldats allemands (4). Et il ne manquait pas de parole. Les maires ont la figure coupée, les femmes sont tuées à coups de fusil ; les curés et les conseillers municipaux, transformés en acteurs, sont forcés de jouer la comédie, battus et rapportés tout sanglants après ces exercices odieux. La bonne humeur de ces soudards, qui se grisent abominablement, est aussi cruelle que leur colère (5).

Si la ville ou le village doit être occupé par un corps de troupes considérable, une avant-garde marque, sur les portes des maisons, le nombre d'hommes qu'elles logeront, le numéro des régiments et compagnies, et choisit les chambres d'officiers. Quand les soldats arrivent, ils n'ont plus qu'à entrer dans leur gîte.

Mais il est temps de montrer comment les Allemands faisaient administrer les pays envahis.

(1) Milliard, pp. 23 à 26.
(2) Marquis de Mun, p. 91.
(3) Milliard, p. 28.
(4) *Les Prussiens en France en* 1870-1871, souvenir de leur séjour à Lagny (Seine-et-Marne) et dans ses environs, par Ferd. Legris; Meaux, 1871 ; p. 27.
(5) Gustave Desjardins, pp. 31 et 32.

ADMINISTRATION DU DÉPARTEMENT DE SEINE-ET-OISE

Le 30 septembre, M. de Brauchitsch, gendre de M. de Roon, ministre de la Guerre, se présente, à Versailles, comme préfet de Seine-et-Oise. Il rêve de remplacer purement et simplement le préfet français et de faire fonctionner tous les rouages de l'administration départementale. Heureusement, les chefs de divisions de la préfecture, MM. Cochard, Manuel et Dutilleux, « invités par M. de Brauchitsch, *dans l'intérêt du département*, à seconder ses intentions humanitaires..., pressés, par des personnes considérables, de conserver leurs fonctions, pour se faire, autant que possible, les avocats de leurs concitoyens auprès de l'ennemi (1) », refusent catégoriquement. Les chefs de bureau et les employés déclinent également les offres du nouveau préfet. Irrité, M. de Brauchitsch ordonne de saisir les trois chefs de division et les frappe d'une forte amende.

Mais ce qui préoccupe le préfet prussien, c'est la question du ravitaillement. Il convoque la municipalité de Versailles et lui débite un long discours qui peut se résumer en ceci : « Faites venir des vivres des parties de la France qui ne sont pas, en ce moment, occupées par les armées allemandes (2). » Cette allocution « montre combien la question des vivres inquiétait l'administration préfectorale allemande et *la forme déguisée* sous laquelle M. de Brauchitsch demande aux conseillers d'approvisionner Versailles, *ne pouvait évidemment donner le change à personne* (3) ». Ce que le préfet,

(1) Gustave Desjardins, p. 37.
(2) Dieuleveut, p. 50.
(3) *Ibid.*, p. 53.

« dans son discours insinuant, avait proposé aux membres du conseil municipal, c'était, en réalité, *de se faire les pourvoyeurs de l'armée allemande* (1) ». Hélas! il en sera toujours de même tant que les habitants ne quitteront pas le pays.

En effet, dès le 21 septembre, les bouchers de Versailles s'étaient mis en quête, ainsi qu'il résulte d'une note de M. Rameau, maire, remise au colonel de Gottberg, note où l'on peut lire : « Les bouchers qui sont partis aujourd'hui pour s'approvisionner sont obligés *d'aller peut-être à* 80 *kilomètres* pour trouver des bestiaux sur pied (2). » Et M. Rameau, sans se préoccuper du bien qu'il faisait à l'ennemi, favorisait toujours l'approvisionnement de Versailles.

Sur l'ordre du préfet prussien, le conseil municipal avait même pris des mesures pour constituer un magasin général de subsistances et, à cette fin, avait passé un marché avec un nommé Hirschler, juif allemand, moyennant la somme de 300,000 francs. Le préfet avait donné les ordres nécessaires pour que les denrées fussent transportées régulièrement à travers les provinces occupées (3). Le syndicat, constitué par le conseil municipal pour aller chercher des vivres, avait envoyé deux de ses membres jusqu'à Manheim (4).

(1) Delerot, p. 68. — Gustave Desjardins, pp. 48 et 49.

(2) Delerot, p. 30.

(3) Délibération du Conseil municipal, séance du 31 décembre 1870; Dieuleveut, p. 136. — Voir aussi : *Ibid.*, p. 135; Delerot, pp. 220 et 221. — Ce magasin général fut établi et « tous les matins, l'intendant prussien recevait, sous le contrôle des délégués du Conseil municipal, les quantités de riz, de pain, de sel, de vin, qui étaient requises de la municipalité versaillaise. Ces vivres étaient répartis, ensuite, par les soins des intendants, entre les divers régiments du V° corps d'armée. » (Delerot, p. 54.) — Voir également : *Le Moniteur prussien de Versailles*, t. I, pp. 296 et 297.

(4) Delerot, p. 223.

Mais les meilleures conceptions avortent quelquefois : le sieur Hirschler manqua de parole à M. Rameau, les syndiqués n'ayant pu faire transporter les marchandises achetées (1). Voici la ville frappée d'une amende de 50,000 francs : preuve que les denrées étaient demandées, non dans l'intérêt des Versaillais, mais dans celui de l'ennemi. La municipalité se décide à faire, alors, ce par quoi elle aurait dû commencer : elle se révolte et déclare à l'autorité prussienne qu'elle refuse de payer l'amende (2).

Bien entendu, après une comédie destinée à effrayer les conseillers municipaux qui s'y laissèrent prendre, la somme réclamée par les Prussiens fut payée et, jusqu'au bout, la municipalité de Versailles sera un banquier et un auxiliaire précieux pour l'ennemi. Ces constatations sont pénibles à faire, mais nécessaires : le salut du pays est au prix de ces cruelles exécutions.

Le 27 septembre, le général de Voigts-Rhetz, commandant la place, publie un avis, contresigné par M. Franchet d'Esperey, dont nous nous occuperons tout à l'heure, ayant pour objet d'assurer l'approvisionnement des marchés (3). C'était donner le champ libre « aux spéculateurs qui ont apporté des troupeaux et des grains à Versailles pour les vendre aux intendants allemands (4) ». La nourriture des habitants et de la garnison était à peu près assurée.

C'est alors que l'administration du département fut établie par cantons, le maire du chef-lieu correspondant avec le préfet. Tout en défendant les intérêts de leurs administrés et en combattant les

(1) Delerot, p. 223.
(2) Dieulevent, p. 137. — Delerot, p. 244.
(3) Dieulevent, pp. 56 et 57.
(4) Delerot, p. 47.

exigences de l'ennemi, les maires eurent le tort de se prêter à cette organisation qui permit aux Allemands de se décharger, sur eux, des tracas de l'administration (1). Il y en eut même qui s'évertuèrent, par une coupable émulation, à perfectionner leur rôle et à multiplier leurs services :

« Le canton de Marly, sous l'influence d'un conseiller municipal faisant fonction de maire du chef-lieu, s'organisa à la prussienne, avec un ensemble remarquable. J'ai sous les yeux, dit M. Gustave Desjardins, une lettre de ce personnage, qui écrit à M. de Brauchitsch que : «« les quatorze communes du canton s'entendent comme un seul homme, sans la moindre objection (2). »»

En même temps, il dénonce, comme opposant, M. Riez, instituteur de Chavenay, et appelle sur lui les vengeances de la Prusse (3).

Afin de donner une idée des facilités que l'administration prussienne trouva dans la coopération des maires et des conseils municipaux, nous allons montrer à l'œuvre un maire de Seine-et-Oise.

Au moment de la déclaration de guerre, M. Gallien, tanneur, était maire de Longjumeau. Sur plus de 2,000 habitants, 300, environ, par ses instances, n'avaient pas quitté le pays, le jour où l'ennemi s'y présenta. A peine installé, le sous-préfet de Corbeil, baron Feilityrch, se hâte de se mettre en communication avec les maires de canton de son arrondissement. M. Gallien, comme nous allons le voir, lui apporte le concours le plus absolu. Au milieu de la

(1) Voir, *suprà*, pp. 117 et suivantes. — L'Empereur prévoyait le danger quand il télégraphiait, le 23 août 1870, au ministre de l'Intérieur : « Je ne comprends pas pourquoi les préfets et sous-préfets ont reçu l'ordre de rester à leur poste *et de fournir ainsi à l'ennemi l'avantage d'un service organisé.* » (*Papiers et Correspondance de la famille impériale*, t. I, p. 422.)

(2) Gustave Desjardins, p. 42.

(3) *Ibid.*

masse de correspondances qui vient à l'appui de notre dire, voici quelques pièces indiscutables.

Ainsi que nous l'avons déjà exposé, la disette menaçait l'armée allemande et il lui fallait, à tout prix, faire affluer les denrées sur les marchés déserts. A cet effet, le 9 octobre, le baron Feilityrch écrit au maire de Longjumeau une lettre où l'on lit : « Il est de la plus grande importance, dans l'intérêt de l'alimentation publique, que les communes, environnant Longjumeau, y apportent leurs denrées au marché, comme d'habitude. Je vous engage à exhorter vos administrés à agir dans ce sens; des sauf-conduits leur seront délivrés à cet effet (1). » A cette lettre en était jointe une autre, datée de la veille, où le sous-préfet allemand « priait le maire de Longjumeau de communiquer la circulaire ci-incluse aux maires des communes dont les habitants fréquentaient habituellement le marché de cette ville (2) ».

Nous n'avons que le brouillon de la lettre adressée en réponse au baron Feilityrch par M. Gallien.

On y lit : « Je suis convaincu, comme vous, qu'il est de la plus haute importance de faire reprendre à notre canton, et notamment à son chef-lieu, ses us et coutumes. Nous avions un marché bien alimenté le mercredi de chaque semaine, mais, pour arriver à le faire réouvrir, il sera bon, je crois, que vous procédiez par voie d'affiches et proclamations et que vous garantissiez la libre circulation des habitants (3). »

M. Gallien, on le voit, ne se borne pas à exécuter un ordre qu'il ne saurait éluder; il y va de ses conseils et fournit à l'ennemi tous les renseigne-

(1) A nous communiqué par M. Bezault, premier adjoint au maire de Longjumeau.
(2) *Ibid.*
(3) *Ibid.*

ments qui lui permettront d'atteindre son but.

La réponse du baron Feilityrch manque, mais il est probable qu'elle a été favorable car, le 12 octobre, le maire français écrit au bas de la circulaire du sous-préfet allemand : « Pour notification aux maires du canton, d'après les ordres de M. le sous-préfet de Corbeil, le maire de Longjumeau : Gallien (1). »

Bien mieux, M. Gallien fait lithographier par Rose, imprimeur à Longjumeau, la circulaire de l'ennemi et la notification qu'il y a apposée (2), et cette lithographie est adressée à tous les maires du canton.

Cependant, il ne suffisait pas d'assurer ainsi l'approvisionnement des troupes allemandes, il était une question qui tenait fort au cœur de l'autorité prussienne, c'était la question d'argent. Comment faire rentrer dans les caisses ennemies les contributions directes, indirectes, de guerre et les amendes (3)? M. Gallien se charge de ce soin. Voici la lettre qu'il écrivait le 19 octobre :

« A Monsieur le maire, en son absence, à un conseiller municipal, secrétaire de mairie ou garde-champêtre,

« Monsieur,

« Chargé, par M. le préfet prussien de Seine-et-Oise, du recouvrement des impôts du canton, je vous adresse les instructions circulaires que j'ai reçues. Je vous prie de m'honorer d'une réponse où vous m'accuserez réception. Recevez, etc...

« Le maire : GALLIEN (4). »

(1) A nous communiqué par M. Bezault.

(2) A nous communiqué.

(3) « Chacun sait combien il est difficile de lever, ne fût-ce que 100,000 francs, en pays ennemi, comme contribution de guerre. » (Baron Colmar von der Goltz, *La Nation armée*, p. 418.)

(4) A nous communiqué. — « Les contribuables, c'est triste à

On n'est pas plus obligeant, et comme tout est prévu! Si le maire est parti, ce sera un conseiller municipal qui recevra la lettre; s'il n'y a pas de conseillers municipaux, le secrétaire de la mairie; à son défaut le garde-champêtre!

Mais certains maires ne veulent pas payer et opposent la force d'inertie aux exigences prussiennes. M. Gallien de les presser, de leur faire parvenir les menaces d'une exécution militaire et de pousser le zèle jusqu'à s'ingénier à leur faire acheter le journal officiel prussien : la lettre est curieuse et navrante tout à la fois; elle mérite une reproduction intégrale :

« Mairie de Longjumeau, chef-lieu de canton.

« Longjumeau, le 24 janvier 1871.

« Monsieur le maire,

« Je vous adresse copie de la lettre que j'ai reçue de M. le sous-préfet de Corbeil.

«« Monsieur le maire,

«« Je vous informe que l'exécution militaire pour le reste des impôts du mois d'octobre, novembre et décembre 1870, dû par les communes du canton de Longjumeau a été ordonnée, il y a quelques jours, et sera immédiatement exécutée.

«« Agréez, monsieur le maire, etc... »»

« Pour éviter dorénavant que MM. les maires du canton puissent *donner pour excuse* qu'ils ne reçoivent pas exactement le Moniteur et Recueil officiel *que tous peuvent faire prendre et que presque tous y font prendre par leurs gardes-champêtres, je les préviens que, d'accord avec M. le sous-préfet, il a été arrêté que les communes de Villemoisson, Morsang, Sainte-Geneviève, Plessis-Pâté, Fleury, feraient*

dire, affluent chez le receveur prussien à l'heure indiquée, l'argent à la main, plus exactement peut-être qu'ils n'arrivaient, en temps de paix, chez le percepteur des contributions. » (De la Rue, pp. 39 et 40.)

prendre ces journaux à la mairie d'Epinay, où ils seront déposés trois fois la semaine.

« Recevez l'assurance de ma considération la plus distinguée.

« Le maire du chef-lieu,

« GALLIEN (1). »

Mais le maire d'Epinay-sur-Orge, M. Hautefeuille, fait la sourde oreille. A toutes les demandes des Allemands, aux objurgations de M. Gallien, il répond, depuis plus de quatre mois, qu'il n'a pas d'argent, et s'arrange de telle façon que sa commune n'a encore rien payé à l'ennemi. Le maire de Longjumeau de le presser encore, le 5 février :

« M. le sous-préfet de Corbeil m'informe que vous n'avez pas encore versé vos contributions échues et qu'il va être obligé d'ordonner l'exécution militaire si vous n'avez pas payé avant le 8 courant (2). »

De nouveau, le 12 février, M. Gallien écrit au même maire :

« Par une autre dépêche, M. le sous-préfet allemand m'informe que les communes du canton qui n'ont pas encore payé à l'autorité allemande les contributions du mois de janvier, devront en effectuer le versement dans un délai de trois jours. Sinon, M. le sous-préfet ordonnera l'exécution militaire pour le mois de janvier, comme pour les mois précédents, et il se verrait forcé de faire mettre en prison les maires et conseillers municipaux (3). »

Nous nous empressons de dire que toutes ces menaces furent vaines et que les Allemands évacuèrent le département de Seine-et-Oise, sans que la commune d'Epinay-sur-Orge, leur versât de contributions.

(1) A nous communiqué.
(2) *Ibid.*
(3) *Ibid.*

Après le départ de l'ennemi, M. Gallien s'efforça de faire payer par cette petite commune les sommes qu'elle avait toujours refusées. Le maire protesta et obtint gain de cause ainsi qu'il résulte de la lettre suivante adressée, le 24 novembre 1875, à M. Hautefeuille, par M. Limbourg, préfet de Seine-et-Oise, lettre qui est la condamnation formelle de M. Gallien et des municipalités trop complaisantes :

« Monsieur le maire,

« Je m'empresse de vous renvoyer les pièces que vous m'avez confiées hier; je les ai soumises ce matin à M. le Directeur des domaines qui a reconnu, avec moi, qu'il n'y avait pas lieu de donner suite à la réclamation dirigée contre votre commune. Je suis heureux de vous en informer et plus encore d'avoir pu contribuer à vous faire rendre justice.

« Je ne veux pas fermer ma lettre sans vous remercier, une fois encore, monsieur le maire, des patriotiques efforts que vous avez déployés pendant la triste année 1870-1871 : dans les circonstances les plus difficiles, vous avez fait preuve d'un dévouement et d'une fermeté remarquables, *et il serait à désirer que tous vos collègues eussent imité votre courageuse conduite* : elle a été celle d'un bon citoyen et d'un bon Français.

« Agréez, etc. (1). »

Aussi bien, M. Gallien ne se contentait pas d'être le factotum des Allemands, il était également leur fournisseur, il leur livrait les marchandises dont ils avaient besoin et en réclamait, ensuite, le prix aux communes. Par exemple, le 12 novembre 1870, l'ennemi lui demandait du cuir ou des bottes mis à la charge de la commune d'Epinay-sur-Orge (2). Au lieu d'en référer à la municipalité, il s'empres-

(1) A nous communiqué.
(2) Voir la pièce justificative n° III; à nous communiquée.

sait de faire la fourniture et, cinq mois plus tard, le 7 avril 1871, il en demandait le montant au maire de la commune prétendument réquisitionnée (1). Celui-ci répondait au fondé de pouvoirs de M. Gallien : « J'ignorais complètement cette fourniture. S'il a été agréable à M. Gallien de fournir des bottes aux Poméraniens d'Epinay pour marcher sur la Loire contre nos enfants, il me serait très désagréable de les lui payer, et je le lui dirai à la prochaine réunion (2). » Là encore, la commune ne déboursa rien et ce fut sur les indemnités de guerre que M. Gallien se fit payer par l'Etat.

Pendant toute la durée de l'invasion, le maire de Longjumeau, tanneur, qui avait obtenu de l'autorité prussienne « de circuler librement avec voitures et chevaux (3) » eut le monopole de l'achat des peaux de bœufs, de vaches, de veaux, de moutons, etc., consommés par l'armée allemande et par les habitants ; il achetait ces peaux un prix si minime que, de notoriété publique, il y gagna près d'un million, ce qui prouve, une fois de plus, que nos défaites n'ont pas été une ruine pour tout le monde.

Comme bien d'autres de ses pareils, après la guerre, M. Gallien ne fut pas inquiété, servant ainsi de déplorable exemple pour l'avenir. Le parquet ne crut pas : qu'en donnant, au sous-préfet allemand, les renseignements pour faire arriver les denrées sur les marchés où l'ennemi pourrait s'approvisionner, qu'en se constituant le collecteur des impôts levés par les Prussiens, qu'en imposant aux maires la lecture du journal officiel de Versailles, leur faisant savoir qu'il n'admettra plus *d'excuse* et

(1) Voir la pièce justificative n° IV ; à nous communiquée.
(2) A nous communiqué.
(3) A nous communiqué par M. Bezault.

que, pour cela, il a arrêté certaines mesures, *d'accord avec M. le sous-préfet*, le parquet n'a pas cru qu'il y avait eu là, de la part de M. Gallien, intelligences avec l'ennemi, et que l'article 77 du Code pénal fût applicable. Nous nous inclinons devant cette interprétation, tout en la regrettant, au point de vue de la défense nationale et de la virilité des caractères.

Nous répéterons, cependant, après le baron Colmar von der Goltz déplorant la facilité avec laquelle la population prussienne accepta la défaite d'Iéna : « Il est bien triste de constater que la pression exercée par Napoléon (les Allemands) ait réussi si aisément, sans souci des convenances; que les traces d'un *résistance passive* (M. le maire d'Epinay-sur-Orge) aient été extrêmement rares; qu'avant tout, l'*administration se soit empressée de se mettre à la disposition de l'envahisseur partout où il se présentait; et que celui-ci ait pu tirer d'un pays ennemi, comme du sien propre, toutes les ressources nécessaires* (1) ».

Néanmoins quelques fournisseurs furent poursuivis. « Dix-huit fermiers de l'arrondissement de Rambouillet ont comparu les 27, 28, 29 et 30 novembre 1871, devant la cour d'assises de Seine-et-Oise, sous l'accusation d'avoir procuré des vivres et des approvisionnements aux armées prussiennes. C'étaient les sieurs Gourdet, Stauffer, Rigault, Sanglier, Menant, Muret, Delhomme, Glisière et autres..... Voici les passages de l'acte d'accusation relatifs aux sieurs Gourdet père et fils. Les faits reprochés aux autres accusés étaient de même nature :

« « Pendant la guerre de 1870, un grand nombre de cultivateurs du département de Seine-et-Oise

(1) Baron Colmar von der Goltz, *Rosbach et Iéna*, p. 378.

ont fait, avec les Prussiens, un commerce considérable, et facilité singulièrement la tâche de l'envahisseur, puisque les armées ennemies, abondamment pourvues de toutes choses, n'avaient pas à se préoccuper de subvenir à leur approvisionnement par des réquisitions faites dans le pays, réquisitions souvent dangereuses et qui, dans tous les cas, avaient pour résultat de distraire des opérations militaires des forces assez nombreuses.

«« Parmi ces cultivateurs, les uns se sont bornés à vendre leurs propres récoltes et denrées, amassées et contenues dans leurs granges et dans leurs greniers. Ils auraient sans doute pu, sur l'invitation qui leur avait été faite par le Gouvernement, faire entrer ces approvisionnements dans Paris, ou les diriger sur des contrées non encore envahies, où ils auraient été utilisés pour l'alimentation des troupes françaises, mais ils ont préféré courir la chance du pillage et de l'incendie, dans l'espérance de réaliser des bénéfices considérables.

«« D'autres, non contents de vendre leurs produits, se sont constitués spontanément les pourvoyeurs des armées allemandes, achetant de tous côtés à vil prix, quelquefois à l'aide de menaces, de l'avoine, des fourrages et des bestiaux, et les revendant, ensuite, avec un gain scandaleux, soit aux intendances prussiennes, soit aux fournisseurs attitrés de l'ennemi.

«« C'est dans cette catégorie qu'il convient de classer les sieurs Gourdet père et fils, cultivateurs à Goupillières.....

«« La conduite de Stanislas Gourdet, pendant toute l'invasion, a été véritablement odieuse; *profitant de sa qualité de maire*, abusant de son autorité au lieu de chercher à sauvegarder sa commune, il ne veillait qu'à ses propres intérêts. Pour se décharger des réquisitions prussiennes, il les mettait à la charge de ses voisins afin que son matériel restât libre pour les besoins de son commerce. Il n'a pas craint d'aller chercher des soldats prussiens *pour contraindre quelques habitants récalcitrants à payer leurs quote-parts dans les contributions de guerre.....*

«« En conséquence ces cultivateurs étaient accusés d'avoir commis le crime prévu par l'article 77 du Code pénal (1). »»

Grâce aux habiles plaidoiries de Mes Lachaud, Nogent-Saint-Laurens, Cresson et Albert Joly, ces intéressants personnages ont été acquittés, par un jury bénévole, qui contenait peut-être dans son sein des gens incapables de leur jeter la première pierre, démontrant ainsi la nécessité de donner la connaissance de ces sortes d'affaires aux conseils de guerre (2).

Peu de temps après, deux autres fermiers étaient moins heureux. « Les sieurs Rabourdin, père et fils, riches fermiers du canton de Dourdan, comparaissaient devant la même cour d'assises de Seine-et-Oise, le 25 janvier 1872, sous l'accusation d'avoir entretenu des intelligences avec les Prussiens, à l'effet de leur fournir des vivres..... D'après l'acte d'accusation, Rabourdin père parcourait les fermes et marchés du département de Seine-et-Oise et des départements voisins, et y achetait des bœufs, des moutons et des vaches, qui étaient ensuite expédiés

(1) *Gazette des Tribunaux*, n° des 4-5 décembre 1871.

(2) « Il y a eu, pendant la guerre, des bourgeois et aussi des paysans lâches. On a été trop indulgent pour eux... J'ai frémi au récit d'un de mes amis, major, qui, demandant des moutons dans une ferme, en les payant, pour ses malades, reçut cette réponse qu'il n'y en avait pas, alors qu'un homme de l'escorte en découvrait, cachés par le fermier, pour les Prussiens qui devaient venir dans un jour ou deux, suivant le corps d'armée en retraite. Ce que j'aurais fait fusiller cet homme et brûler sa ferme! Mais, dans la défaite, on supporte tout. » (Henry Fouquier, *XIXe siècle*, n° du 16 janvier 1890.) — *Journal de Fidus, la Révolution de septembre, Paris assiégé*, pp. 110 et 111.

à Versailles, par ses soins, à un nommé Grison. Il achetait à bas prix et ne craignait pas de menacer de l'intervention des Prussiens les cultivateurs qui refusaient de lui vendre. Rabourdin fils, qui a fait entendre de semblables menaces à une femme Cunord, qui ne voulait pas lui vendre une vache, était le plus souvent à Versailles, où il avait de fréquentes relations avec les Allemands. Il assistait Grison dans la réception des troupeaux nombreux de bêtes de boucherie, qui étaient incessamment expédiés par son père, et dont certains s'élevaient au chiffre de 1,600 moutons (1).

Cette fois, le jury ne se laissa pas attendrir et les deux misérables furent condamnés à cinq ans de détention (2).

Revenant aux maires et conseillers municipaux, il est juste de reconnaître que, s'il y en eut trop de coupables d'intelligences avec les Allemands, par conséquent, de passibles, selon nous, des peines édictées par l'article 77 du Code pénal, qui punit le fait « de fournir aux ennemis des secours en soldats argent, vivres, etc. », beaucoup de ces maires furent coupables seulement de faiblesse, non de complicité, et que, certes, il y a, pour eux, des circonstances atténuantes. En un mot, ils désiraient la défaite des Prussiens et ne les assistaient que par peur ou intérêt.

D'abord, aucune instruction, leur prescrivant une attitude à prendre, ne leur avait été donnée par le Gouvernement français; ensuite, les menaces du préfet prussien qui leur écrivait qu'en cas d'insou-

(1) *Gazette des Tribunaux*, n° du 6 février 1872.

(2) Voir les noms d'autres fournisseurs des Allemands dans Dieulevent, p. 130. — Voir aussi, sur les livraisons faites à l'ennemi, Delerot, pp. 78 et 172. — « Nous rencontrons des lâchetés chez les préfets français, chez les maires français, chez les paysans français, et nous en profitons. » (*Lettre d'un officier prussien*, Pierre Maquest, p. 108.)

mission « il se verrait obligé, contre son gré, à en (*sic*) recourir à la force, ce qui serait toujours regrettable (1) », devaient nécessairement agir sur des gens pacifiques qui ne s'étaient pas préparés à jouer les d'Assas; enfin, le mauvais exemple qui leur était donné par des hommes considérables, comme M. Darblay, maire de Corbeil, qui avait détourné les francs-tireurs de défendre le passage de la Seine (2), et dont les moulins et les magasins allaient constituer le grand entrepôt des vivres des Allemands, n'était guère fait pour inspirer à ses collègues de mâles résolutions (3).

En effet, de même que M. Gallien apprenait au sous-préfet de Corbeil comment il fallait s'y prendre pour approvisionner les marchés, de même M. Darblay « délivrait des permis de circulation aux bouchers qui allaient acheter, au loin, des bestiaux, lesquels, en définitive, et par suite des réquisitions, servaient aussi bien à l'approvisionnement de l'armée prussienne qu'à celui des habitants de Corbeil (4) ». Attaqué à ce sujet dans le conseil municipal, M. Darblay déclarait que ces laissez-passer avaient un résultat avantageux (5). Voilà comme l'on comprenait les devoirs du citoyen!

Aussi bien, examinons, une bonne fois, l'attitude de M. Darblay, maire de Corbeil. Le cas en vaut la peine, car il y a un intérêt majeur à ce que, dans une nouvelle guerre, de pareils agissements ne soient pas tolérés. Cet examen, nous allons le faire avec

(1) Gustave Desjardins, p. 42.
(2) « Le maire de Corbeil avait fait remonter vers Essonnes un groupe de francs-tireurs qui étaient venus, un moment, prendre position derrière les parapets des quais. » (*Ibid.*, p. 10.) — Milliard, p. 4. — De la Rue, p. 18. — Voir *infrà*, p. 154.
(3) Les quatre divisions de cavalerie devaient « lever des réquisitions et en envoyer le produit dans les magasins établis à Corbeil. » (Niemann, p. 220.)
(4) De la Rue, p. 41.
(5) *Ibid.*

les seules pièces fournies par le défenseur officieux de M. Darblay : elles nous suffiront amplement.

Le *Siècle*, du 5 octobre 1870, reproduisait un article de l'*Union libérale* de Tours, journal des plus modérés, commandité par le comte de Flavigny, article ayant pour titre : *Patriotisme des maires*. M. Darblay y est accusé, par un sergent des francs-tireurs éloignés par lui, d'avoir refusé l'entrée de ses terrasses pour repousser l'ennemi, et d'avoir fait partir lesdits francs-tireurs en leur donnant sa parole d'honneur qu'il n'y avait pas un seul Prussien dans la contrée, au moment même où l'ennemi s'installait à Saint-Germain-lès-Corbeil. La *Gironde*, de Bordeaux, reproduisait également l'article, et la *Province* ajoutait : « La conduite attribuée à M. Darblay ne serait rien moins qu'une trahison passible du conseil de guerre (1). »

Comment M. de la Rue, l'avocat officieux de M. Darblay, détruit-il les accusations portées par le sergent Delaplaigne et les journaux que nous venons de nommer? Au moyen d'une lettre anonyme que l'on peut qualifier de peu sérieuse, car elle n'est qu'une suite de dialogues fantaisistes, puique leur existence n'est établie par aucune pièce, par aucun témoignage (2).

Il reste donc acquis : et par la déclaration du sergent Delaplaigne, et par les déclarations de MM. Gustave Desjardins, Milliard et de la Rue lui-même, que M. Darblay a fait partir les francs-tireurs qui se disposaient à arrêter l'avant-garde ennemie (3).

(1) De la Rue, pp. 288 à 290.

(2) *Ibid.*, pp. 298 à 300.

(3) Voir, *suprà*, p. 153, en note. — M. Darblay a eu force imitateurs. A Melun, notamment, « à l'approche de l'ennemi, les francs-tireurs, commandés par La Cécilia, persistent et s'obstinent, malgré les observations du maire (M. Poyez) et de son

Passons au second chef d'accusation.

« On reproche à M. Darblay d'avoir été la cause de l'abondance dans laquelle l'armée ennemie vivait à Corbeil et dans les environs; ses moulins, dit-on, lui fournissaient la farine dont elle avait besoin, et, pour cela, M. Darblay accaparait les blés sur les marchés de Melun, de Montereau, de Nangis, etc., etc. (1). »

M. de la Rue répond en reconnaissant que « partagé entre le désir d'obéir aux ordres du ministère (qui lui enjoignait d'expédier toutes ses farines et tous ses blés à Paris, par eau, par voies de fer et par routes) et celui de rassurer la population de Corbeil, M. Darblay avait gardé une certaine quantité de blé ou de farine pour l'alimentation des habitants (2) ».

Nous répliquons que ces farines n'ont pas servi seulement à l'alimentation des habitants, puisqu'elles ont permis de satisfaire aux réquisitions de l'ennemi, réquisitions si complaisamment exposées par M. de la Rue (3).

Un peu plus loin, M. de la Rue avoue que M. Darblay achetait le blé sur les marchés, qu'il livrait sa farine aux boulangers et que, sur la sommation de M. Rameau, maire de Versailles, il pourvoyait même à l'alimentation de cette ville (4).

Ensuite, après avoir déclaré que, dans le pays, on

premier adjoint, à rester embusqués dans l'intérieur de la ville, et particulièrement dans l'établissement du collège. Il fallut *toute l'énergie* de ces deux administrateurs, auxquels les menaces de mort étaient prodiguées, pour faire déguerpir ces hommes, *animés sans doute des meilleures intentions pour empêcher l'entrée chez nous des premiers ennemis, mais dont la présence, en cet endroit, ne pouvait qu'être très préjudiciable à la cité.* » (Julliot, p. 7.) Voilà à quel abaissement nous étions arrivés : on appelait *énergie* le fait d'empêcher des soldats français de tirer sur l'envahisseur !

(1) De la Rue, p. 301.
(2) *Ibid.*, p. 302.
(3) *Ibid.*, chapitre III.
(4) *Ibid.*, p. 302.

croyait que M. Darblay *accaparait en faveur des Prussiens* (1), le défenseur du maire de Corbeil reconnaît que les Allemands « s'emparèrent des moulins, qu'ils y établirent un contrôleur chargé de faire moudre le blé qu'ils achetaient et payaient eux-mêmes, ou faisaient venir de l'extérieur (2) », et que M. Darblay se contentait de faire marcher douze paires de meules pour satisfaire aux besoins des habitants de Corbeil (3).

Et voilà ! Qu'ajouterions-nous ? N'est-il pas démontré que, même en acceptant les explications de M. de la Rue, les moulins de M. Darblay ont été le salut des Allemands, que son devoir eût été de les détruire, du moins en partie, qu'il eût dû les rendre impropres à moudre, comme on encloue un canon ? Chacun jugera, à son point de vue, la conduite de M. Darblay ; quant à nous, notre opinion est faite et nous espérons bien que si, par malheur, le fléau de l'invasion s'abattait encore une fois sur notre pays, l'état-major français saurait résolument accomplir sa tâche et qu'il anéantirait meules et moulins de Seine-et-Oise et de Seine-et-Marne avant l'arrivée de l'ennemi. Ce serait le meilleur moyen de faire émigrer les habitants et, par là même, de les sauver, malgré eux, et la France du même coup.

Toujours dans le même ordre d'idées, nous avons encore ici un douloureux devoir à remplir, car l'homme, dont nous allons écrire le nom, nous a reçu avec une rare amabilité, quand nous étions retenu à Versailles par les Prussiens, et c'est peut-être à lui que nous devons de n'avoir pas été fusillé. Mais « bien que son intervention ait rendu aux autorités et aux habitants de Versailles les plus

(1) De la Rue, p. 303.
(2) *Ibid.*, p. 304.
(3) *Ibid.*

grands services (1) », il nous faut dire l'impression poignante que nous avons ressentie en voyant un commandant français, en grand uniforme, couvert de décorations, installé à la mairie de Versailles, pendant que les soldats allemands montaient la garde à sa porte et faisaient l'exercice sur la place d'armes.

Ami du prince royal de Prusse, M. Franchet d'Espérey aurait dû sacrifier les intérêts d'une ville ou d'un département à ceux du pays. Quand le canon gronde, ce n'est jamais volontairement qu'un officier français doit se trouver du côté des ennemis, même quand il ne combat pas. Cependant, le conseil municipal de Versailles eut le courage de lui adresser un témoignage public de satisfaction dans les séances des 20 septembre 1870 et 27 avril 1871 (2).

Toutes ces défaillances provenaient de ce que le *général* était sacrifié au *particulier*, de ce que l'on ne connaissait pas la grande maxime de Clausewitz : « *la guerre a pour but l'anéantissement de l'adversaire* » qui, « nécessairement, vous amène à faire l'usage le plus absolu de tous les moyens matériels et intellectuels pour terrasser l'ennemi (3) », qui justifie l'incendie de Moscou et la guerre à l'espagnole.

Il revient moins cher à un pays de changer des provinces en désert, par l'exode de sa population et par l'incendie, que de conserver les richesses de ces provinces et, à ce prix, d'assurer la victoire finale

(1) Gustave Desjardins, p. 59, en note. — M. Franchet d'Espérey sauva MM. de Savignac, Leclerc, Jeandel, Robine. (Dieulevent, pp. 121 et 122.) — Le même M. Dieulevent a dédié son livre sur la guerre à M. Franchet d'Espérey, en raison « de son patriotisme et de son admirable dévouement pendant la douloureuse occupation de la ville par les Prussiens ». — Voir aussi à ce sujet : Delerot, p. 47, et Steenackers, p. 355.

(2) Dieulevent, page 123.

(3) Baron Colmar von der Goltz, *La Nation armée*, p. 3.

de l'adversaire. Comme l'écrivait M. Jules Simon le 14 janvier 1871, « il vaut mieux être Moscou que Sedan (1) ». Le département de Seine-et-Oise, tout entier, eût-il été ruiné que nos pertes n'eussent pas atteint cinq milliards, sans compter tant de vies de soldats français épargnées, sans compter l'Alsace et la Lorraine sauvées du joug prussien.

Mais, une dernière fois, il ne s'agissait de rien détruire, sauf les moulins et les denrées, et surtout les moulins de Corbeil (2) ; il fallait faire émigrer les habitants et ne laisser aucune ressource aux ennemis, principalement en vivres, puisque ces vivres conservés devaient servir aux envahisseurs et non aux habitants (3).

Avec raison, le gouvernement de Tours n'admettait pas que Versailles fût le grenier de l'ennemi, et lorsque M. Rameau demandait à M. de Bismarck d'aller chercher, dans la capitale de la Touraine, l'autorisation de faire un emprunt, pour assurer le service des vivres, le chancelier refusait, sachant que le Gouvernement français « était d'avis qu'il était du devoir des Versaillais de mourir de faim, afin de faire mourir les Prussiens avec eux (4) ».

Non, non, il ne fallait pas administrer pour l'ennemi, comme MM. Darblay, Rameau, Gallien et tant d'autres l'ont fait. Il ne fallait pas, comme eux, se constituer le fournisseur des Allemands ni leur banquier. La Convention n'eût pas hésité à frapper ces auxiliaires de l'envahisseur, conscients

(1) Pierre Maquest, p. 749. — Mme Adam, p. 409.

(2) « Puisque Presbourg est un centre de magasins, il faut y mettre le feu. » (Lettre de Napoléon Ier à Davout, citée par Rossel, *Abrégé de l'art de la guerre;* Paris, Lachaud, 1871, p. 181.)

(3) Marquis de Mun, pp. 80 à 93.

(4) *Le comte de Bismarck et sa suite pendant la guerre de France 1870-1871*, par D. Moritz Busch, secrétaire particulier de M. de Bismarck ; traduit de l'allemand avec l'autorisation spéciale de l'auteur ; Paris, Dentu, 1880 ; p. 164.

ou inconscients. A cet égard, *Quatre-vingt-treize* avait du bon et il est regrettable que ses rudes exemples n'aient été imités qu'en refrains et en vaines paroles, la *Marseillaise* n'étant sublime qu'à la condition de se faire entendre, sur le champ de bataille, chantée par des citoyens encore couverts du sang de l'étranger.

En résumé, sans parler des impôts de guerre, le département de Seine-et-Oise a dépensé, du chef des réquisitions, 30,589,830 francs. N'eût-il pas été préférable de faire le désert autour de la capitale et de laisser l'ennemi en tête à tête avec lui-même? Il n'aurait pas brûlé une maison de plus, pas encaissé tant de millions, pas trouvé tant de ressources, pas maltraité tant de gens, et son installation autour de Paris n'eût guère été possible.

Mais, pour atteindre ces résultats, il faut un gouvernement qui ait l'intelligence et la conscience de ses devoirs, une population qui soit préparée et décidée à tous les sacrifices.

La leçon vaut de n'être pas perdue : il faut que tout le monde sache, aujourd'hui, que la défaite est le plus grand des maux ; qu'elle est à éviter à tout prix ; que la victoire est le vrai, le seul baume des plaies de la guerre, qu'elle enlève toutes les douleurs morales et physiques, qu'elle indemnise de toutes les pertes et sauve, du même coup, l'honneur et l'argent (1).

On peut ainsi formuler la règle : « *Disparition ou*

(1) Réquisition adressée au Conseil souverain d'Alsace, siégeant à Colmar, par le commandant des troupes impériales qui avaient envahi la Haute-Alsace, en août 1709.

« On fait savoir au très louable Conseil du roi et on l'avertit très sérieusement que, aussitôt la présente reçue et sans perdre de temps, il ait à se rendre ici, au quartier général, par quelques députés, pour régler ce qui est nécessaire pour les contributions et les fourrages, et pour fournir un homme bien monté qui sache les chemins, afin que, en cas de négligence, on ne soit pas obligé de se servir d'exécution militaire très sévère et de

inertie de la population en présence de l'ennemi; solidarité de toutes les provinces pour réparation de dommages causés par faits de guerre. »

TRAVAUX MILITAIRES

Au point de vue militaire, les Allemands s'installaient autour de Paris dès le jour de leur arrivée.

Une ligne télégraphique reliait le grand quartier général, les quartiers généraux des armées, ceux des corps et les postes d'observation pourvus de lunettes (1). Les maires se chargeaient eux-mêmes de la protection des lignes télégraphiques ennemies. « J'ai recommandé les mesures de surveillance nécessaires, écrit M. Rameau, maire de Versailles, au général de Voigts-Rhetz. En principe de droit des gens, aussi bien qu'en saine justice, les communes ne sont jamais responsables des *méfaits* qui se commettent sur leur territoire qu'autant qu'il y a eu, de leur part, *négligence, absence coupable de précautions ordinaires de police, ou même refus de concourir à la répression des méfaits* (2). »

Ce qui n'empêchait pas les Allemands de veiller sur leurs télégraphes avec un soin extrême. Au

feu, et que ainsi l'on ait à se garder de dommage et de malheur en ne s'y conformant pas.

« Au quartier général d'Ottmarsheim, le 23 août 1709,

« Le comte de Mercy, chambellan de sa Majesté impériale, maréchal de camp, général et colonel d'un régiment de cuirassiers et, pour le présent, commandant général en Haute-Alsace. » (*Histoire du Conseil souverain d'Alsace*, par M. Pillot, président de la Cour impériale de Colmar, et M. de Neyremand, conseiller à la même Cour; Paris, Durand, 1860; p. 60.) — Voir aussi : *Ibid.*, pp. 59 à 61.

Le premier président de Corberon, après en avoir délibéré avec les magistrats restés à Colmar, s'abstint de toute réponse. Le 26 août, les Impériaux, battus, repassaient le Rhin.

(1) Meckel, p. 280, en note.

(2) Delerot, p. 52.

moindre soupçon, ils fusillaient un habitant, lorsqu'un poteau avait été abattu ou un fil rompu. Un télégraphe électrique reliait Bougival à Versailles. A peine établi, les fils en sont coupés. On les replace. Ils sont encore brisés. L'ennemi fait le guet et finit par saisir un jardinier de soixante ans, appelé François Debergue, en train de couper les fils avec son sécateur.

« Il comparaît devant une commission militaire.

« C'est vous qui avez coupé le télégraphe? lui demande le major prussien.

« — Oui, c'est moi, répond-il.

« — Pourquoi avez-vous fait cela?

« — Parce que vous êtes mon ennemi.

« — Le ferez-vous encore?

« — Oui.

« — Pourquoi?

« — Parce que je suis Français (1). »

Le 26 septembre, à quatre heures du soir, il tombait, la poitrine traversée de dix-huit balles prussiennes, en punition de ses *méfaits*.

De pareils hommes font oublier les Batardon, les Poyet, les Darblay, les Gallien, les Rameau et les autres : ils font passer dans tout le corps un frisson d'admiration; ils reposent des faiblesses désolantes, des petitesses égoïstes, des crimes patriotiques que nous avons eu le pénible devoir d'étaler à tous les yeux.

En même temps que l'ennemi réparait le pont de Gournay, détruit par les Français, un passage de chevalets y était établi; un pont de bateau était construit entre Lagny et Pompone. Cinq ponts étaient jetés sur la Seine en aval de Corbeil, un à Valenton; deux à Villeneuve-Saint-Georges; deux

(1) *Les Prussiens à Bougival*, par Paul Arenel; Paris, Sagnier, 1873; p. 13.

à Corbeil. Une traille fonctionnait à Choisy-le-Roi, où la Seine était barrée par des chaînes. Au-dessous de Paris, un pont de bateaux, aux Tanneries, et deux bacs, à Bougival, assuraient tant bien que mal la traversée du fleuve (1).

Les troupes allemandes commençaient le difficile et long travail, qu'elles n'avaient pas encore terminé à la fin du siège, et qui consistait à créneler les murs et les maisons, à construire des ouvrages pour retrancher l'infanterie, à préparer les emplacements de batteries, à couvrir le sol d'abatis, à tendre des fils de fer, à creuser des tranchées-abris, des trous de loups, à ficher en terre de petit piquets, à inonder certaines parties basses.

Ces travaux étaient exécutés par l'infanterie, quelquefois avec l'aide du Génie, mais, le plus souvent, toute seule (2).

Nous aurons, plus tard, à décrire rapidement ces ouvrages, quand ils auront été augmentés et perfectionnés; pour le moment, il n'est besoin que d'expliquer comment chaque secteur de l'investissement était défendu.

« Chacune des deux divisions du corps d'armée devait faire occuper son secteur par une brigade mixte composée de toutes armes. Le reste du corps d'armée, c'est-à-dire, deux brigades mixtes et l'artillerie de corps, formait la réserve principale, réserve à la disposition spéciale du commandant du corps d'armée et destinée soit à renforcer le front, soit à se porter au secours des corps d'armée collatéraux... Les brigades d'avant-postes étaient relevées en moyenne tous les douze jours; les petits postes, tous les jours à l'aube. Chaque petit poste était com-

(1) *La Guerre franco-allemande*, 2e partie, pp. 146 et 147.

(2) Colonel von Boguslawski, cité par le général Pierron, *Méthodes de guerre actuelles et vers la fin du XIXe Siècle*; Paris, Dumaine, 1881 ; t. III, 1re partie, p. 263.

mandé par un officier; sa force était variable et allait jusqu'à 1 officier, 8 sous-officiers ou caporaux, 75 hommes. Chaque escadron de service fournissait aux avant-postes les ordonnances et cavaliers nécessaires pour porter les renseignements ; c'était, en tout, un ou deux pelotons par secteur. La cavalerie, qui n'était pas de service aux avant-postes, était employée, lors des sorties des assiégés, à contenir la population des cantonnements, parce que le terrain coupé, au sud de Paris, ne permettait guère de la faire charger sur l'ennemi (1). »

Un général américain, qui a assisté au siège de Paris dans les rangs de l'armée allemande, et qui n'a vu que ses qualités, décrit ainsi la disposition des avant-postes et du gros des assiégeants.

« Rien ne m'a plus frappé que l'habileté parfaite avec laquelle les troupes allemandes se dissimulent à la vue de l'ennemi. C'est un des points essentiels de leur tactique. Leurs sentinelles et vedettes sont toujours masquées ; on va jusqu'à prendre la précaution d'empêcher que leurs armes ne brillent au soleil, en faisant graisser la baïonnette et le canon. Les troupes ne se rendent à leurs positions qu'en suivant des rideaux d'arbres ou des bas-fonds qui les cachent aux regards ; et elles s'abritent avec soin, de manière que leur mouvement et leur emplacement soient invisibles (2)... En fait, il n'existe pas de ligne continue d'investissement ; c'est plutôt une zone d'occupation qu'il faudrait dire, zone profonde de deux lieues. Quand les armées allemandes approchèrent de Paris, les troupes françaises se retirèrent

(1) Général Pierron, *Ibid.*, pp. 259 et 260.

(2) « Là, sont nos ennemis, invisibles, le jour, et rôdant, la nuit, à l'heure où sortent les bêtes féroces. Aucune fumée ne trahit leur présence, rien ne bouge, nulle baïonnette ne luit. La solitude semble complète, et il faut un raisonnement pour se convaincre que Paris est bloqué. » (Théophile Gautier, p. 63.) — Général Favé, p. 8. — Louis Moland, p. 54.

aussitôt sur la circonférence des forts. Les Allemands ont formé, à un kilomètre et demi de distance, une chaîne continue de petits postes placés convenablement. Ces petits postes, abrités de manière à ne pas être inutilement exposés aux feux des forts, sont appelés avant-postes, et leur emplacement a été déterminé de manière à satisfaire à la double condition : 1° de découvrir le terrain entre eux et l'ennemi ; 2° d'apercevoir les postes adjacents. A un de ces points d'observation, un homme isolé est en vigie ; il observe, placé derrière un mur, ou à une fenêtre, ou derrière un buisson. A quelque distance de lui, en arrière, se trouvent, également cachés, deux ou trois camarades et quelques cavaliers ; à 100 ou 150 mètres plus en arrière est un peloton généralement abrité derrière une clôture ; enfin à 800 mètres en arrière se trouve le régiment, confortablement casé dans un petit village. A mesure que l'on revient en arrière, on rencontre des forces de plus en plus compactes et le gros est placé sur la lisière extrême de la zone d'investissement (1). »

Nous avons transcrit, sans observation, le récit enthousiaste du général américain ; nous ne pouvons, cependant, nous empêcher de faire observer que le général Hagen, conduit par les Allemands, n'a pas été mené dans la partie la plus faible et la moins garnie de la ligne d'investissement (2). Nous

(1) M. le général Hagen, cité par le général Pierron, *Méthodes de guerre actuelles et vers la fin du XIXe Siècle*, t. III, 1re partie, pp. 267 et 268.

(2) Nous reprendrons cette question : contentons-nous de signaler, tout de suite, que l'ennemi ne croit pas tant, à l'heure actuelle, à la perfection de ses travaux devant Paris ; voir, notamment, l'opinion du capitaine du génie prussien Gœtze, citée par le général Pierron, *Ibid.*, t. III, 2e partie, p. 925. — Quoi qu'il en soit, nombre de Français ont accepté la légende de l'inviolabilité des lignes allemandes, légende que nous détruirons quand nous raconterons la bataille de Champigny. — Colonel Canonge, t. II, pp. 358 et 359.

ajouterons qu'à en croire le tableau qu'il nous fait, la densité des troupes assiégeantes serait si considérable qu'elle exigerait plus de 800,000 Allemands autour de Paris. Or, jamais le chiffre des assiégeants n'a dépassé 200,000.

Revenons à la réalité et faisons remarquer, après le grand ingénieur Viollet-le-Duc, qui eût sauvé Paris si ses conseils avaient été écoutés, et qui se révéla de cent coudées au-dessus des Chabaud-Latour dans l'art de défendre et d'attaquer une place de guerre, faisons remarquer, disons-nous, que les opérations des Allemands se divisèrent en trois phases distinctes : « 1° L'investissement complet et rapide, de manière à isoler la capitale du reste de la France; 2° l'envoi de corps d'armée pour étendre le rayon des subsistances et réquisitions, et prévenir les attaques du dehors; 3° les opérations réelles contre la place. Il est à penser que l'ennemi a cru à l'efficacité de la première période pour amener la capitulation (1). Voyant qu'elle se faisait attendre, il est entré dans la deuxième; puis voulant en finir avec cette ville qui tenait encore, il a réuni tous ses efforts pour que la troisième amenât une solution que le manque de vivres, et non l'assiégeant, a provoquée (2) ».

(1) « Dans nos lignes, chacun disait que la capitale, en pleine révolution, ne pouvant compter sur aucun secours extérieur, ouvrirait ses portes comme en 1814 et 1815. (*Historique du 1er régiment de Basse-Silésie*, n° 46.) — « Les armées allemandes arrivaient devant Paris avec la certitude qu'après quinze jours, ou un mois au plus, la ville ouvrirait ses portes ; ils le disaient hautement, le croyaient fermement, et étaient d'autant mieux fondés à le croire que la plupart de nos chefs militaires partageaient eux-mêmes cette opinion. » (Viollet-le-Duc, p. 89.) — « Les prévisions des Allemands se seraient certainement (peut-être) réalisées, le premier jour de leur arrivée, si Paris n'avait pas eu une enceinte fortifiée. » (Colonel Prévost, p. 106.)

(2) Viollet-le-Duc, p. 90. — *Histoire de la guerre franco-allemande*, 1870-1871, par Amédée Le Faure; Paris, Garnier frères, 875; t. II, p. 123.

Pendant la première phase, l'armée ennemie n'a pas « commencé des travaux importants de contre-vallation. Elle occupa immédiatement, et avec une parfaite intelligence des abords de la place, lés positions qui lui étaient nécessaires pour prévenir toute rupture de l'investissement (1) ». Mais, il faut qu'on le sache, les Allemands ne se pressèrent pas de renforcer leurs positions par des ouvrages.

« Ils jugeaient peut-être que c'était peine inutile, la ville, investie étroitement, ne pouvant tarder à se rendre; puis, il fallait attendre l'artillerie de siège; et, pour protéger l'artillerie de campagne, l'armée allemande n'élève guère que des ouvrages d'un très faible relief, terminés en peu de temps... Les quelques reconnaissances et sorties, tentées pendant cette première période, trouvaient devant elles des positions fortement occupées, des villages crénelés, assez faiblement barricadés, mais peu de traces d'ouvrages importants, soit comme batterie, soit comme tranchées (2). »

C'était la répétition de ce qui se passait à Metz : les travaux exécutés par les Allemands n'étaient pas plus en état d'empêcher l'enlèvement de Noisseville que celui du Bourget si Bazaine et Trochu avaient sérieusement voulu s'emparer de ces deux points et s'y maintenir. Pour des motifs différents, à Paris comme à Metz, il fallait *avoir l'air* de vouloir faire quelque chose, mais les deux commandants en chef, l'un, par découragement et incapacité, l'autre, par scélératesse, entendaient amuser la population et l'armée, jusqu'au jour où le dénouement fatal s'imposerait, sous la figure hideuse de la faim. Afin de se justifier, ils ont imaginé la légende des fortifications imprenables élevées par les Alle-

(1) Viollet-le-Duc, pp. 90 et 91.
(2) *Ibid.*, p. 91.

mands; nous ferons subir à cette légende le sort de celle de Magenta et montrerons son inanité, notamment à propos de la bataille de Champigny où nous verrons Cœuilly, dernière défense de l'ennemi, sur le point d'être enlevé par le 114e de ligne, qui s'en approcha à 20 mètres et qui s'en serait emparé si, au lieu de parader fort bravement sur le champ de bataille, Trochu et Ducrot avaient eu l'idée de faire monter deux ou trois batteries, sur la crête de Champigny, pour battre les murs du parc de Cœuilly et permettre ainsi à nos soldats d'aborder une position facilement enlevable à cette condition (1).

« Des mesures sévères étaient prises par les Allemands contre l'espionnage : 100 thalers de récompense pour l'arrestation d'un espion; surveillance des vivandières; interdiction aux habitants, très rares, de se rapprocher des avant-postes (2) », complétaient la série de dispositions prises par M. de Moltke à l'effet d'atteindre son but, la chute de Paris.

Le 5 octobre, le grand quartier général des armées allemandes était transféré de Ferrières à Versailles. Le roi de Prusse, salué par les hourrahs des innombrables escadrons de cavalerie : dragons, hussards, uhlans, cuirassiers, qui faisaient la haie sur son passage, entrait triomphalement dans la ville de Louis XIV et s'installait à la Préfecture (3).

Le lendemain, une fête fut donnée en son honneur : les grandes eaux jouèrent, une retraite aux flambeaux parcourut bruyamment la ville (4).

On sait déjà que le soin de couvrir les troupes

(1) « Le général Trochu s'imagine que nous sommes sérieusement entourés. » (Colonel de Meffray, p. 20.) — Flourens, p. 93. — Général Ambert, *Histoire de la guerre de* 1870-1871, p. 326.

(2) *Historique du 1er régiment de Basse-Silésie*, n° 46.

(3) *La Guerre franco-allemande*, 2e partie, p. 172.

(4) Delerot, pp. 71 et 72. — Edmond Neukomm, p. 45.

allemandes, établies sur la rive gauche de la Seine, contre les attaques des corps francs et de l'armée en formation à Orléans, avait été confié aux trois divisions de cavalerie, devenues disponibles par leur incapacité de concourir à l'investissement direct de Paris. En même temps, on sait également que cette cavalerie avait à ramasser, par voie de réquisitions, tous les vivres nécessaires à l'armée assiégeante répandue autour de la capitale de la France. Le 1er corps bavarois, campé à Arpajon, soutenait les escadrons lancés du côté d'Orléans et allait bientôt s'ébranler pour aller occuper cette ville.

En somme, au sud comme au nord, la ligne de circonvallation des Allemands n'était défendue par aucun ouvrage, par aucune tranchée, ne présentait par conséquent pas l'aspect d'une véritable ligne, n'existait que par définition, était franchie journellement par nombre de Français et était exposée aux entreprises des armées de secours, si elles arrivaient jusque-là. L'immense étendue de cette ligne la rendait d'une faiblesse extrême et l'on ne peut expliquer la hardiesse de l'ennemi que par le peu de cas qu'il faisait des armées en formation, imitant, en cela, Frédéric le Grand qui « à Dresde, en 1760, se laissa entraîner à ce procédé, en raison de la faible estime dans laquelle il tenait l'armée de l'Empire (1) ». Mais nous verrons, lors du récit de la bataille de Coulmiers, qu'il faillit en cuire aux Allemands d'avoir voulu recommencer la manœuvre de l'ami de Voltaire, et nous aurons occasion de montrer que, de même que lui, à Olmütz, en 1758, vit ses convois enlevés par suite de pareilles dispositions, de même eux, à Paris, en 1870, furent, plusieurs fois, sur le point de voir couper leur ligne

(1) Général de Clausewitz, t. III, p. 83.

de ravitaillement et capturer leurs approvisionnements (1).

La situation n'était donc pas bonne pour les Allemands ; en effet, « tant que Metz tenait, ils pouvaient se trouver exposés à faire face aux armées qui commençaient à se former en province, en même temps qu'aux assauts des défenseurs de Paris. En un mot, ils avaient à protéger le blocus à l'extérieur en se maintenant contre les assiégés eux-mêmes (2) ».

Quel parti un bon général n'aurait-il pas tiré d'une pareille situation ! Mais le Gouverneur se préoccupait bien plus de plaire aux clubs, aux journaux, de convaincre M. Flourens, M. Floquet, et leurs gens, que d'inquiéter les Prussiens ; comme si l'immense majorité de la population parisienne n'eût pas approuvé toute mesure énergique contre les perturbateurs, toute attitude déterminée, de la part de son chef militaire, comme si la seule aspiration des Parisiens, à ce moment, n'était pas de vaincre et de supporter tout de celui qui lui aurait procuré cette suprême jouissance !

(1) Général de Clausewitz, t. III, p. 83.
(2) Charles de Mazade, *La guerre de France*, t. II, p. 110. — « C'est du côté sud que le danger était le plus grave. » (Capitaine Gœtze, t. II, p. 33.) — « Sur le front sud, la besogne était plus compliquée et plus rude. » (Colonel Lecomte, t. III, p. 250.)

LA SITUATION A PARIS

Un mot sur les actes militaires, les mesures prises par le Gouvernement, pendant la période écoulée du 30 septembre au 13 octobre, jour du combat de Bagneux, ainsi que sur l'attitude de la population.

PETITES OPÉRATIONS DES ASSIÉGÉS

Du côté des Français, les travaux de défense étaient poussés assez activement.

Villejuif était relié à Vitry et au Moulin-Saquet par des ouvrages de campagne. La redoute des Hautes-Bruyères était mise en état, par le commandant du génie Mengin, et armée de 6 pièces de 12. Le Moulin-Saquet recevait 4 de ces pièces (1).

« La ligne des forts de l'Est était complètement reliée par des chemins couverts et des ouvrages, depuis le canal de l'Ourcq, près des avancées de Pantin, jusqu'au delà du fort de Nogent. En arrière de la voie ferrée de Strasbourg, les tranchées, pra-

(1) Général Ducrot, t. I, pp. 322 et 323.

tiquées par le génie, sous la direction du général Tripier, avaient un relief suffisant; elles couvraient, d'une manière efficace, les deux tiers de la plaine. M. Viollet-le-Duc, à la tête d'ouvriers auxiliaires du génie, avait concouru très efficacement à ces travaux (1). »

Le 7 octobre, la brigade de la Mariouse (ancienne Guilhem) est chargée d'enlever Cachan. L'ennemi se retire sans opposer de résistance et une tranchée est creusée des Hautes-Bruyères à la Grange-Ory, grande fabrique crénelée, située sur la route de Paris à Orléans (2).

Quelques petits bâtiments, élevés sur la même route, en avant de la Grange-Ory et au delà du chemin de Bagneux, sont bombardés, le 10 octobre, au soir, par le fort de Montrouge; une heure après, les mobiles de la Côte-d'Or en débusquent facilement le poste bavarois qui est refoulé, d'abord jusqu'au chemin de fer de Sceaux, puis jusqu'à Bourg-la-Reine. Ces bâtiments, connus sous le nom de maison Millaud, ou Plichon, ou Pichon, sont crénelés, des tranchées sont creusées, sous la direction du commandant du génie Guyot, qui se sert du remblai du chemin de fer pour protéger les abords de la position. Les Allemands ne peuvent s'opposer à ces travaux, malgré plusieurs tentatives infructueuses de leur artillerie (3).

Plus à l'ouest, l'ennemi essayait vainement d'incendier Rueil, mais, au dire du grand état-major prussien, les obus du Mont-Valérien « mettaient le feu au château de Saint-Cloud, et les flammes, ac-

(1) Amiral de La Roncière-le Noury, p. 93.
(2) Général Ducrot, t. I, p. 324. — *La Guerre franco-allemande*, 2e partie, p. 170. — Amiral de La Roncière-le Noury, p. 90.
(3) Combinaison du général Ducrot, t. I, p. 324, et de *la Guerre franco-allemande*, 2e partie, pp. 170 et 171.— Amiral de La Roncière-le Noury, p. 96. — Camille Farcy, p. 277.

tivées par le vent, le consumaient si rapidement que l'on ne parvenait à sauver qu'une minime partie des œuvres d'art réunies dans cette résidence (1) ».

Le général Ducrot proteste contre cette assertion de l'ennemi. Il y a là, selon lui, une erreur volontaire commise par le rédacteur officiel prussien: « Ce léger incendie fut promptement éteint; c'est pendant l'armistice qui précéda la paix, alors que les hostilités avaient partout cessé, que le palais fut entièrement brûlé, avec les villages de Saint-Cloud, Montretout, Garches, etc. (2). »

A notre avis, le général Ducrot se trompe. Que les Allemands aient incendié les maisons de Saint-Cloud pendant l'armistice, ce n'est pas douteux, que certaines parties du château, épargnées peut-être par le feu du 13 octobre, aient été consumées à cette époque, c'est possible, mais le principal incendie eut lieu en 1870 et non en 1871. Le 15 octobre, M. de Goncourt écrit dans son journal : « Le ciel est gris de gros nuages qui semblent des tourbillons de cendre, les coteaux de Saint-Cloud sont d'un bleu noirâtre, *et la ruine du château paraît déjà une ruine de cent ans* (3). »

Maintenant, qui y avait mis le feu ? D'après le général Vinoy « cette journée du 14 octobre fut tristement marquée par l'incendie du palais de Saint-Cloud que l'ennemi ne manqua pas d'attribuer au feu de notre artillerie, bien que nous n'eussions aucun motif pour pointer nos pièces dans cette direction; en quelques heures, il ne resta debout, de cette ancienne résidence impériale, que quelques

(1) *La Guerre franco-allemande*, 2e partie, p. 172. — Commandant Bonnet, t. II, p. 80.
(2) Général Ducrot, t. I, p. 368, en note.
(3) *Journal des Goncourt*, 2e série, t. I, p. 129. — H. de Lafosse, t. II, p. 65. — Schuler, p. 143.

murailles informes et calcinées (1) ». Telle est, également, l'opinion de M. Ambroise Rendu. « Le feu avait été mis par les Prussiens pour faire disparaître les traces du pillage. Ce fut un spectacle aussi douloureux que grandiose. Des terrasses de Neuilly, nous voyons le feu envahir la demeure de tant de princes. Les flammes éclairaient tout le coteau d'où se détachaient, comme de noires aiguilles, les peupliers du bord de l'eau. La ville, aujourd'hui détruite, s'illuminait à chaque gerbe de feu qui s'élançait des décombres (2). » Mme Quinet, en mentionnant l'incendie, écrit : « Les uns disent que l'ennemi y a mis le feu, d'autres que c'est le Mont-Valérien (3). »

Deux passages du journal de M. Jules de Marthold confirment pleinement la version prussienne.

« Mercredi 12 octobre. — A midi et demi, une bombe du Mont-Valérien met le feu au château de Saint-Cloud occupé par l'ennemi (4). »

« Vendredi 14 octobre. — Des obus, envoyés de ce fort, ont ravivé et achevé l'incendie du château de Saint-Cloud, dont il ne reste pas pierre sur pierre (5). »

(1) Général Vinoy, p. 220.

(2) *Campagne de Paris, Souvenirs de la mobile (6e, 7e et 8e bataillons de la Seine)*, par Ambroise Rendu, ancien officier de mobiles ; Paris, Didier, 1873 ; pp. 40 et 41.

(3) Mme Edgar Quinet, p. 112.

(4) Jules de Marthold, p. 107. — Dans le même sens : Jules Claretie, t. I, p. 302. — Général Ambert, *Récits militaires, le Siège de Paris*, pp. 239 et 240. — Dalsème, pp. 116 et 117. — Major de Sarrepont, p. 313. — Amiral de La Roncière-le Noury, p. 104. — Adolphe Michel, p. 108. — A. du Mesnil, p. 113. — *Journal du siège* par un bourgeois de Paris, p. 146. — *Garde mobile de l'Ain ; Souvenirs d'un officier du 4e bataillon, siège de Paris* ; Lyon, Jevain et Bourgeon, 1872 ; p. 36. — *Journal de Fidus, La Révolution de septembre, Paris assiégé*, p. 162. — Moritz Busch, p. 173. — A. Niemann, p. 222.

(5) Jules de Marthold, p. 109. — Cependant, certaines personnes sont de l'avis du général Ducrot en ce qui concerne le feu mis par les Prussiens. Voir, à ce sujet, *Chronique du Siège de Paris, 1870-1871*, par Francis Wey ; Paris, Hachette, 1871 ; pp. 82 et 83.

Après avoir exposé ce qu'avait fait le 13e corps, reportons-nous au 14e, qui garnissait le front ouest (1).

La presqu'île de Gennevilliers ayant été abandonnée, les Français se contentaient de défendre la rive droite de la Seine, depuis Billancourt jusqu'à Saint-Denis. Grâce au Mont-Valérien, ils tenaient également Courbevoie, Puteaux, Suresnes, Nanterre, même Rueil, où des partisans étaient postés.

Le 5 octobre, les pièces du Mont-Valérien, de la batterie flottante du pont de Suresnes, de la batterie de marine, du Rond-Point de Mortemart, des batteries flottantes de l'île Seguin, des bastions du 6e secteur, du parc Rothschild et de deux batteries du 14e corps entamèrent une effroyable canonnade sur Saint-Cloud, le Bas-Meudon et Montretout. Cette canonnade arrêta momentanément les travaux de l'ennemi (2).

Le lendemain, le général Ducrot prend 800 francs-tireurs et gardes mobiles, commandés par le général Martenot, les dirige, d'abord, sur le moulin des Gibets, qui domine Nanterre et Rueil; de là, suivie par trois batteries, dont une de mitrailleuses, la petite troupe se porte vers le côté est du parc de la Malmaison.

En même temps, deux escadrons de gendarmes et deux de dragons, sous les ordres du colonel Bonaparte, se campent entre Rueil et Nanterre, observant Chatou.

Enfin, toujours à la même heure, après une violente canonnade du Mont-Valérien sur Bougival, La Jonchère et les hauteurs de Buzenval, les francs-tireurs de la ligne et de la mobile, commandés par les capitaines L'lopis et de la Rochetulon, sortent

(1) Voir la pièce justificative n° 11.
(2) Général Ducrot, t. I, p. 361.

du Mont-Valérien, et, à la faveur d'un chemin creux qui descend vers le château de Bois-Préau, ils abordent le côté ouest du parc de la Malmaison dont ils font sauter les murs au moyen de pétards. Mais, comme au petit parc de Chevilly, la place est vide : l'ennemi vient de l'évacuer et, caché plus en arrière, se borne à tirer à obus sur la cavalerie du colonel Bonaparte, sans répondre à nos batteries. En conséquence, ordre est donné de rentrer dans les cantonnements (1).

Au cours de l'après-midi du 8, le chef de bataillon Bousigon, de l'infanterie de marine, chasse l'ennemi de Bondy. Les Allemands s'étaient retranchés dans l'église ; les francs-tireurs parviennent à les en déloger, et l'adversaire se réfugie à l'entrée du bois, appuyé par deux mitrailleuses que notre artillerie parvient, toutefois, à réduire au silence. Alors, les Prussiens se retirent définitivement et, à notre tour, nous évacuons le village (2).

Le 12 octobre, le général Berthaut, qui vient de prendre le commandement de toutes les troupes postées sur la rive gauche de la Seine, jette les zouaves et des mobiles du Morbihan sur le parc de la Malmaison. Ils l'occupent aisément et reprennent leur course ; mais, parvenus au croisement du chemin de la Jonchère et de la route de Saint-Germain, ils se heurtent à une barricade garnie de canons qui tirent à mitraille. Les Prussiens commençaient à se fortifier (3). Un peu suffoqués par cette réception, nos jeunes mobiles se blottissent dans le grand saut-de-loup du parc de la Malmaison, et, comme le général Berthaut ne voulait que reconnaître l'emplacement de cette batterie malencontreuse, il donne

(1) Général Ducrot, t. I, pp. 362 et 363. — Ambroise Rendu, pp. 38 et 39.
(2) Amiral de La Roncière-le Noury, p. 92.
(3) Dussieux, t. I, p. 190.

l'ordre à toutes les troupes, y compris celles qui avaient appuyé la petite colonne d'attaque, de regagner leurs cantonnements (1).

Il est intéressant, pour se faire une idée de la façon dont les journaux présentaient les faits, de donner, d'après eux, le récit de cette mince affaire.

« Petite expédition du général Ducrot au delà de la Malmaison avec les mobiles du Morbihan, les éclaireurs Dumas et les éclaireurs de la ligne. Les mobiles du Morbihan, après avoir essuyé des feux de peloton partant du parc de la Malmaison, se sont trouvés en présence de batteries prussiennes, à la bifurcation des routes de Bougival et de la Jonchère. Ces batteries se sont démasquées à 300 mètres, et leur feu n'a pas atteint un seul des nôtres. Les boîtes à mitraille ayant fait balle au lieu de s'écarter, les mobiles se sont mis à couvert dans les fossés de la route et, de là, ont ouvert le feu sur l'ennemi, qui a été contraint de se retirer. Son artillerie, réduite au silence par la nôtre a été poursuivie, dans sa retraite, par les obus du Mont-Valérien, jusqu'à Bougival (2). »

Dans ces quelques lignes, tout ce qui se rapporte aux noms est vrai, tout ce qui se rapporte aux faits est faux ou exagéré. Il en sera toujours de même pendant le siège et nous ne fournirons guère d'autre exemple de la fantaisie de la presse parisienne à cette époque.

Dans la nuit du 12 au 13 octobre, le capitaine de la Rochetulon, commandant les éclaireurs des mobiles de la Loire-Inférieure, s'embusque, avec ses hommes, dans la rue de Bois-Préau, à Rueil. A quatre heures et demie du matin, un bruit de pas se

(1) Général Ducrot, t. I, pp. 366 et 367.
(2) Jouaust, p. 17. — Il est bien entendu que M. Jouaust avait pris tous ces détails, le 15 octobre, dans les journaux de la veille.

fait entendre : sans doute c'est une patrouille prussienne. Le capitaine recommande à son monde de ne tirer qu'après lui et, s'armant d'une carabine, il attend le moment favorable. Quand il voit la patrouille à quelques pas de lui, il lâche la détente et tue, du premier coup, le sous-officier commandant (Ugo de Breslau) qui marchait en tête. A ce signal, la fusillade éclate et huit Prussiens tombent tués ou blessés. Les autres fuient à toutes jambes (1).

Nombre d'autres reconnaissances avaient été faites par les troupes du 14e corps, et il faut reconnaître que le général Ducrot avait ainsi singulièrement aguerri ces soldats inexpérimentés.

Du côté de Vincennes, la 1re division du 13e corps, sous les ordres du général d'Exéa, était chargée de défendre le terrain compris entre Maisons-Alfort et Rosny. Plusieurs bataillons de mobiles renforçaient cette division. Toutes ces troupes faisaient un assez bon service d'avant-postes et exécutaient des reconnaissances journalières qui les accoutumaient au feu (2).

En résumé, sur tout le front investi, armée de ligne et mobiles se perfectionnaient dans le métier de soldat, par des marches, par des exercices, par des tirs à la cible, par des escarmouches qui ne laissaient pas d'incommoder l'ennemi (3). Quant à la Garde nationale, elle ne franchissait toujours pas le rempart, le général Trochu ne voulant pas le permettre (4). Pourtant, là était le salut.

Nous passerons sous silence les rapports militaires de cette quinzaine. En effet, « pas un qui

(1) Général Ducrot, t. I, p. 368.
(2) *Ibid.*, p. 351.
(3) « Nous voyions distinctement les soldats faisant l'exercice et s'exerçant au tir à la cible. » (*Historique du 1er régiment de Basse-Silésie*, n° 46.)
(4) Borrego, p. 61.

mérite d'être transcrit. Ils sont tous d'une insignifiance absolue par le fond, très médiocres par la forme, et semblent rédigés tout exprès pour fournir un aliment quelconque à la curiosité publique (1) ».

ÉTAT MORAL ET POLITIQUE.

Si les Parisiens s'étaient remis du rude coup de Châtillon, si l'affaire de Chevilly leur avait donné une certaine confiance dans nos troupes de ligne, la fièvre n'en continuait pas moins à leur brûler le sang et les sourdes détonations du canon, qui grondait presque sans interruption, entretenaient une excitation bien concevable chez des gens qu'un immense cercle de fer et de feu venait d'isoler tout d'un coup du reste de l'humanité.

Cette malheureuse population était en proie aux nouvelles les plus fantaisistes, les plus contradictoires. Elle passait, en une seule journée, de l'espoir au découragement et *vice versâ*. Les journaux, manquant des nouvelles du dehors, enregistraient ce qu'on leur apportait ; quelques-uns se chargeaient eux-mêmes de confectionner leurs informations. Afin de montrer à quel point les Parisiens étaient mal renseignés, voici une nouvelle, publiée par les journaux les plus sérieux : « On a annoncé d'une manière dubitative que le tunnel de Saverne avait été détruit. Nous croyons savoir que le fait est aujourd'hui formellement confirmé (2). » Si les journaux honnêtes en étaient arrivés à propager, involontairement, de semblables erreurs, que devait-ce être des autres ?

Veut-on encore quelques exemples des espoirs

(1) Nous n'avons pu retrouver le nom de l'auteur de cette citation.

(2) *Le Temps*, n° du 1er octobre 1870.

dont se berçaient les assiégés et des romans militaires dont ils étaient victimes? Le 1er octobre, à propos de l'affaire de Chevilly, Mme Edgar Quinet écrivait : « Couper le pont de Choisy, *donner la main aux armées de secours*, c'est là ce qu'on avait voulu tenter (1). » Hélas ! elles n'étaient pas nées les armées de secours ! Le 2, « M. Ulysse Parent disait à Mme Adam qu'une sortie en masse était imminente (2). » *L'Univers* « assurait que l'avant-garde de l'armée de la Loire, forte d'environ 30,000 hommes, Kabyles et Turcos (*sic*) pour la plupart, opérait entre Etampes et Versailles et qu'elle ne cessait, par des mouvements rapides, de harceler l'ennemi (3). » Le 10, Meudon et Bougival étaient évacués par les Prussiens (4), etc., etc. « Le bruit courait, ce soir, que les Prussiens ne demandaient pas mieux que de s'en retourner chez eux. Une seule chose les en empêche : ils ne veulent pas payer l'indemnité (5) ! » C'est l'histoire de Dumanet et du prisonnier récalcitrant.

Pendant ce temps, « comme pour se distraire, on perquisitionne chez les Piétri, les Conneau, les

(1) Mme Edgar Quinet, p. 96.
(2) Mme Adam, p. 117.
(3) Michel Cornudet, p. 74.
(4) Mme Edgar Quinet, p. 109. — « Rien de plus énervant que cet état, où votre espérance se met bêtement à croire, un moment, aux bourdes, aux mensonges, aux contre-vérités du journalisme. » (*Journal des Goncourt*, 2e série, t. I, p. 153.) — Nefftzer « aboie contre l'ineptie, l'ignorance, les bourdes de ses confrères, qu'il accuse d'avoir fait la guerre et de l'avoir rendue si fatale. » (*Ibid.*, p. 206.) — « Ce n'étaient pas les clubs qui étaient directement à craindre ; leurs excentricités causaient moins de mal que les indiscrétions de la presse fantaisiste, des journaux à sensation, toujours remplis de nouvelles dont l'ennemi faisait son profit. » (*Histoire de France depuis 1789 jusqu'à nos jours*, par Henri Martin ; Paris, Jouvet et Cie, 1885 ; t. VII, p. 201.)
(5) *Tablettes d'un mobile, journal historique et anecdotique du siège de Paris, du 18 septembre 1870 au 28 janvier 1871*, par Léon de Villiers et Georges de Targes ; Paris, Bibliothèque générale, 1871 ; p. 41. — Francis Garnier, pp. 41 et 42.

Conti, les Clément Duvernois. Le ministre des Finances fait fondre, à la Monnaie, l'argenterie trouvée aux Tuileries (1). »

Au point de vue militaire, l'idée fixe de chaque Parisien, et même du général Trochu, est que les Prussiens vont donner l'assaut et bombarder Paris, On se prépare en conséquence (2).

Le 1er octobre, au matin, le corps du général Guilhem, frappé mortellement à l'attaque de Chevilly, est solennellement remis à la *Société internationale française de secours aux blessés des armées de terre et de mer*. Le cercueil, couvert de branches vertes et de fleurs, sur lesquelles sont placées la tunique, l'épée et les décorations du vaillant général, est porté par huit soldats prussiens. Les honneurs qui sont rendus à ce glorieux mort, dans un pareil moment et dans un pareil lieu, produisent une immense émotion chez les Français et chez les Prussiens (3).

Le général Guilhem était un *prévoyant* qui avait « une piètre idée des généraux appelés à commander les troupes improvisées qui se groupaient autour des deux seuls régiments organisés qui formaient sa brigade, car il avait dit à M. Emile Chevalet, en rentrant à Paris : « « Mon cher ami, il ne reste plus, à un général qui a du cœur, qu'à se faire tuer. » » En regardant bien dans l'état-major général existant à Paris, c'est à peine si j'y rencontre la monnaie du général Guilhem (4), » ajoute

(1) Jules de Marthold, p. 85.

(2) *Journal de Fidus, la Révolution de septembre, Paris assiégé*, p. 112. — « Nous essuierons leur feu ; j'en suis certain. » (*Première lettre sur le siège de Paris*, adressée à M. le directeur de la *Revue des Deux Mondes* le 15 octobre 1870, par M. L. Vitet, de l'Académie française ; Paris, Sauton, 1871, 2e édition ; p. 13.)

(3) Général Vinoy, p. 199. — Comte d'Hérisson, p. 162. — J. d'Arsac, pp. 147 et 148.

(4) Emile Chevalet, 3 octobre, p. 35.

M. Emile Chevalet qui, au ministère de la Guerre, avait appris à connaître colonels et généraux avec lesquels il était en constantes relations.

Revenons aux mouches du coche. Trouvant, sans doute, que les manifestes de MM. Hugo et Quinet ne nous avaient pas suffisamment ridiculisés, M. Louis Blanc, à la « tête mélange de cabotin et de séminariste méridional (1) », éprouve le besoin d'enchérir ; c'est aux Anglais qu'il adresse son épître. Elle se termine ainsi :

« Si le peuple anglais comprend que notre cause est celle du monde entier, étant celle de la justice, à lui d'agir en conséquence ; à lui de peser, en ce qui le concerne, les suites du droit de conquête déchaîné. Une nation qui sanctionne, par son indifférence, les saturnales de la force risque de les subir et les mérite. Mais c'est affaire au peuple anglais d'y songer. Notre affaire, à nous, est de prouver au monde que notre cause est juste, et, cela bien entendu, de mourir pour le droit, qui ne meurt point, ou de vaincre avec lui (2). »

Pas plus que les membres du Gouvernement, pas plus que MM. Hugo et Quinet, pas plus que les capitans de la Presse et des réunions publiques qui, tous, devaient *vaincre ou mourir*, et qui, sauf le général Trochu, n'ont jamais franchi la zone dangereuse, M. Louis Blanc n'a pas plus vaincu avec le droit qu'il n'est mort pour lui. C'était toujours la même rage de se griser de mots et de combattre l'ennemi au moyen de points d'exclamation. Le moindre coup de fusil, bien visé, eût mieux fait l'affaire de la défense. Comme l'a écrit Mme Edgar Quinet, elle-même : « Ce n'était pas l'éloquence qui manquait, mais l'énergie, l'exécution (3). »

(1) *Journal des Goncourt*, 2e série, t. I, p. 72.
(2) *Journal officiel*, nº du 3 octobre 1870.
(3) Mme Edgar Quinet, p. 108. — « Pas un de ces noms popu-

Il y avait une sorte de *steeple-chase* de proclamations emphatiques et grotesques où couraient : le Gouvernement, Trochu, Quinet, Louis Blanc, Victor Hugo, et nous devons dire que c'était ce dernier qui arrivait toujours bon premier au clocher. Le 2, on avait lu la lettre de M. Louis Blanc aux Anglais ; le 3, paraît une proclamation de M. Victor Hugo aux Parisiens :

« Tous au feu, citoyens !... Nous ne sommes qu'un seul Français, qu'un seul Parisien, qu'un seul cœur ; il n'y a plus qu'un seul citoyen qui est vous, qui est moi, qui est nous tous. Où sera la brèche seront nos poitrines. Résistance aujourd'hui, délivrance demain : tout est là. Nous ne sommes plus de chair, mais de pierre. Je ne sais plus mon nom, je m'appelle Patrie. Face à l'ennemi ! nous nous appelons tous France, Paris, muraille (1) ! »

On y lisait aussi que « *Notre-Dame à l'agonie était d'une gaieté superbe*, et que *le Panthéon se demandait comment il allait faire* pour recevoir sous sa voûte tout un peuple qui avait droit à son dôme (2) ».

Enfin, M. Quinet, de son côté, adressait à la province des conseils militaires (3) ! « Toutes ces paroles ont dû produire une grande impression sur l'ennemi (4) ! » Et des journaux, comme *Le Temps*, demandaient l'entrée du trio d'ex-exilés dans les conseils du Gouvernement ! Les rhéteurs ne l'encombraient-ils donc pas déjà assez ?

laires ne tombera sur un champ de bataille. » (*Journal des Goncourt*, 2e série, t. I, p. 151.)

(1) *Journal officiel*, n° du 3 octobre 1870.

(2) *Journal de Fidus, la Révolution de septembre, Paris assiégé*, p. 122. — Voir cette grotesque proclamation dans *A Paris pendant le siège*, pp. 349 à 352.

(3) Jouaust, p. 13.

(4) *A Paris pendant le siège*, p. 53. — « Les adresses, les proclamations pompeusement naïves de MM. Louis Blanc, Victor Hugo, Quinet.... » (Francis Wey, p. 62.)

« Un dimanche, c'est le dimanche, presque toujours, que, durant cette guerre, les mauvaises nouvelles tombèrent sur Paris comme un coup de foudre (1) », le jour même où le Gouvernement décrétait que la statue de Strasbourg serait coulée en bronze pour perpétuer le souvenir de son héroïque résistance, on apprenait la reddition de cette ville ainsi que la chute de Toul, qui gênait tant la ligne de communication des Allemands (2).

« Strasbourg, la capitale, la tête et le cœur de l'Alsace avait capitulé ! Strasbourg pris, c'était une province tout entière qui passait aux mains du vainqueur. Cette image sinistre du drapeau à aigle noir, remplaçant, sur le vieux Munster, le drapeau tricolore, apparut à tous les yeux. Vainement, M. Gambetta promit à Paris l'honneur de la vengeance. Paris, ce jour-là, fut en deuil, morne, sombre et frappé (3). » Mais ce coup terrible ne le fit pas chanceler et il répéta, avec Louis Veuillot : « La perte de Strasbourg et de Toul doit ajouter à nos courages ce qu'elle ajoute à nos douleurs (4). »

On le croira difficilement, mais il nous faut bien le dire : à cet instant critique, à cette heure où la vie de la France se jouait sur le sanglant tapis des batailles, à côté des mesures administratives rendues nécessaires par l'état de guerre, les rêveurs gouvernementaux trouvaient le temps de prendre des arrêtés n'ayant aucun rapport avec la défense, et ne pouvant que distraire les citoyens du grand but poursuivi. M. Etienne Arago nommait une

(1) Jules Claretie, t. I, p. 271.
(2) *Journal officiel*, n° du 3 octobre 1870.
(3) Jules Claretie, t. I, p. 271. — Schuler, p. 67. — Adolphe Michel, p. 65. — *Journal du siège par un bourgeois de Paris*, p. 91. — Major de Sarrepont, p. 297. — Schuler, p. 67.
(4) Louis Veuillot, t. I, p. 224. — *Petite histoire de la guerre entre la France et la Prusse*, par R. Watari, japonais, étudiant à Paris ; Paris, Lahure ; p. 30.

commission « pour examiner toutes les questions qui se rattachent à l'enseignement communal, à tous les degrés, dans la ville de Paris (1), » et M. Jules Simon, ministre de l'Instruction publique, après avoir tracé le programme de cette commission, félicitait le maire de Paris de l'avoir nommée (2) !

Le ministre décidait, ensuite, que la rentrée des classes supérieures, dans les lycées et collèges de Paris, aurait lieu le 7 octobre (3). Puis, le Gouvernement accordait un délai de trois mois pour le paiement des loyers, réorganisait l'Assistance publique, et nommait une commission chargée de réformer la loi sur les aliénés (4).

Entre temps, la partie remuante de la Garde nationale renouvelait ses manifestations et ses promenades militaires... dans Paris. Ces fantaisies révolutionnaires donnaient « à la cité *parisienne des apparences de sédition* (5) » tout à fait regrettables, « les manifestations armées étant destructives de tout ordre public, de toute discipline, si bien intentionnées qu'elles puissent être (6). »

Sans se soucier des observations du Gouvernement, la légion de Gustave Flourens s'était dirigée, en armes, vers l'Hôtel de Ville, où elle avait délégué ses officiers, auxquels le même Flourens voulait

(1) *Journal officiel*, n° du 4 octobre 1870.
(2) *Ibid.*
(3) Jouaust, p. 13.
(4) Michel Cornudet, p. 73.
(5) *Journal officiel*, n° du 6 octobre 1870.
(6) *Ibid.* — Toutes ces manifestations détruisaient la discipline, même chez les marins, et l'amiral de La Roncière-le Noury fut obligé de prendre les mesures les plus sévères pour arrêter la contamination de ses admirables troupes. (Amiral de La Roncière-le Noury, pp. 83 et 85.) — « A quoi bon parler de discipline quand on persiste à laisser impunis les appels à l'insurrection, les excitations à la révolte, en présence de l'ennemi. » (A. du Mesnil, p. 99.)

faire payer, par la mairie du XXe arrondissement, du *savon fin* pour leur usage (1). Elle réclamait, par l'organe de ces officiers :

« 1° Que les gardes nationaux *disposés à prendre part aux sorties*, et, plus tard, s'il était possible, tous les gardes nationaux sans exception, fussent armés de fusils perfectionnés; 2° que les sorties nombreuses et répétées entretinssent, dans la population militaire, l'ardeur patriotique ; 3° que des commissaires de la République fussent envoyés dans les départements ; 4° qu'on procédât immédiatement aux élections municipales et au rationnement des subsistances (2). »

Certes, le 2° et la fin du 4° étaient d'excellentes mesures à prendre, à la condition que la Garde nationale persistât dans son dessein, les fortifications une fois franchies. Mais, c'était là justement l'affaire (3). « Le véritable héroïsme ignore le bruit; il dédaigne les cris ; il ignore les manifestations organisées le verre à la main. Les héros ne sont pas bavards ; ils ne chantent ni ne célèbrent leurs actions héroïques avant de les avoir réalisées (4). »

Quoi qu'il en soit, les délégués une fois introduits à l'Hôtel de Ville, dans la salle de séances du Gouvernement, il y eut une longue discussion avec M. Flourens, dans laquelle le général Trochu lança cette apostrophe au fou révolté en qui il avait eu tant de confiance (5) : « Savez-vous la conséquence de cette manifestation? A cette heure, je devrais être en conférence avec le général Ducrot, au Mont-Valérien, et vous m'en empêchez. Et s'il y avait au-

(1) *L'Hôtel de Ville de Paris au Quatre-Septembre et pendant le siège*, par Etienne Arago, ancien maire de Paris ; Paris, Hetzel et Cie, p. 194.

(2) *Le Temps*, n° du 6 octobre 1870.

(3) Francis Garnier, p. 27.

(4) Capitaine Paul Marin, pp. 171 et 172.

(5) Etienne Arago, p. 198.

jourd'hui dans Paris une insurrection dangereuse, je devrais, pour la réprimer, employer les troupes qui sont devant l'ennemi. Quant à vous, major, vous n'êtes pas à votre poste, au rempart (1). »

Flourens demeure coi; puis faisant un mouvement brusque, il dit : « Eh bien! je donne ma démission. » Alors MM. Trochu, Jules Ferry, Etienne Arago, Floquet le supplient de la reprendre (2). « Le Gouvernement paraît atterré, et le général Trochu s'écrie : «« Alors, moi aussi, je donne ma démission (3) »». M. Jules Ferry va même jusqu'à assurer M. Flourens « qu'il ne s'est rien passé que de très patriotique ». Rien ne peut fléchir cet illuminé (4). « Vous perdez la République », déclame M. Floquet (5).

Enfin, le général Trochu et Gambetta se débarrassent des « gueulards » par de bonnes paroles et on voit les manifestants « se retirer en bon ordre, précédés de la musique de la légion Flourens, qui joue la *Marseillaise* et le *Chant du départ* (6) ».

Le soir, « Paris était tout attristé de cette manifestation (7) », — « la masse désapprouvant ces procédés (8); » mais, les fidèles bataillons de Flourens, le voyant sortir de l'Hôtel de Ville, l'épée nue à

(1) Étienne Arago, p. 199. — Flourens, pp. 107 et 108.
(2) *Ibid.*, p. 108.
(3) Comte d'Hérisson, page 181.
(4) Voir le curieux récit de cette scène dans Etienne Arago, pp. 195 à 204.
(5) *Enq. parlem. déf. nationale*, déposition de M. Etienne Arago, p. 538.
(6) *Le Temps*, n° du 6 octobre 1870. — « A sa sortie de l'Hôtel de Ville, tous les tambours battent aux champs; il prescrit le défilé des 8,000 gardes nationaux présents, aux cris répétés de *Vive la Commune!* » (*Enq. parlem. déf. nationale*, déposition de M. de Kératry, p. 660.) — « Lorsque Flourens parut devant ses hommes, leurs acclamations firent trembler les vitres. » (Comte d'Hérisson, p. 181.)
(7) Mme Adam, pp. 129 et 130.
(8) Michel Cornudet, p. 76.

la main, n'en avaient pas moins poussé une immense acclamation qui avait arraché cette apostrophe à Millière, présent à cette scène : « Allons, foule, applaudis; fais un roi de Paris, donne-toi un dictateur (1) »! Et « Flourens avait repris le chemin de Belleville, acclamé par ses hommes (2) ».

Une fois délivré, le Gouvernement s'empressait d'accepter la démission du roi de Belleville. Du coup, la scène change : « Vous acceptez ma démission, dit fièrement Flourens; c'est donc pour me taquiner? Je la retire (3)! » Et il porte les cinq galons de son grade fantaisiste de *major de rempart* (4). Il va de soi que les hommes de l'Hôtel de Ville recourent, de nouveau, à leur grand moyen : les notes et proclamations. Une invitation, insérée au *Journal officiel*, conjure les ardents de rester tranquilles et de ne pas se promener toujours en armes; mais ces objurgations ne devaient pas produire beaucoup d'effet, et cela se comprend, de reste, quand on voit ce même Gouvernement approuver M. de Kératry demandant la suppression de la Préfecture de police (5). « Le Gouvernement,

(1) Jules Claretie, p. 293. — Etienne Arago, p. 203.

(2) Théodore Duret, t. II, p. 37. — *Souvenirs du Quatre-Septembre, Le Gouvernement de la Défense nationale*, par Jules Simon; Paris, Calmann-Lévy, 1876; p. 118. — Etienne Arago, p. 203. — Henri Martin, t. VII, page 201.

(3) Sarcey, p. 130. — Hermann Robolski, p. 123. — M. Flourens était coutumier du fait et donnait sa démission comme une cuisinière rend son tablier. Le 22 septembre, il avait déjà résigné ses fonctions, et le Gouvernement « avait décidé qu'une démarche serait faite auprès de lui pour l'engager à retirer sa démission ». (*Enq. parlem. déf. nationale*, rapport de M. Chaper sur les procès-verbaux des séances du Gouvernement de la Défense nationale, p. 28.) Le lendemain, comme nous allons le voir, *infrà*, « pour satisfaire M. Flourens, le Gouvernement le nommait *major de rempart* ». (*Ibid.*, p. 29.)

(4) Jules Claretie, p. 294. — Etienne Arago, p. 193.

(5) *Journal officiel*, n° du 6 octobre 1870. — « Les clubs exigeaient également la suppression de la Préfecture de police. » (*Les Clubs rouges pendant le siège de Paris*, par M. G. de Moli-

approuvant complètement l'esprit et les termes du rapport du préfet de police, l'invite à lui présenter un projet de décret qui réalise les propositions *éminemment libérales et républicaines* dont il a pris la courageuse initiative (1). » Quelques jours après, le Gouvernement se débarrassera du fâcheux, qui lui fait accepter la suppression de la Préfecture de police, à laquelle il tient avec raison, et, sous prétexte de mission, nous le verrons quitter Paris par la route des airs (2).

« Le soir même du 5 octobre, après la manifestation de Flourens et de ses hommes, les maires et adjoints de Paris mandaient le Gouvernement devant eux. MM. Simon et Ferry, envoyés en parlementaires, revenaient sans avoir accompli leur mission, tant l'attitude de la municipalité leur avait semblé provocante (3). »

Quant aux élections municipales, que le Gouvernement promettait encore le 27 septembre tout en n'en fixant pas la date, parce qu'il n'en voulait pas plus que des élections législatives (4), les gouver-

nari, rédacteur du *Journal des Débats*; Paris, Garnier frères, 1871; page 29.) — *Enq. parlem. déf. nationale*, rapport de M. Daru, p. 129.

(1) Jouaust, p. 13. — « M de Kératry propose un projet de décret supprimant la Préfecture de police comme immorale et dangereuse. M. le général Trochu appuie cette mesure. » (*Enq. parlem. déf. nationale*, rapport de M. Chaper sur les procès-verbaux des séances du Gouvernement de la Défense nationale, pp. 30 et 31.) — Michel Cornudet, pp. 78 et 79.

(2) *Histoire critique du siège de Paris par un officier de marine*, p. 50.

(3) *Enq. parlem. déf. nationale*, rapport de M. Chaper sur le Gouvernement de la Défense à Paris, au point de vue militaire, p. 115.

(4) « Evidemment, le Gouvernement ne veut pas des élections; mais il craint de le dire et c'est un signe de faiblesse. Il cherche à ménager les partis et risque de les mécontenter tous, en laissant suspecter : aux uns, son énergie, aux autres, sa bonne foi. » (Emile Chevalet, p. 26.) — D'autres approuvaient sans réserve : « On ne peut que féliciter le Gouvernement de la netteté de son langage. » (Michel Cornudet, p. 87.) — M. Blanqui, lui, voulait

nants de l'Hôtel de Ville les remettaient aux calendes prochaines. Il y a intérêt à connaître les motifs allégués par les quasi-dictateurs pour se donner un pareil démenti, à moins de deux semaines d'intervalle :

« Le Gouvernement avait pensé d'abord qu'il y avait lieu de procéder immédiatement aux élections de la municipalité de Paris : mais la situation ayant été changée profondément par l'investissement de la capitale, il est devenu évident que des élections faites sous le canon seraient un danger, et il a dû les ajourner jusqu'à la fin du siège. D'ailleurs, en présence des sommations que le Gouvernement a reçues, et dont il est encore menacé de la part de gardes nationaux en armes, son devoir est de faire respecter sa dignité, et la pression qu'on veut exercer sur lui ne le détournera pas d'une détermination qu'il regarde comme salutaire (1). »

Il eût été beaucoup plus simple et beaucoup plus loyal de dire que l'installation d'une Commune en face du Gouvernement eût été un élément de gâchis, ajouté à tant d'autres, et dont l'action ne pouvait que nuire aux opérations militaires en faisant naître la guerre civile.

La vérité est que le parti rouge voulait « que le peuple de Paris procédât seul à des élections (2) », et que la province ne votât point.

M. Louis Blanc, qui s'était présenté aux élections municipales, accepta la décision du Gouvernement. Il terminait sa lettre à M. Vacquerie par cette phrase :

des élections municipales, mais pas d'élections législatives, car, selon lui, les réactionnaires auraient été en majorité et auraient livré la France au roi de Prusse. (De Molinari, p. 30.) — Les démagogues étaient de son avis. (Voir *Ibid.*, pp. 39 et 40.)

(1) Jouaust, p. 15. — Jules Favre, *Gouvernement de la Défense nationale du 30 juin au 31 octobre 1870*, pp. 293 et 294.

(2) *Le Réveil*, n° du 27 septembre 1870.

« Vous avez eu parfaitement raison de dire que j'avais accepté d'être candidat pour le conseil municipal, et que, par conséquent, je ne m'étais pas prononcé contre des élections immédiates. Permettez-moi seulement d'ajouter que j'ai accepté cette candidature au moment où le Gouvernement lui-même donnait son adhésion aux élections municipales, mon opinion bien arrêtée étant que l'essentiel, dans les circonstances présentes, est de stimuler le Gouvernement de la Défense nationale, sans l'ébranler, et d'éviter toute chance de collision en présence de l'ennemi. Cette opinion, du reste, est la vôtre, et je ne crois pas me tromper en disant que c'est aussi celle de Victor Hugo (1). »

Nous constaterons que cette *abnégation* n'était pas du goût de MM. Flourens, Blanqui, Sapia et compagnie, et que les manifestations en faveur de l'élection des membres de la Commune allèrent toujours en augmentant jusqu'au 31 octobre, favorisées, entretenues par les maires « qui interprétaient les lois à leur façon pour y substituer leurs arrêtés, répliquaient aux ministres, dictaient leurs volontés à l'Hôtel de Ville ; puis, à leur tour, contrôlés, dominés par les clubs qui installent leurs *comités de surveillance et leurs comités de vigilance* dans les locaux de la mairie, ou dans quelque bâtiment voisin qu'ils ont envahi, citant les maires à leur banc, les sommant de s'expliquer sur leurs actes ou de faire connaître leurs intentions (2). »

LES BALLONS

Racontons, maintenant, le départ de M. Gambetta. Depuis le 5 octobre, il était décidé que le

(1) Jouaust, p. 17.
(2) A. du Mesnil, p. 98.

ministre de l'Intérieur quitterait Paris pour soulever la province et la jeter sur l'armée d'investissement, mais, surtout, pour empêcher les élections (1) ». On avait hésité entre lui et M. Jules Favre; chacun se faisait un faux point d'honneur de rester à Paris, et Gambetta « était loin, à ce moment, de briguer le rôle de dictateur (2) ». Bref, Gambetta finit par se soumettre « à la volonté du Gouvernement (3) ».

Le 6, jour où l'on reçut, à Paris, des dépêches de la Délégation de Tours, annonçant que les départements se levaient et que des armées formidables étaient créées (4), dépêches que semblait confirmer une lettre de M. de Chaudordy, délégué du ministre des Affaires étrangères, déclarant que les Allemands « avaient beaucoup souffert au combat de Châtillon, qu'ils ne s'attendaient pas à la défense de Paris et qu'ils en étaient tout troublés (5) »; le 6, donc, le jeune ministre de l'Intérieur ne put prendre le chemin des airs, le brouillard étant trop intense et le vent nul, ce qui l'aurait exposé à tomber dans les lignes allemandes. Le lendemain, une foule immense garnissait la place Saint-Pierre de Mont-

(1) *Enq. parlem. déf. nationale*, déposition de M. Spuller, p. 347. — *Ibid.*, rapport de M. Daru, p. 154.

(2) Jules Favre, *Gouvernement de la Défense nationale du 30 juin au 31 octobre 1870*, p. 261.

(3) *Ibid.* — D'après le général Trochu, M. Gambetta fut envoyé à Tours parce qu'il « était le seul qui pût envisager le voyage en ballon sans en être troublé ». (*Enq. parlem. déf. nationale*, déposition du général Trochu, p. 284.) Cette appréciation ne donnerait pas une haute idée de la bravoure des membres du Gouvernement.

(4) *Ibid.*, pp. 258 et 259. — Michel Cornudet, pp. 79 à 84. — Jules Claretie, p. 295. — Baron du Casse, p. 108. — A. du Mesnil, pp. 100 et 101.

(5) Jules Favre, *Gouvernement de la Défense nationale du 30 juin au 31 octobre 1870*, p. 259. — « M. de Chaudordy nous faisait espérer un secours de 60,000 Italiens. » (*Ibid.*, p. 305.) — Mais le général Trochu ne croyait pas à la formation de l'armée de la Loire. (*Enq. parlem. déf. nationale*, rapport de M. Chaper sur les procès-verbaux des séances du Gouvernement de la Défense nationale, p. 34.)

martre ; nombre d'Américains assistaient aux préparatifs, mais on ne remarquait aucun membre du Gouvernement. « Ses collègues veulent se débarrasser de lui », pensaient, à haute voix, quelques-uns. D'autres disaient : « C'est lui qui se débarrasse d'eux (1). » — « La Trinité régnante, Trochu-Ferry-Favre, fut ainsi créée ; les autres ministres ne furent que les porte-queue du Pouvoir (2). »

Le ballon l'*Armand-Barbès*, qui devait emporter le futur dictateur, se balançait sous le souffle d'un vent faible, il est vrai, mais appréciable. A onze heures précises du matin, le *George-Sand*, conduit par M. Révilliod, et l'*Armand-Barbès*, sous la direction de M. Trichet, s'élevaient lentement dans l'espace. Ce dernier ballon enlevait M. Gambetta, enveloppé d'une pelisse de fourrure et coiffé d'une toque de loutre ; le ministre était accompagné par son ami M. Spuller.

A l'instant où les deux ballons quittaient le sol, un long cri de *Vive la République!* retentit sur la place. Pendant quelques minutes, les aérostats parurent s'abaisser au lieu de s'élever, effet produit par la butte Montmartre, auprès de laquelle se trouvait le public, et une poignante angoisse contracta tous les cœurs, car on crut que les passagers allaient tomber dans les lignes allemandes.

Heureusement, ce n'était qu'un effet d'optique : poussés par un vent très faible, les deux ballons laissent Saint-Denis sur leur droite et essuient des

(1) Dalsème, p. 110. — « Son départ mit singulièrement à l'aise M. Trochu. » (Jean Laroque, p. 166.) — « Gambetta avait pu déjà reconnaître le caractère indécis, tenace et brouillon du général Trochu, et une lutte ardente n'aurait pas tardé à s'engager entre eux. » (*Histoire critique du siège de Paris par un officier de marine*, p. 49.) — Delescluze disait que ce départ « était une échappatoire du fin Génois. » (Jules Claretie, p. 295.) — A. du Mesnil, p. 103.

(2) Jean Laroque, p. 167.

feux de mousqueterie dès qu'ils planent sur les positions prussiennes. Bientôt, quelques coups de canon sont également tirés contre eux. Les voyageurs ne se trouvent qu'à 600 mètres d'altitude et ils entendent autour d'eux le sifflement des balles. Ils jettent du lest et les voici hors d'atteinte. Mais, tout à coup, l'*Armand-Barbès*, qui porte M. Gambetta et sa fortune, se met à descendre rapidement, par suite d'une fausse manœuvre de l'aéronaute, et il atterrit dans un champ traversé, quelques heures auparavant, par des régiments ennemis, et à deux pas d'un poste allemand. Ce poste ne l'aperçoit pas tout d'abord ; M. Trichet profite de cette chance pour jeter force lest, ce qui lui permet de se relever à 200 mètres. Le ballon continue sa marche jusqu'au dessus de Creil, où campent les Wurtembergeois. Nouvelle descente intempestive. Le danger est grand; les soldats courent à leurs armes, formées en faisceaux, les saisissent, tirent à bonne distance. Les balles, de nouveau, font entendre aux voyageurs leur agaçante musique; une d'elles effleure la main de M. Gambetta, celle que la balle de Ville-d'Avray ne devait pas épargner. C'en est fait de l'*Armand-Barbès!* Par bonheur, il est malaisé de tirer en l'air et les Wurtembergeois sont maladroits; M. Trichet jette tout son lest et l'aérostat rebondit à 800 mètres, encore une fois sauvé.

Mais, alors, il redescend petit à petit et essuie une nouvelle salve d'un détachement prussien établi sur la lisière d'un bois. Comme il marche plus vite que les fantassins ennemis, il passe par-dessus la forêt d'Epineuse et finit par s'accrocher aux hautes branches d'un grand chêne. Les Prussiens n'ont pas le temps de le rejoindre, des paysans aident les voyageurs à prendre terre, à trois heures moins le quart. Le maire d'Epineuse, M. Dubus, les engage à s'éloigner au plus vite, les lignes allemandes étant à 7 kilomètres de distance. M. Gambetta suit ce conseil. M. Dubus fait conduire les trois voyageurs à Montdidier, où ils arrivent à huit heures du soir, et, de là, à Amiens, où ils entrent avant minuit et où ils couchent. Le lendemain, ils gagnaient Rouen et le Mans (1).

A peine M. Dubus avait-il eu le temps de cacher l'aérostat, dans un fourré de la forêt d'Epineuse, qu'apparaissaient des cavaliers ennemis, demandant si l'on n'avait pas vu passer un ballon. Il était trop tard! Quelques minutes plus tôt, et la guerre, au lieu de durer jusqu'en janvier, aurait, peut-être, été terminée dans le mois!

Depuis le jour de l'investissement, c'étaient les 5e et 6e ballons qui quittaient Paris, si l'on compte pour un le *Napoléon* et l'*Hirondelle*, qui partirent accouplés. Tous avaient atterri sans accidents.

M. Ernest Picard avait, le premier, proposé le service des postes par ballons (2). On n'avait rien fait. Puis, M. Rampont, chargé des Postes et Télégraphes, avait écouté les propositions de MM. Gaston Tissandier, Godard et d'Artois. Il avait confié, à ces deux derniers, la direction des deux grands ateliers où se fabriquaient les ballons. « Chacun de ces ateliers en confectionna une trentaine. Du 23 septembre 1870 au 28 janvier 1871, 64 furent lancés dont 5 pris par l'ennemi et 2 perdus en mer (3). » Outre le danger d'opérer une mauvaise descente, il y avait celui de voir l'aérostat

(1) *Moniteur universel* (de Tours), nº du 11 octobre 1870. — *Journal officiel* (de Paris), nº du 10 octobre 1870. — *Journal des Débats* (de Paris), nº du 8 octobre 1870. — Steenackers, pp. 399 à 402. — *Gambetta*, par Emile Neucastel; Paris, Cerf, 1885; pp. 18 à 82. — Th. Lemas, *Un département pendant l'invasion*.

(2) *Enq. parlem. déf. nationale*, rapport de M. Chaper sur les procès-verbaux des séances du Gouvernement de la Défense nationale, p. 30.

(3) *Ibid.*, rapport de M. Lallié, pp. 5 et 6.

perforé par des balles ou autres projectiles lancés par les Allemands.

Dès que le premier ballon-poste passa les lignes d'investissement, M. de Moltke confia à M. Krupp le soin d'imaginer quelque machine infernale destinée à arrêter l'ardeur des messagers aériens. *Le roi de fer*, suivant l'expression germanique, construisit aussitôt un mousquet à ballon et l'expédia en toute hâte à Versailles... L'appareil consistait en un mousquet, formé d'un fort canon métallique, muni d'une crosse et d'une hausse. Le canon de l'arme pouvait osciller dans le sens de la verticale, autour d'un axe monté lui-même sur un genou qui lui permettait de tourner horizontalement et de pouvoir ainsi se diriger, comme une lunette, vers tous les points du du ciel. Le système était adapté sur un cylindre de bronze, solidement fixé à un léger chariot à quatre roues, où deux chevaux devaient s'atteler. Un petit siège, placé à l'arrière de la voiture, était réservé à l'artilleur. Aussitôt qu'un ballon-poste s'élevait de Paris, des vedettes allemandes déterminaient la direction suivie par le globe aérien; grâce au télégraphe électrique, un mousquet à ballon, toujours attelé, pouvait presque instantanément se diriger à bride abattue à la rencontre de l'aérostat. Là, un artilleur expérimenté braquait le canon de l'arme vers la sphère aérienne, dont il connaissait le diamètre par les documents, publiés par quelques journaux de Paris, et dont il pouvait, par conséquent, apprécier la distance avec une certaine approximation; il visait, et il tirait. La plupart des courriers de la poste aérienne ont entendu le sifflement des balles à une hauteur de 800 à 1,000 mètres environ : le 12 novembre 1870, le ballon le *Daguerre* fut traversé par plusieurs balles et les aéronautes qui le montaient furent contraints de toucher terre à Ferrières, où ils furent assaillis immédiatement et pris par des cavaliers ennemis (1). »

« Les Prussiens ne craignaient pas de tirer à mitraille. Dans leur colère de ne pouvoir les atteindre, ils allèrent juqu'à menacer officiellement de mort les messagers aériens qui tomberaient entre leurs mains, soutenant que les lois de la guerre leur permettaient de les assimiler à des espions franchissant leurs lignes (2) » ; mais « on ne manqua pas, un seul jour, d'hommes intrépides prêts à braver les dangers de l'air et les menaces prussiennes (3) ».

Jusqu'au 13 octobre, trois autres aérostats furent lancés ; seul, le *Louis-Blanc*, aborda heureusement en Belgique. Le premier, monté par MM. Racine et Piper, se dégonfle brusquement et tombe dans une mare, au milieu du triangle formé par Dugny, Pierrefitte, occupés par les Allemands, et le fort de la Courneuve. De trois côtés, la fusillade les assaille ; pendant trois heures, les voyageurs plongent dans l'eau jusqu'au cou ; ce n'est qu'à la nuit qu'ils sortent de la vase et sont recueillis par les francs-tireurs de de la Presse. Quant au troisième ballon, secoué par une bourrasque, il est déchiré, son conducteur est précipité de la nacelle, et ce n'est qu'après un long et périlleux traînage que MM. Van Roosebeeke, colombophile, et M. Lefebvre, consul à Vienne, peuvent prendre pied à Carnières, près Cambrai (4).

(1) Gaston Tissandier, *Histoire de mes ascensions*, pp. 83 à 85. — Voir *Ibid.*, p. 89, la très curieuse photographie d'un de ces mousquets à ballons que les Allemands, à l'heure actuelle, ont singulièrement perfectionnés.

(2) Jules Favre, *Gouvernement de la Défense nationale du 30 juin au 31 octobre 1870*, p. 245.

(3) *Un chapitre du siège de Paris*, par M. Berthelot, de l'Institut ; *Nouvelle Revue*, nº du 15 octobre 1885, p. 695.

(4) Steenackers, pp. 403 à 405.

LES PIGEONS

Les premiers pigeons emportés par ballon furent ceux que la *Ville-de-Florence* contenait, le jour de son ascension, le 25 septembre. Presque tous les ballons qui partirent ensuite en comptèrent de 2 à 34, ordinairement 6, dans les premiers mois, et 3, à la fin du siège (1).

L'idée de ce gracieux mode de correspondance appartient au mari de Mme Anaïs Ségalas. M. Rampont a eu le tort de chercher à s'en attribuer l'honneur, au lieu de rendre à M. Ségalas ce qui appartenait à M. Ségalas. Ce dernier avait eu la pensée de renfermer une certaine quantité de pigeons dans la tour octogone qui domine l'Administration centrale des Télégraphes, rue de Grenelle, 103 (2). Le 5 septembre, il proposa à M. Steenackers de se servir de ces gentils messagers. Le directeur général des Télégraphes « accueillit ce projet avec enthousiasme et donna à M. Ségalas toutes les autorisations nécessaires pour réunir et établir, auprès de lui, les pigeons dont il était trop facile de prévoir l'utilité prochaine (3). »

Il existe, du reste, des preuves qui démontrent

(1) Steenackers, pp. 397 à 457.

(2) A Paris, M. Steenackers fut nommé directeur des Télégraphes et M. Rampont, directeur des Postes. — A Tours, M. Steenackers fut directeur des Postes et Télégraphes.

(3) Steenackers, p. 162. — *Ibid.*, p. 161. — *Enq. parlem. déf. nationale*, déclaration de M. Ségalas, déposition des témoins, réclamations, 2e partie, p. 124. — « M. Steenackers paraît avoir compris le parti que l'on pourrait tirer de l'emploi des pigeons. » (*Ibid.*, rapport de M. Lallié, p. 4.) — « Nous avons pu constater, à l'aide de documents authentiques, que, dès le 30 août 1870, M. Victor Ségalas avait attiré l'attention sur l'emploi des pigeons messagers pour le cas où Paris serait assiégé. » (*Ibid.*, p. 8.) — M. Rampont nie que M. Ségalas ait eu l'idée d'utiliser les pigeons voyageurs, sans appuyer son dire sur quoi que ce soit. (*Ibid.*, déposition de M. Rampont, p. 70.)

que M. Rampont n'est pour rien dans le service par pigeons. Il a avoué, devant la commission d'enquête parlementaire, que « l'aéronaute était chargé, *à l'arrivée*, de lâcher ses pigeons, avec des dépêches, attachées à une plume de la queue, *annonçant l'arrivée* (1). »

« C'était une étrange idée, et il y aurait justice à la traiter avec sévérité. Les aéronautes pouvaient-ils, à moins d'un effet de la grâce divine, s'ils tombaient dans le Nord ou dans l'Est, savoir ce qui se passait au Midi ou à l'Ouest? Leurs appréciations personnelles, si excellentes qu'on pût les supposer, de quel secours pouvaient-elles être pour le Gouvernement de Paris qui avait intérêt à n'accepter utilement que des nouvelles officielles?... Mais ce qui était une énormité, c'était de sacrifier trois ou quatre pigeons pour annoncer que le ballon avait atterri (2)! »

Mais, M. Rampont ne recommandait même pas aux aéronautes de lui donner des nouvelles de la province. Quand M. Gaston Tissandier partit de Paris, le 30 septembre, avec 3 pigeons, comme nous l'avons déjà raconté, M. Rampont ne lui fit aucune recommandation, n'assista pas à son départ. Aussi, après avoir décrit sa descente à Dreux et sa remise, au bureau de poste, du paquet de lettres qu'il apportait de Paris, M. Gaston Tissandier ajoute : « Qu'ai-je à faire maintenant? A lancer mes pigeons pour apprendre à mes amis que je suis encore de ce monde et pour annoncer que mes dépêches sont en lieu sûr (3). » Ce qui fut fait.

« Ce mode de correspondance ne sembla pas d'abord, au directeur général des Postes (M. Rampont), destiné à rendre les services qu'on put en

(1) *Enq. parlem. déf. nationale*, déposition de M. Rampont, p. 69.
(2) Steenackers, p. 163.
(3) Gaston Tissandier, *Histoire de mes ascensions*, p. 79.

retirer plus tard. Lorsqu'on confia aux premiers aéronautes un panier contenant 2 ou 3 pigeons avec mission de les lâcher, après avoir attaché à leur queue un petit billet, on songeait seulement à obtenir des nouvelles de l'heureuse descente du ballon(1). »

« Lorsqu'un aéronaute arrivait de Paris, surtout avec des dépêches et des pigeons, il était reçu à bras ouverts à Tours. M. Durel, préfet d'Indre-et-Loire, avait mis à la disposition de M. Steenackers, à l'hôtel de la Préfecture, une pièce assez vaste, sorte de salon dont on avait ôté tout le mobilier et garni les fenêtres de grillages ; mais on avait laissé le tapis et établi un grand perchoir contre un des murs. C'était là qu'on remisait les pigeons aussitôt qu'ils arrivaient. Ces pauvres bêtes, effarouchées, ahuries, étaient horriblement fatiguées par le voyage ; serrées dans une cage le plus souvent trop petite, quand le ballon opérait sa descente, elles y étaient ballottées comme des noix dans un sac. Aussi avaient-elles grand besoin de repos. On ouvrait donc la cage dans le salon, et les pigeons, encore étourdis, s'aventuraient sur le tapis. Pas un d'eux ne mangeait avant d'avoir fait sa toilette, et quelle toilette ! Plusieurs bassins étaient remplis jusqu'à moitié d'une eau bien claire. Dès que, revenus de leur ahurissement, les chers petits animaux apercevaient ces bassins, ils s'y précipitaient, pour se baigner avec soin les pattes, les ailes, le cou, toutes les parties du corps ; puis, sortant de l'eau, ils se frottaient sur le tapis pour s'essuyer et, gravement, sans s'inquiéter de ce qui se passait autour d'eux, restaient parfois des heures entières à nettoyer, de leur bec, avec une minutie extrême, leurs

(1) *Enq. parlem. déf. nationale*, rapport de M. Lallié, pp. 8 et 9. — On trouvera, dans les rapports des aéronautes, la preuve matérielle du gaspillage des pigeons. Voir ces rapports dans Steenackers, notamment p. 412.

pattes, surtout les ailes, inspectant chaque plume, l'une après l'autre... Ce n'était que lorsque la toilette, était terminée, et bien terminée, qu'ils se décidaient à manger, puis à dormir. Presque tous, si ce n'est tous, étaient très doux, et familiers au point de se laisser prendre, caresser et embrasser (1). »

Nous n'en finirions pas si nous voulions entrer dans tous les détails du service des pigeons qui fut si précieux pendant le siège; disons seulement qu'au moyen d'un ingénieux procédé, on était parvenu à fixer, sur l'une de leurs plumes, une page d'imprimerie réduite, par la photographie, à des proportions microscopiques. Arrivée à destination, cette page était remise au point par le grossissement, et, de cette façon, une correspondance considérable pouvait être emportée par un seul pigeon (2).

Chaque fois que le messager revenait à Paris, c'étaient des transports de joie, des torrents d'enthousiasme qui débordaient en prose et en vers. Certains pigeons devinrent historiques; *le Gambetta*, entre autres, qui, sorti quatre fois de Paris en ballon, y rentra quatre fois avec les dépêches dont il était chargé. Il apporta, notamment, la nouvelle de l'arrivée à Tours de M. Gambetta (3).

De Paris, on expédia, par ballons, 363 pigeons. 61 n'arrivèrent pas à bon port et, sur les 302 restants, 59 seulement retournèrent heureusement à leur colombier (4).

Les Prussiens, se rendant compte du bon effet moral, produit sur les assiégés, par la réception de nouvelles du dehors, et de l'intérêt qu'avaient les généraux français de Paris et de province à combiner leurs opérations, faisaient aux pigeons une

(1) Steenackers, pp. 164 à 166.
(2) *Ibid.*, pp. 197 à 234.
(3) *Ibid.*, pp. 239 et 400.
(4) *Ibid.*, p. 239.

guerre sans pitié. Les fusils, les faucons guettaient nos courriers ailés, mais c'est la neige qui fut le principal auxiliaire des Allemands, et c'est à elle qu'il faut imputer la plupart des disparitions de pigeons.

Montrons, une fois de plus, en terminant ce sujet, la nullité des gouvernants de Paris.

« Le 11 novembre 1870, le directeur général des Postes, renfermé par force dans Paris et séparé du reste du monde, signait avec MM. Dagron et Fernique, un traité par lequel il donnait à ces messieurs le monopole des dépêches photomicroscopiques à exécuter en province pour le service des pigeons, et, de sa propre autorité, *centralisait ce service dans leurs mains à Clermont-Ferrand*..... Aussi la colère de M. Gambetta est-elle parfaitement compréhensible lorsqu'on lui montra un marché conclu avec des gens qui lui étaient inconnus et à qui il eût eu à remettre, à Clermont-Ferrand, c'est-à-dire à soixante lieues du siège du Gouvernement, le service, non seulement de la correspondance privée, *mais encore de la correspondance officielle* (1)! »

Voilà quel était le degré intellectuel du général Trochu et de ses collègues : ils n'hésitaient pas à approuver une décision qui mettait l'autorité militaire de province à la discrétion de personnes, assurément fort honorables, mais qui, relativement à la correspondance stratégique et gouvernementale, avaient des ordres à recevoir des généraux et de la Délégation de Tours, et non des traités à faire exécuter par ces autorités. Que M. Rampont, directeur général des Postes à Paris, ait été un incapable que la politique seule avait fait nommer à ce poste important, personne n'en doute; mais qu'un gou-

(1) Steenackers, pp. 166 et 167.

vernement, qu'un généralissime, entérinent des élucubrations administratives si préjudiciables à la Défense nationale, cela dépasse toutes les bornes!

C'est pourquoi Gambetta signifia à MM. Dagron et Fernique d'avoir à obéir. M. Steenackers les avertit que s'ils expédiaient, de Clermont-Ferrand, un seul pigeon, muni de la plus petite dépêche, on les ferait passer devant une cour martiale et fusiller (1). MM. Dagron et Fernique, victimes de l'impéritie de M. Rampont, se le tinrent pour dit, et les services qu'ils rendirent, sous le contrôle du Gouvernement de Tours, au moyen de leur procédé, furent incontestables (2).

LES MESSAGERS

Pour terminer l'examen des principaux modes de correspondance employés pendant le siège de Paris, sans parler des signaux combinés, des boules creuses, des bûches, des chiens, etc., etc., il faut dire un mot des messagers (3).

Un grand nombre de personnes se présentèrent pour franchir les lignes prussiennes. Sur plus de cent messagers, dix seulement rentrèrent dans Paris (4). Voici les noms de ces hommes courageux et intelligents :

(1) *Enq. parlem. déf. nationale*, déposition de M. Fernique, p. 107. — Le fait est reconnu par M. Steenackers. (Steenackers, pp. 167 et 168.) — Voir aussi : *Enq. parlem. déf. nationale*, rapport de M. Lallié, p. 22.

(2) *Rapport de M. de Laffolye, inspecteur des lignes télégraphiques :* Steenackers, p. 206. — Berthelot, de l'Institut, *Nouvelle Revue*, n° du 15 octobre 1885, p. 695.

(3) Pour les divers systèmes de communication, voir *Ibid.*, pp. 695 à 722.

(4) « C'est tout au plus s'il en passera quelques-uns pendant près de cinq mois. » (Charles de Mazade, *La guerre de France*, t. II, p. 108.)

M. Etienne Ayrolles, qui a traversé la Seine, à la nage, le 28 septembre. M. Ayrolles a été nommé chevalier de la Légion d'honneur en janvier 1882.

M. Lucien Morel. Ce messager était d'abord sorti de Paris et y était rentré vers le 15 novembre, profitant de la nuit et du brouillard pour passer entre les sentinelles allemandes. Bien qu'il ait risqué plusieurs fois sa vie (1), M. Lucien Morel n'a reçu aucune récompense; du moins, nous n'en avons trouvé trace nulle part.

M. Henri Richard traversa la Seine, à Rueil, le 17 décembre, en nageant, pendant une heure, par un froid intense. Le général Trochu ne le renvoya pas, par ballon, comme les dépêches apportées par ce messager le demandaient, et ne le récompensa pas de son héroïsme. C'était un bon garçon, facilement *endoctrinable*, qui, révolté par l'ingratitude dont les hommes du Quatre-Septembre s'étaient rendus coupables à son égard, eut, plus tard, le tort de prendre parti pour la Commune.

« Au 22 mai, il devint lieutenant-colonel dans le Ier arrondissement, mais, malgré les pleins pouvoirs dont il était investi, son rôle s'est borné à empêcher tout excès dans les quartiers dépendant de son commandement. Richard fut condamné, pour port d'armes, à un an de prison par le 6e conseil de guerre. C'était beaucoup pour un homme qui avait vingt fois exposé sa vie pour son pays. Le même jour, plusieurs pourvoyeurs des Prussiens ont été acquittés. Pour ceux-là, nous eussions préféré que l'on fût sans pitié (2). »

M. Armand Brare parvint à sortir de Paris et à y rentrer. Dans une nouvelle tentative, il est fait prisonnier, s'évade, arrive à Tours, tâche de revenir

(1) Voir le *Rappel* et le *Moniteur universel* (de Paris), nos du 18 décembre 1870.

(2) *Le Patriote*, cité par Steenackers, p. 277.

à Paris et est tué, d'une balle, en traversant la Seine à la nage, le 14 décembre. Sa veuve et ses enfants ont été secourus.

M. François Loyet et M. Louis Chourier ont porté des dépêches à Triel, le 30 septembre, et en ont rapporté pour Paris. Le premier a obtenu, le 30 juin 1882, une médaille d'argent; le second n'a rien eu.

M. Charles-Cyrille Gême est également sorti de Paris. Il a porté ses dépêches à Saint-Germain-en-Laye, le 27 septembre, et est rentré à Paris. En juillet 1881, il fut nommé chevalier de la Légion d'honneur.

M. Simon Létoile a rapporté à Paris, le 28 septembre, le courrier qu'il avait reçu, à Evreux. On lui décerna une médaille d'argent, le 13 mars 1873.

MM. François Flamand et Léonard Dauvergne, franchirent les lignes d'investissement, le 27 octobre, entre Thiais et Choisy-le-Roi, et gagnèrent Tours.

Un certain nombre de messagers ne reparurent pas, et il est malheureusement probable qu'ils furent tués en accomplissant leur courageuse mission, dont furent si piètrement récompensés la plupart de ceux qui eurent le bonheur d'échapper aux balles allemandes (1).

Alors que de scandaleuses cascades de croix de la Légion d'honneur et de médailles militaires ruisselaient sur les fils, les neveux, les amis des gens du Quatre-Septembre et de leurs successeurs de l'Assemblée nationale, on oubliait ceux qui avaient tenté et réussi cette effroyable entreprise de passer les multiples et meurtriers cordons ennemis! Ce ne fut que plusieurs années après qu'on daigna, comme nous l'avons vu, accorder à quelques-uns d'entre

(1) Steenackers, *passim*, pp. 272 à 290.

eux une médaille d'argent et deux croix de la Légion d'honneur! Le népotisme et les banquiers allemands de Paris n'en avaient pas laissé davantage pour ces modestes et pour ces vaillants (1)!

Cette longue digression terminée, reprenons la suite des événements qui se passèrent, à Paris, du 30 septembre au 13 octobre.

MANIFESTATIONS RÉVOLUTIONNAIRES.

« Paris assiégé a possédé la liberté illimitée de la presse et de la tribune; le Gouvernement a laissé à peu près tout dire, comme il a laissé à peu près tout faire (2). »

De très bons esprits croient que ce fut un bien, « que le Gouvernement n'eût pas été plus en sûreté s'il avait fermé la bouche à ses adversaires, que le moral de la population ne se serait pas mieux soutenu dans ce silence de mort (3); » ils ajoutent que le Trente-et-un-Octobre et le Vingt-deux-Janvier ont été de simples échauffourées qui ont montré le petit nombre des révolutionnaires; ils prétendent même « qu'au milieu des langueurs du blocus, ils ont contribué à soutenir le moral de la population et à rendre ainsi la défense plus persistante; que peut-être ils auraient contribué aussi à la rendre plus efficace, si le Gouvernement avait tenu compte davantage du sentiment passionné qui s'y produisait, et s'il avait eu, dans les qualités militaires de la *landwehr* parisienne, une confiance dont elle n'a que trop montré, après le Dix-huit-Mars qu'elle était

(1) Wyrouboff, pp. 53 et 56. — *Pour la vérité et pour la justice*, par le général Trochu, pp. 136 à 138. Voir ce passage, *suprà*, pp. 52 et 53.
(2) De Molinari, p. I.
(3) *Ibid.*, p. II.

digne; qu'au début du siège, les clubs, même les plus rouges, n'étaient point hostiles au Gouvernement; qu'ils le sont devenus plus tard et que, s'ils ont demandé la Commune, c'est qu'ils ne le trouvaient pas à la hauteur de sa tâche (1) ».

D'abord c'est une erreur de dire que les clubs et les révolutionnaires n'ont pas réclamé la Commune dès le Quatre-Septembre (2). Nous ne voyons pas, ensuite, comment le moral de la population a pu être soutenu par des accusations de trahison quotidiennement lancées contre les chefs militaires (3). Nous pensons, enfin, que l'on ne pouvait faire marcher militairement la Garde nationale qu'à la condition « de museler la presse et de supprimer les clubs ».

« Que pouvait-il sortir et qu'est-il sorti de bon, d'utile à la défense, de ces foyers d'agitation, de passions, de colères? Rien. Ils ont produit, en grande partie, l'excitation fébrile dont nous avons montré les symptômes, la maladie que nous avons décrite : au dedans, les soupçons, la division, la haine; au dehors, l'impuissance (4) ».

Il ne faut pas oublier, en effet, que les plus ardents de ces harangueurs de réunions publiques n'ont jamais voulu franchir les fortifications et que

(1) De Molinari, p. VI.

(2) La rupture, entre l'état-major des clubs et l'Hôtel de Ville, était consommée déjà au moment de l'investissement de Paris, et, sur toute la ligne des clubs, on commençait à demander la Commune. » (*Ibid.*, p. 22.) — *Journal de Fidus*, *La Révolution de septembre*, *Paris assiégé*, p. 123.

(3) « Il ne me paraît pas que les clubs révolutionnaires aient contribué en rien aux intérêts de la défense. Ils ont fait plus de bruit que de besogne. » (Sarcey, pp. 165 et 166.) — « C'est dans ces boîtes à paroles (où M. Quesnay de Beaurepaire pérorait) que la solidité de nos troupes s'est perdue. » (Antonin Gouju, *La Côte-d'Or au siège de Paris*; Paris, Armand Colin, 1871, p. 9.)

(4) *Enq. parlem. déf. nationale*, rapport de M. Chaper sur le Gouvernement de la Défense à Paris, au point de vue militaire, p. 356.

les gardes nationaux, habitués de ces réunions, faisaient justement partie des bataillons qui se sauvèrent honteusement, comme ceux de Belleville à Créteil, chaque fois qu'on essaya de les placer en première ligne.

Les orateurs de clubs demandaient avec d'autant plus d'énergie la sortie qu'ils savaient le Gouvernement décidé à fermer les portes. Si, par bonheur, le général Trochu avait accédé à leurs bruyantes réclamations, nul doute que le jour fixé pour le combat eût été celui de leur absence au bataillon.

L'incapacité, la pusillanimité du Gouvernement n'a jamais été pour eux qu'un prétexte; si les hommes de l'Hôtel de Ville leur avaient donné satisfaction, si les gardes nationaux rouges avaient été conduits au feu, nous sommes persuadé que les cinq sixièmes auraient déserté, se seraient écrasés dans les clubs, criant que les *orléanistes* conduisaient à la boucherie les bataillons bien pensants, et l'accusation de *trahison* eût été lancée avec une bien autre force que lorsqu'on reprochait au Gouvernement de ne rien faire (1).

Non, nous l'avons déjà dit, il fallait se servir de la Garde nationale, mais on ne le pouvait qu'en agissant militairement, en étouffant toutes récriminations, toutes révoltes, en traitant Paris comme une ville assiégée et non comme un parlement, en supprimant ces deux grands facteurs de la perte des nations envahies : la Presse et la Tribune. Ainsi que

(1) « A l'époque où l'on faisait des sorties partielles, les clubs demandaient des sorties en masse; depuis qu'il s'agit d'une opération générale, sinon d'une sortie en masse, quel est le langage de M. Blanqui? «« Après avoir envoyé les défenseurs de Paris en détail à la boucherie, on veut maintenant, dit-il, les expédier en bloc à l'abattoir. »» (De Molinari, p. 23.) — *Enq. parlem. déf. nationale*, rapport de M. Chaper sur le Gouvernement de la Défense, à Paris, au point de vue militaire, p. 75. — Commandant Charles Besson, p. 50.

l'avait compris la République romaine, le salut, en ces moments critiques, c'est la dictature (1).

« Le lendemain de Sedan, on aurait dû mettre hors de Paris tous les bras inutiles à la défense ; rationner les vivres et les ressources de toute nature ; exclure la politique, qui désunit ; arrêter les débordements d'un journalisme imbécile et coupable ; assurer la tranquillité de chaque quartier par des postes protecteurs ; interdire les manifestations armées. Il fallait enfin oublier pour un temps que Paris est la capitale intellectuelle du monde entier, pour ne voir que la grande place forte de la patrie. On aurait fermé les portes de l'Hôtel de Ville et suspendu au fronton du palais municipal un voile noir, comme le drapeau de la douleur. On aurait sacrifié momentanément toutes les libertés, on aurait renoncé à toutes les joies, on se serait condamné à l'austère silence de la maison d'un mourant. Et si quelques hommes n'avaient pas eu assez de cœur pour comprendre la grandeur et la sainteté des sacrifices réclamés par la patrie, on eût saisi ces hommes pour les livrer aux Prussiens, en les jetant entre les forts et les postes ennemis. C'est ainsi qu'eût fait la Convention de septembre 1792 (2). »

Est-ce à dire que le Gouvernement, par son attitude inqualifiable, ne justifiait pas bien des reproches à lui adressés par les orateurs des clubs ? Est-ce à dire que des propositions sensées n'ont pas été émises dans ces réunions populaires ? Loin de nous une pareille pensée et nous aurons occasion de

(1) Du reste, M. de Molinari, reconnaît que « dans une ville assiégée, l'autorité militaire, responsable de la défense, peut établir une foule de servitudes qui diminuent la liberté de chacun, en vue d'assurer la sécurité commune. » (De Molinari, p. XIV.)

(2) Général Ambert, *Histoire de la guerre de 1870-1871*, p. 323. — Colonel Vandevelde, p. 208.

signaler des moyens ainsi proposés qui étaient excellents de tous points. Mais on ne doit pas envisager les clubs par le détail, c'est par l'ensemble qu'il les faut étudier, et leur actif est, hélas! de beaucoup inférieur à leur passif.

Quoi qu'il en soit, « les clubs se multipliaient ; le 2 octobre, il y en avait bien une trentaine dans les différents quartiers de Paris ; ils remplaçaient les théâtres (1). » N'eût-il pas été préférable d'entendre du Corneille ? La fermeture de l'Opéra et du Théâtre-Français fût-elle une bonne inspiration?

On aimait mieux laisser le monopole des représentations théâtrales aux partisans de la Commune.

« Que de charlatans, hélas ! dans un parti ! et que de fous ! M. Félix Pyat (qu'il fût l'un ou l'autre) était un des plus actifs et des plus dangereux; il rédigeait *le Combat*, avec une verve enragée et des formes de romantisme, qui faisaient sourire les lettrés, mais frappaient d'admiration les esprits peu éclairés. Blanqui avait fondé *la Patrie en danger*, qui disparut plus tard, vers le milieu de décembre, mais qui, en ce temps-là, était fort demandée sur la voie publique. C'était un sophiste bien habile que ce Blanqui ; très adroit à flatter les passions mauvaises des siens, et à toucher juste l'endroit faible de ses adversaires. Son journal était écrit avec autant de talent que de mauvaise foi, et ce n'est pas peu dire. Les citoyens du *Rappel* : Vacquerie, Paul Meurice et les fils Hugo; ceux de la *Cloche* : Ulbach et ses amis, n'étaient pas précisément de cette bande. Ils ne hurlaient pas avec les loups ; ils aboyaient derrière (2). » — « Les journaux opposés au Gouvernement tiraient, d'ailleurs, un parti excel-

(1) De Molinari, p. 42. — Sarcey, p. 164. — Baron du Casse, p. 93.
(2) Sarcey, pp. 128 et 129.

lent de son manque de décision et d'ordre (1). »

Somme toute, les excitations perpétuelles des énergumènes rouges devaient finir par faire germer les mauvaises passions que la haine de l'ennemi avait provisoirement assoupies. Les stériles promenades à la statue de Strasbourg ne pouvaient indéfiniment satisfaire les exploiteurs des ouvriers; l'Hôtel de Ville allait être leur but (2).

Le lendemain du départ de Gambetta, une manifestation inquiétante se produit, à l'instigation de Blanqui, Félix Pyat, Delescluze, Flourens, Sapia, Tridon, Tolain. Une prise d'armes devait avoir lieu dans les bataillons de Flourens, Blanqui, Millière et Lefrançais (3). « Une affiche, placardée sur tous les murs de la capitale, et reproduite par quelques journaux, avait invité les gardes nationaux et les citoyens à se réunir, sur la place de l'Hôtel de Ville, pour demander l'élection immédiate de la Commune de Paris (4). »

A trois heures, par une pluie torrentielle, huit mille personnes, dont la moitié crie : *Vive la Commune !* se tiennent sur la place. Quelques gardes

(1) Jules Claretie, p. 291.

(2) « Comment s'étonner si, excités par le langage des clubs et des journaux, des masses désordonnées se sont jetées sur l'Hôtel de Ville? Ceux qui avaient laissé ces excitations se produire, les orateurs des clubs pérorer et les journaux déclamer, peuvent difficilement se soustraire, même en invoquant la pression des circonstances, à la part de responsabilités qui, nécessairement, leur revient dans le désordre des esprits et dans les malheurs qui en sont résultés. » (*Enq. parlem. déf. nationale*, rapport de M. Daru, p. 94.) — « Il fallait que, tous les jours, le Gouverneur Trochu et Gambetta reçussent des délégués de n'importe qui, de n'importe quoi, et s'épuisassent en explications de toutes sortes que l'on n'écoutait pas; ils y consacraient leur après-midi, et, le lendemain, c'était à recommencer. » (Sarcey, p. 130.) — Moritz Busch, p. 175.

(3) *Enq. parlem. déf. nationale*, déposition de M. de Kératry, p. 660.

(4) *Journal officiel*, nº du 9 octobre 1870. — Jules de Marthold, p. 98. — Jules Favre, *Gouvernement de la Défense nationale du 30 juin au 31 octobre* 1870, p. 295.

nationaux lèvent la crosse en l'air. « Les espions prussiens se mêlent aux blanquistes et se font leurs agents provocateurs (1). » De nouveaux « cris de : *Vive la Commune!* sortent du sein des groupes, parmi lesquels quelques audacieux parlent d'attaquer l'Hôtel de Ville (2). » Le général Trochu arrive. Il se détache de son état-major et parcourt, au pas de son cheval, l'espace qui sépare la Garde nationale de la foule. Il est salué et acclamé, mais les cris de : *A bas les traîtres! A bas les capitulards! Vive la Commune!* se répètent (3). « La Commune devait, par sa seule vertu, assurer des provisions, donner des munitions et des hommes, chasser les Prussiens, ramener l'âge d'or sur la France (4). »

La foule, compacte et plutôt malveillante, commence à huer ferme le Gouverneur et ses deux aides de camp (5). Les grilles vont être forcées quand les mobiles bretons arrivent par le souterrain, qui relie la caserne Napoléon à l'Hôtel de Ville : la foule les voit, en bataille, prêts à faire feu (6). Il n'en faut pas davantage pour arrêter les héros de Flourens ; bientôt, les bataillons de l'Ordre apparaissent. Ils font évacuer la place.

Immédiatement, les membres du Gouvernement, présents à l'Hôtel de Ville, descendent et passent en revue les bataillons sauveurs. Naturellement, le général Trochu improvise un discours. De toutes

(1) Mme Adam, p. 136.

(2) Jules Favre, *Gouvernement de la Défense nationale du 30 juin au 31 octobre 1870*, pp. 295 et 296.

(3) *Le Temps*, n° du 9 octobre 1870. — Comte d'Hérisson, p. 182. — Théodore Duret, t. II, pp. 37 et 38. — Jules Simon, *Le Gouvernement de la Défense nationale*, p. 120. — J. d'Arsac, p. 159. — A. du Mesnil, pp. 105 et 106.

(4) Sarcey, p. 130. — *Journal de Fidus, La Révolution de septembre, Paris assiégé*, p. 114.

(5) Comte d'Hérisson, p. 182.

(6) *Enq. parlem. déf. nationale*, déposition de M. de Kératry, p. 660.

parts, s'élèvent des cris de : *Vive la République ! A bas la Commune* (1) ! Mais la pluie redouble et disperse opposants et gouvernementaux. Ce ne sera pas encore ce jour-là que les bandes de la Commune envahiront le siège du Gouvernement (2).

« Ces manifestations se renouvelleront. C'est à cela que le temps passe. Les gardes nationaux, les uns dans un sens, les autres dans un autre, vont, de leur quartier à l'Hôtel de Ville, de l'Hôtel de Ville à leur quartier. Les orateurs du Gouvernement leur adressent de beaux discours et les passent en revue. Est-ce donc ainsi que se fait la guerre (3) ? » Et l'on ne peut imaginer les énormités qui se débitaient. Ainsi, un jour, « une députation est reçue par MM. Jules Simon, Jules Ferry, Rochefort et Etienne Arago. M. Lermina, chargé de porter la parole, demande si le Gouvernement est décidé à poursuivre la résistance à outrance, et à ne traiter qu'après que les Prussiens auront été expulsés du sol français. M. Jules Simon lui répond que le Gouvernement est résolu *à se défendre jusqu'à*

(1) Sarcey, p. 130.

(2) *Journal officiel*, n° du 9 octobre 1870. — « La masse sage de la population est bien décidée à combattre les Prussiens de M. de Bismarck, comme ceux de M. Flourens. » (*Journal du siège par un bourgeois de Paris*, p. 81.) — « Les agents de M. de Bismarck et ceux de *l'Internationale* en furent pour leurs frais de manifestation. » (Major de Sarrepont, p. 298.) — Michel Cornudet, pp. 86 et 87. — *La Politique et le Siège de Paris*, par le général Trochu, p. 188. — J. d'Arsac, p. 162. — H. de Lafosse, p. 30. — Schuler, p. 99. — Léon de Villiers et Georges de Targes, p. 47. — Adolphe Michel, pp. 92 et 93. — A. du Mesnil, p. 104. — Louis Moland, p. 44. — Francis Garnier, pp. 27 et 28. — Théodore Duret, t. II, p. 38. — Etienne Arago, p. 206.

(3) Louis Moland, p. 47. — « Je crains que les préoccupations politiques n'absorbent trop le Gouverneur de Paris. Il devrait être plus souvent dans les forts et moins à l'Hôtel de Ville. » (Francis Garnier, p. 24.) — « A Paris, la politique fut maîtresse. » (Général Iung, p. 243.) — « Les manifestations de chefs de bataillon étaient perpétuelles. Il fallait être en permanence dans la salle Saint-Jean pour les recevoir. » (Jules Simon, le *Gouvernement de la Défense nationale*, p. 119.)

la mort plutôt que de se rendre. M. Etienne Arago ajoute, en sa qualité de maire de Paris, que la population peut être assurée qu'il ne se chargera pas d'offrir au roi de Prusse les clefs de la capitale (1). » Et tous ces héros se séparent, enchantés d'eux-mêmes. Inutile de dire que pas un d'entre eux, à notre connaissance, n'a dépassé, pendant le siège, la limite des forts, peut-être même pas celle des fortifications.

Le lendemain, c'est un nommé Sapia qui distribue des cartouches au 146e bataillon de la Garde nationale, dont il est le commandant, et qui les invite à marcher sur l'Hôtel de Ville. Ses soldats, eux-mêmes, l'arrêtent, et le général Trochu le défère à un conseil de guerre (2). Est-il besoin d'ajouter que M. Sapia n'est pas autrement ému de cette vaine menace et que des imitateurs le suivront bientôt? En effet, Sapia fut acquitté et mis en liberté (3).

Le 10, c'est M. Gustave Flourens qui « fait battre le rappel afin de pousser les gardes nationaux sur l'Hôtel-de-Ville avec des intentions insurrectionnelles (4). » — « Selon l'habitude habile qu'il contracte dès ce jour, Flourens avait disparu, avec prudence, au moment où il s'était aperçu de l'insuccès de sa tentative (5). » On se contente de commencer une instruction contre lui (6).

(1) Il nous a été impossible de retrouver le nom de l'auteur de ce passage.

(2) *Journal officiel*, no du 10 octobre 1870. — Emile Chevalet, p. 38. — Jules de Marthold, p. 101. — Michel Cornudet, p. 90. — Francis Garnier, p. 27. — A. du Mesnil, p. 107.

(3) *La Politique et le Siège de Paris*, par le général Trochu, p. 140. — A propos de toutes ces émeutes « il n'y eut pas de répression ; on n'essaya pas d'arrêter les chefs. » (Henri Martin, t. VII, p. 201.)

(4) *Journal officiel*, no du 12 octobre 1870. — Jules de Marthold, p. 104.

(5) *Histoire critique du siège de Paris par un officier de marine*, p. 52.

(6) *Journal officiel*, no du 12 octobre 1870. — Michel Cornudet, p. 94.

« M. Rochefort, qui a eu le bon sens de ne pas faire parler de lui depuis le commencement du siège, est plus raisonnable que ses amis. Pressé, par quelques-uns, de donner sa démission de membre du Gouvernement, il écrit à Flourens une lettre, reproduite par le *Rappel*, dans laquelle il déclare ne pas vouloir *provoquer un conflit qui ouvrirait une brèche aux Prussiens* (1). »

« Dans la séance du 10 octobre, M. Dorian avait fourni des explications sur la fabrication des fusils Chassepot, qu'il considérait comme possible par l'industrie privée, et sur la fonte des canons de 7 se chargeant par la culasse. Il avait passé des marchés pour ces canons (2). »

Le 11 octobre, M. Edmond Adam est nommé préfet de police, en remplacement de M. de Kératry, qui éprouvait le besoin d'apporter à la province le concours de ses conceptions militaires et de lever une armée de 80,000 Espagnols (3)! On verra, plus tard, quelle pauvre besogne il fit dans l'Ouest. M. de Kératry aurait donné sa démission parce que le général Trochu et ses collègues auraient refusé

(1) Michel Cornudet, p. 90. — « M. Rochefort commençait sa lettre par cette phrase baroque : Je suis descendu jusque dans les sous-sols les plus impénétrables de ma conscience, et j'en suis remonté (!). » (Jules Claretie, p. 298.) — Emile Chevalet, pp. 39 et 40. — Voir la pièce justificative n° V.

(2) *Enq. parlem. déf. nationale*, rapport de M. Chaper sur les procès-verbaux des séances du Gouvernement de la Défense nationale, p. 39.

(3) *Enq. parlem. déf. nationale*, rapport de M. Chaper sur les procès-verbaux des séances du Gouvernement de la Défense nationale, p. 35. — « Ma mission avait pour but d'obtenir des secours militaires dont le maréchal Prim, alors au pouvoir, avait fait entrevoir la possibilité par voie indirecte. » (*Ibid.*, déposition de M. de Kératry, p. 672.) — « M. de Kératry offre sa démission... il serait plus utile en province où une grande conspiration légitimiste et cléricale est à redouter... Il offre d'aller en Espagne et d'en ramener une armée de 80,000 hommes, moyennant la garantie par la France, de l'unité ibérique et de la possession de Cuba!!! » (*Ibid.*, rapport de M. Chaper sur les procès-verbaux des séances du Gouvernement de la Défense nationale, p. 35.) — « M. de

de poursuivre les émeutiers du 8 octobre (1). De plus, il lui répugnait d'avoir auprès de lui des collaborateurs comme M. Raoul Rigault, que M. Floquet lui imposait (2).

Ce que l'on n'imaginera jamais, c'est le premier soin du nouveau préfet de police. On dira qu'il songeait à pourchasser les vrais espions, à réduire à l'impuissance les fauteurs de désordre, à veiller à la bonne police de la ville assiégée? Pas du tout. Il espérait, dans la nuit même, « arrêter un personnage important du monde bonapartiste, qui avait pénétré dans Paris l'avant-veille (!)... Adam aurait donné 20,000 francs, de sa poche, pour cette capture (3) ». On croirait rêver si le fait n'était pas affirmé par Mme Adam, elle-même, qui, étant à la source, devait connaître les eaux de la préfecture de police. Aussi bien, nous aurons à faire le portrait de M. Edmond Adam, à propos du Trente-et-un-Octobre, où il joua un rôle fort intéressant quoique peu clair.

Le même jour, M. Jules Ferry donnait aux gardes nationaux de Belleville un certificat de bonne tenue, de civisme, de bravoure (4). Il imitait le général Trochu qui, « en public, accablait la Garde nationale d'éloges outrés, et qui prétendait, dans l'inti-

Kératry avait donné sa démission pour essayer de soulever les provinces de l'Ouest. » (Jules Favre, *Gouvernement de la Défense nationale du 30 juin au 31 octobre* 1870, p. 308. — Voir, sur ce départ, à propos duquel on avait donné cette traduction du *Si vis pacem para bellum :* Si tu veux passer, pars en ballon, Jean Larocque, pp. 164 et 165.

(1) *Enq. parlem. déf. nationale*, déposition de M. de Kératry, p. 665. — *Ibid.*, rapport de M. Chaper sur les procès-verbaux des séances du Gouvernement de la Défense nationale, pp. 40 et 41.

(2) *Ibid.*, déposition de M. de Kératry, p. 667. — *Ibid.*, rapport de M. Daru, pp. 167 et 168.

(3) Mme Adam, pp. 140 et 141.

(4) *Journal officiel*, no du 12 octobre 1870. — Jules de Marthold, p. 107. — A. du Mesnil, pp. 108 et 109.

mité, qu'elle lâcherait pied dès qu'elle apercevrait l'ennemi (1) ».

Rien d'attristant comme de lire ces phrases hypocrites où l'on sent l'effort, l'exagération, pour ne pas dire plus. Quel démenti devait être donné, quelques jours plus tard, à ce témoignage imprudent de M. Jules Ferry ! Comment s'étonner des résultats obtenus quand les gouvernants savent si peu voir, si peu prévoir, en leur faisant l'honneur d'accepter qu'ils ont écrit ce qu'ils pensaient.

Pour tous les gens sensés, il n'était pas douteux que la Commune commençait à devenir un danger dont l'imminence s'accentuait en raison de l'incapacité, de la mollesse des hommes de l'Hôtel de Ville. Et pourtant, combien étaient médiocres les chefs de la démagogie, combien ignorants leurs soldats !

« Singuliers personnages que les partisans de la Commune ! Tout homme qui remplit une fonction publique est *ipso facto* atteint et convaincu à leurs yeux d'exercer la tyrannie ; mais, quand il s'agit d'eux, c'est bien différent. Ils peuvent se permettre tout ce qui leur plaît parce qu'ils possèdent, disent-ils, la tradition révolutionnaire et qu'ils gouverneraient révolutionnairement. Ce mot dit tout, répond à tout, et donne la science infuse. Quand donc ces tristes maniaques cesseront-ils de mettre en péril la liberté ? J'en suis presque à désirer le triomphe de la Commune afin que les badauds, qui se laissent prendre aux mots ronflants, sachent enfin à quoi s'en tenir sur les aptitudes réformatrices des démagogues, les plus grands ennemis du peuple, qu'ils ont la prétention d'émanciper (2). »

(1) Flourens, p. 103.
(2) Emile Chevalet, 1er octobre 1870, p. 30. — « Tony Révillon se lève, annonce la fondation du club de Montmartre, destiné à fonder la liberté... Tony Révillon rassis, le citoyen Quentin a dé-

Après que M. de Bismarck eût dit à M. Jules Favre, lors de l'entrevue de Ferrières : « Si, dans quelques jours, nous n'avons pas pris Paris, vous serez emportés par un mouvement populaire, » ses journaux de Berlin écrivaient : « Le prolétariat finira par se soulever contre les riches. »

« M. de Bismarck croyait trop vite à ce qu'il désirait, à des insurrections de panique, de découragement ou de passions serviles. Ce n'était point à craindre, au moins aux premiers temps et sous cette forme... Toutes les classes, tous les partis, se confondaient dans un même sentiment, comme ils allaient se confondre sur le rempart... mais il y avait un élément redoutable, déchaîné par la crise du 4 septembre, l'élément des sectaires du jacobinisme, du socialisme que les meneurs révolutionnaires, laissés en dehors du Gouvernement de l'Hôtel de Ville, pouvaient organiser et jeter dans la rue à un moment donné. Ils avaient un moyen d'action tout trouvé dans ces cadres indéfinis et confus de la Garde nationale, où ils prenaient comme des places de sûreté, en se faisant chefs de bataillon, en distribuant à leurs partisans les grades d'officiers. Les Blanqui, les Flourens, les Millière, les Eudes, les Ranvier, les Razoua, les Cournet et bien d'autres étaient chefs de bataillon à Belleville, à la Villette, à Montmartre, où ils avaient leur quartier général (1). »

Le Gouvernement, le général Trochu, au lieu d'en finir tout de suite avec ces saltimbanques militaires, parlementaient, transigeaient avec eux, bien que ces futurs communards n'eussent aucun ascen-

montré, avec des mots pathétiques, que tous nos malheurs, depuis Sedan, ne seraient pas arrivés, si l'on avait nommé une Commune. » (*Journal des Goncourt*, 2e série, t. I, pp. 80 et 81.)

(1) Charles de Mazade, *La guerre de France*, t. II, pp. 143 à 145.

dant sur la grande majorité des Parisiens (1). Le singulier personnage qui se nommait Gustave Flourens, fils du savant, et frère de celui qui fut, plus tard, ministre des Affaires étrangères, avait réuni cinq bataillons, de Belleville, dont il voulait être colonel (2). Vainement, lui faisait-on observer que, dans la Garde nationale, il n'y avait pas de colonel : avec l'obstination du maniaque ou du fou, il ne démordait pas de son idée. Alors, pour l'apaiser, le général Trochu le nomma major de rempart (3). Cela ne suffisait pas à cet éminent stratège que ses soldats proclamaient commandant en chef! Le scandale était complet et les honnêtes gens gémissaient de la faiblesse du Pouvoir. « Il faudrait pourtant en finir avec ce ridicule héros qui se moque de la loi et s'improvise commandant de cinq bataillons à la fois (4). » Le Gouvernement n'osa même pas le faire arrêter (5), bien que le général Trochu eût

(1) Si Flourens avait arrêté Trochu, « il se serait trouvé tout seul, et sans aucune puissance morale le lendemain ». (Flourens, p. 109.)

(2) Les uns disent cinq, les autres quatre bataillons. C'est cinq. (Flourens, p. 104.)

(3) « M. le général Trochu annonce que, pour satisfaire M. Flourens, il l'a nommé *major de rempart.* » (*Enq. parlem. déf. nationale*, rapport de M. Chaper sur les procès-verbaux des séances du Gouvernement de la Défense nationale, p. 29.) — « Vaine et pitoyable dénomination, disait Flourens. » (Flourens, p. 105.) — « Il aimait la République d'un amour de fou. » (Etienne Arago, p. 195.) — « Ce n'était pas, comme on le croit, un scélérat : c'était un fou, un fanatique plein d'orgueil. » (*La Politique et le Siège de Paris*, par le général Trochu, p. 232.) — « L'inexplicable faiblesse du Gouvernement tolérait une usurpation qui portait le préjudice le plus grave à la discipline. » (*Histoire critique du siège de Paris par un officier de marine*, p. 51.) — « Une imprévoyance aussi forte ressemble à de la complicité. » (Francis Wey, p. 69.) — Colonel Vandevelde, p. 219. — Comte d'Hérisson, p. 180.

(4) Michel Cornudet, p. 93.

(5) Jules Simon, *Le Gouvernement de la Défense nationale*, pp. 121 et 122. — Flourens, p. 116. — « Quant à l'arrêter, on n'ose pas : M. de Kératry, préfet de police, déclare ne pouvoir risquer ses agents à Belleville ; le général Tamisier, commandant supé-

déclaré qu'il ne pouvait faire face aux combinaisons et aux fatigues militaires et se voir, chaque jour, exposé à des secousses intérieures qui rendaient toute défense impraticable (1).

Pourtant, rien n'était plus facile (2). Il suffisait d'envoyer, à l'improviste, quelques bataillons de ligne et de mobiles disciplinés à Belleville; de le prendre, lui et les siens, de les faire passer en conseil de guerre et fusiller dans les vingt-quatre heures. Le lendemain, aurait disparu le danger « qui faisait que la défense était subordonnée à ces secousses intérieures (3) » et la Commune elle-même eût pu être évitée (4). Que de vies de soldats et d'ouvriers on eût épargnées !

rieur des gardes nationales de la Seine, ne veut rien faire sans l'ordre du général Trochu, et celui-ci n'approuve pas la mise en marche de la Garde nationale pour une pareille expédition. Le général Tamisier et le Gouverneur de Paris, au lieu d'aviser à une mesure quelconque, répondent par une fin de non-recevoir..... La conclusion du refus est, fatalement, l'impunité des coupables, et, par contre-coup, la déconsidération certaine du Gouvernement. » (*Enq. parlem. déf. nationale*, déposition de M. de Kératry, p. 663.) — Voir, à ce sujet, la remarquable réponse que M. Chaper fait à M. Trochu. (*Ibid.*, rapport sur le gouvernement de la Défense, à Paris, au point de vue militaire, pp. 118 à 123.)

(1) *Ibid.*, p. 40.

(2) *Ibid.*, déposition de M. de Kératry, p. 669.

(3) Charles de Mazade, *La guerre de France*, t. II, p. 147.

(4) *Histoire critique du siège de Paris par un officier de marine*, p. 52. — « L'opinion tout entière est avec le Gouvernement et le suivra toutes les fois qu'il se montrera ferme à l'endroit des Jacobins; la Presse est unanime pour l'encourager et le soutenir. » (Michel Cornudet, p. 89.) Sauf les journaux de Blanqui, Pyat, etc. — Si le général Trochu s'était montré plus énergique et plus vigoureux, jamais la Commune, privée, du premier coup, de ses chefs véritables, et intimidée, dès les premiers jours, dans ses couches inférieures, ne se fût installée à Paris. » (*Enq. parlem. déf. nationale*, déposition de M. de Kératry, pp. 668 et 669.)

MISSION BURNSIDE

Un mot, seulement, sur la mission du général Burnside.

Le 1er octobre, l'homme de M. de Bismarck, M. Washburne, ministre des Etats-Unis (1), avait averti M. Jules Favre qu'un général américain, venant du camp prussien, devait arriver à Paris. On donna des ordres pour le recevoir aux avant-postes. Le 2, M. Washburne présentait, au ministre des Affaires étrangères, le général Burnside et le colonel Forbes. Ceux-ci expliquèrent à M. Jules Favre que M. de Bismarck, sachant *qu'ils désiraient visiter Paris*, les avait chargés d'une lettre pour lui. Cette

(1) *Moniteur prussien de Versailles*, n° du 2 février 1871. — Comte d'Hérisson, pp. 171 et 172. — Edouard Drumont, *La Dernière bataille;* Paris, Dentu, 1890; p. 306. — On sait quelle antipathie feu le président Grant nourrissait à l'égard des Français, quelle était son affection pour les Allemands et comme il s'est réjoui publiquement de nos désastres. Il n'était pas le seul Américain dans ce cas. En outre de M. Washburne, M. Bancroft, représentant des Etats-Unis à Berlin, pouvait être rangé à ses côtés. Pendant la guerre, il écrivait à M. de Bismarck qu'il était « heureux de vivre à une époque où il existait des hommes comme le roi Guillaume et son chancelier. » (Moritz Busch, p. 148.) — Lire cette lettre inqualifiable dans Pierre Maquest, pp. 114 et 115. — Voir Albert Sorel, t. II, p. 14. — « Les sympathies de l'Amérique du Nord pour la Prusse s'étaient déclarées dès le début de la crise; elles s'étaient fortifiées avec les victoires des armées allemandes ». (Albert Sorel, t. II, p. 13). — En revenant au camp prussien, l'un des touristes américains (Burnside et Forbes) dit que « Paris ressemblait à une maison de fous envahie par des singes ». (Colonel Lecomte, t. III, p. 256.) — Le jour de la fête du 7 octobre, le roi de Prusse avait, à ses côtés, les généraux Burnside et Sheridan. (Edmond Neukomm, p. 47.) — En voyant brûler les villages français, « le général Sheridan et son aide de camp, se montraient remplis d'enthousiasme pour les Allemands ». (Docteur Blum, *Ibid.*, p. 48.) — On sait que l'ennemi avait exigé que le corps diplomatique correspondît avec ses gouvernements respectifs par dépêches ouvertes. « Le quartier général prussien admit une seule exception à cette règle : ce fut en faveur de M. Washburne, ministre des Etats-Unis à Paris. » (Valfrey, 2e partie, p. 7.)

lettre n'avait aucune importance militaire et traitait la question du secret de la correspondance du corps diplomatique dans une ville assiégée.

Les deux Américains s'en furent, ensuite, chez le général Trochu et lui demandèrent *l'autorisation de se rendre compte des moyens de défense.* « Le Gouverneur s'empressa de déclarer qu'il ferait son possible pour que leurs investigations fussent complètes et faciles (1). » Puis, il chargea M. d'Hérisson de les piloter, en lui recommandant de ne pas les faire entrer dans les forts et de ne pas les faire passer dans les parties de l'enceinte les moins fortifiées (2).

Les suspects personnages ne firent aucune autre communication au Gouverneur, mais, en prenant congé du Ministre des Affaires étrangères, ils lui déclarèrent que « comme Américains très sympathiques à la France, touchés de ses malheurs, ils avaient voulu chercher, en venant à Paris, un moyen de conciliation (3) ». Le général Burnside ajouta « qu'il croyait pouvoir affirmer que l'idée d'un armistice ne serait pas repoussée à Versailles (4) ». M. Jules Favre leur répondit que les membres du Gouvernement « très décidés à résister, ne l'étaient pas moins à ne négliger aucune occasion d'arriver à une transaction honorable (5) ». Gambetta avait proposé au Conseil de « ne point leur permettre de repartir : il se méfiait. Son opinion ne prévalut pas (6). »

(1) Comte d'Hérisson, p. 165.
(2) *Ibid.*, p. 166.
(3) Jules Favre, *Gouvernement de la Défense nationale du 30 juin au 31 octobre* 1870, p. 277.
(4) Comte d'Hérisson, p. 167.
(5) Jules Favre, *Gouvernement de la Défense nationale du 30 juin au 31 octobre* 1870, p. 278. — Comte d'Hérisson, p. 168. — Jules Simon, *Le Gouvernement de la Défense nationale*, p. 98.
(6) Albert Sorel, t. II, p. 15.

Le général Burnside et le colonel Forbes quittèrent Paris. Mais, le 9 octobre (1), ils étaient de retour, apportant une proposition de M. de Bismarck : *Pas d'armistice régulier; élection et convocation d'une assemblée; trêve de quarante-huit heures pour laisser passer délégués et candidats; élections dans les départements occupés, sauf pour l'Alsace et la Lorraine* (2).

Le Gouvernement, mis au courant, fit une contre-proposition : *armistice de quinze jours avec ravitaillement, élection des députés dans tous les départements, sans excepter l'Alsace et la Lorraine* (3).

Le prince royal de Prusse, au contraire, déclare que le général Burnside, à son retour de Paris, lui dit que « Jules Favre reconnaissait parfaitement que la France vaincue devait se résigner à la perte de l'Alsace (4) ». Mais cette version royale nous paraît vraiment trop fantaisiste pour pouvoir la prendre au sérieux.

Inutile d'ajouter que M. de Bismarck n'accepta pas ces conditions et l'essai de négociations échoua, comme il le désirait (5). En effet, le chancelier savait bien que l'exception faite pour l'Alsace et la Lorraine eût été une reconnaissance du droit de conquête que jamais les Parisiens n'auraient toléré;

(1) Le 6, écrit à tort M. d'Hérisson, p. 168; voir, en effet : Jules Favre et Jules Simon, note précédente, et Mme Adam, p. 141.

(2) Jules Favre, *Gouvernement de la Défense nationale du 30 juin au 31 octobre* 1870, p. 278.

(3) *Ibid.*, p. 279.

(4) *Le Tagebuch, Mémoires authentiques de Frédéric III*, rassemblés et complétés. Traduction exacte de la *Deutsche-Rundschau;* Paris, imprimerie Faustin Gaudois, 1888; p. 8.

(5) « Personne, dans le Gouvernement, ne crut que M. de Bismarck fît, sérieusement, des propositions pareilles. » (Jules Simon, *Le Gouvernement de la Défense nationale*, p. 98.) — « Le Gouvernement de la Défense nationale ne crut pas pouvoir négocier sur ces conditions *presque dérisoires.* » (Colonel Lecomte, t. III, p. 256.)

il savait, de plus, que la trêve de quarante-huit heures qu'il proposait était une plaisanterie de mauvais goût. « Là, comme à Ferrières, la diplomatie prussienne, dominée par le commandement, voulait avoir l'air de faire quelque chose pour la paix, mais, en réalité, elle laissait pousser à outrance l'effort militaire, espérant que, travaillé par les séditions, supportant impatiemment les souffrances du siège, Paris ne tarderait pas à se rendre (1). »

Et les négociateurs américains retournèrent à Versailles. En somme, « le général Burnside n'avait jamais été porteur d'aucune proposition officielle, ni même chargé d'aucune parole de la part de M. de Bismarck. Mais celui-ci, profitant, avec son habileté ordinaire, de ce que le Gouvernement de la Défense nationale n'avait en sa possession aucune pièce relative à ces pourparlers, s'était plu, dans un intérêt facile à comprendre, à en exagérer la portée, et à les présenter aux cours étrangères comme une nouvelle preuve de sa modération et de son vif désir de mettre un terme aux hostilités pendantes (2) ». Il alla même jusqu'à affirmer aux cabinets de Londres et de Saint-Pétersbourg qu'il avait proposé un armistice *assez long* pour qu'on puisse procéder à des élections régulières. Or, cet armistice était de quarante-huit heures (3). Aussi, à cette époque, la Russie était-elle persuadée que la mission du général Burnside aurait dû avoir un autre résultat et le prince Gortschakoff disait, le 17 octobre, à l'ambassadeur d'Angleterre à Saint-Pétersbourg, que M. Jules Favre avait commis une faute

(1) Jules Favre, *Gouvernement de la Défense nationale du 30 juin au 31 octobre 1870*, p. 279. — Voir, au sujet de la mission Burnside : *Le Temps*, n^os des 12 et 14 octobre 1870. Voir aussi *La Vérité* et *La Patrie*.

(2) Valfrey, 2e partie, pp. 9 et 10.

(3) *Ibid.*, pp. 10 et 11.

en déclinant les ouvertures indirectes du quartier général prussien (1).

FAITS ET GESTES DE LA GARDE NATIONALE, DES HABITANTS ET DE M. JULES SIMON.

Les scandales causés par les officiers élus de la Garde mobile sont si grands, ils compromettent si gravement « la dignité de l'épaulette par leur inconduite soutenue et par des actes d'indélicatesse (2) », qu'un premier accroc est fait au décret du 17 septembre 1870, sur l'élection des officiers. Il est décidé, par un décret du 13 octobre, que les coupables seront révoqués, sur le rapport du ministre de la Guerre, par décision du Gouvernement, et qu'ils ne pourront plus se représenter à l'élection pour un grade quelconque (3). Il en était de même pour la Garde nationale (4), seulement on n'osait pas destituer tous les gibiers de police correctionnelle ou de cours d'assises qui déshonoraient l'épaulette (5). On se contentait de casser ceux qui étaient trop « indignes, coupables d'inconduite continue ou d'actes d'indélicatesse (6) ».

(1) Valfrey, pp. 11 et 12. — Voir aussi *Ibid.*, 1re partie, p. 274, la dépêche de Sir A. Buchanan au comte de Granville.

(2) *Journal officiel*, n° du 14 octobre 1870.

(3) *Ibid.*

(4) « Un garde national, que je connais, me fait une description assez triste de ses compagnons d'armes. Grand manque de discipline, ivrognerie, à laquelle les officiers même s'adonnent, tel est le fond du tableau que je n'enregistre qu'à regret. Trop souvent, déjà, j'ai entendu signaler l'indiscipline. A quand donc le retour vers le bien ? A quand ce sentiment du devoir qui dit au soldat que la victoire c'est l'obéissance, c'est l'ordre et la sobriété ? Faudra-t-il, d'abord, de nouveaux désastres, de sanglantes victimes avant d'arriver à la reconnaissance de cette simple vérité ? » (Schuler, pp. 48 et 49.)

(5) « Le péril était dans la Garde nationale, où les agitateurs avaient envahi les grades dans un certain nombre de bataillons. » (Henri Martin, t. VII, p. 201.)

(6) *Journal officiel*, n° du 14 octobre 1870.

Le 13, également, M. Jules Simon, non content d'avoir fait nommer une commission pour organiser l'enseignement primaire, vient proposer de fonder, à Paris, « une Ecole normale primaire pour les instituteurs et une Ecole normale primaire pour les institutrices (1). Enfin, M. Jules Simon faisait descendre de son piédestal, la statue du prince Eugène de Beauharnais et s'apprêtait à la remplacer par celle de Voltaire (2). Mais le moelleux ministre de l'Instruction publique « était encore plus grotesque quand il faisait gonfler et partir un ballon pour envoyer, en Afrique, un astronome de choix observer une éclipse de soleil (3) »! Que voilà bien, tombant dans son puits, l'astronome de La Fontaine! Hélas! en ces temps maudits, ce n'était pas de l'éclipse du soleil que les ministres auraient dû s'occuper, mais de celle de la France, si cruellement victime de l'opposition systématique de la Gauche et de l'impéritie impériale. C'est pourtant à ces travaux du temps de paix que nos gouvernants se livraient quand l'invasion battait de ses flots le vieux navire de la Ville de Paris!

A cette époque, l'alimentation par la viande de cheval était acceptée de tout le monde, les bœufs, veaux et moutons devenant fort rares sur les marchés. « L'hippophagie forcée commençait à florir (4). »

Les boucheries municipales ont commencé à fonctionner. « Désormais, l'acheteur devra se présenter à une boucherie désignée, muni d'une carte délivrée à la mairie de son arrondissement. Désormais, chaque jour, pendant des heures entières, heures désolées, mortelles, dans le froid, sous la pluie, la

(1) *Journal officiel*, n° du 14 octobre 1870.
(2) Robinet de Cléry, p. 61.
(3) Flourens, p. 99.
(4) Jules de Marthold, p. 83.

neige ou les noirs projectiles, les pauvres femmes de Paris, les pieds dans la boue, le cœur avec ceux qui luttent, héroïnes obscures, frissonneront aux portes des boucheries, gagnant chèrement la maigre pitance des vieillards et des petits enfants. Plus tard, il leur faudra pareillement stationner aux épiceries, aux chantiers de bois, et, à l'heure dernière, à l'instant psychologique, aux boulangeries (1). »

Pendant ce temps, tout ce qui tiendra au Gouvernement, et surtout aux municipalités, hauts fonctionnaires et employés subalternes, se gobergera tout à son aise, s'adjugeant, non seulement les meilleurs morceaux, mais double et triple ration.

Quant à l'organisation militaire des hommes valides renfermés dans Paris, le Gouvernement semblait s'en désintéresser. Cependant, la Presse, faisant en cela œuvre utile, le conjurait d'agir et lui fournissait maints projets dont beaucoup ne valaient pas gros, mais étaient certainement supérieurs à ce qu'on a fait.

« Les jours passent vite, les semaines aussi, puis bientôt les mois ; les approvisionnements vont plus vite encore. Il n'y a pas une heure à perdre. Eh bien ! les mesures de la Défense marchent-elles du même pas que le temps ? Elles devraient le devancer ; le suivent-elles au moins (2) ? » Puis, *Le Temps* propose de faire faire le service d'ordre par les gardes nationaux au-dessus de cinquante-cinq ans. Les autres seraient divisés en deux parties : la première, composée des volontaires, des célibataires, des anciens militaires, marcherait avec les troupes de ligne ; l'autre partie serait chargée, uniquement,

(1) Jules de Marthold, p. 99.
(2) *Le Temps*, n° du 10 octobre 1870.

de la garde des fortifications (1). Les autres journaux, de toutes nuances, stimulaient pareillement le Gouvernement. Ces efforts étaient infructueux : « il éludait et se contentait de répondre par des proclamations empreintes de toute l'énergie que l'on aurait voulu apercevoir dans ses actes (2) » ; et le général Trochu continuait à ne faire faire à la Garde nationale d'autre exercice que celui du bouchon (3).

Pourtant, le 2 octobre, M. Jules Favre avait demandé qu'on « mît à l'épreuve le zèle impatient des gardes nationaux (4) » ; le Gouverneur n'avait, toujours, rien voulu entendre et « s'était élevé avec énergie contre l'idée de lancer en avant la Garde nationale (5) ». Le 3 octobre, MM. Ferry et Gambetta renouvellent la même demande. Le général Trochu s'obstine et refuse d'exposer au feu les soldats citoyens (6). Le lendemain, M. Gambetta revient à la charge et c'est M. Rochefort qui le combat, apportant son aide à son ami M. Trochu (7).

« Ce fut principalement la résistance du général Trochu qui fit échouer les tentatives de M. Picard et les miennes pour obtenir la mobilisation de la Garde nationale (8). » C'était un malheur irrépa-

(1) *Le Temps*, nº du 10 octobre 1870. — Voir aussi : *Ibid.*, nº du 12 octobre 1870, et Borrego, p. 21.

(2) Dalsème, p. 109. — *Ibid.*, p. 110.

(3) *Histoire critique du siège de Paris par un officier de marine*, p. 37. — *Les zouaves à Paris pendant le siège* (souvenirs d'un zouave), par A. Ballue, rédacteur du *Progrès de Lyon* (ancien député, ancien président de la Commission de réorganisation de l'armée) ; Paris, Le Chevalier, 1872 ; p. 48.

(4) *Enq. parlem. déf. nationale*, rapport de M. Chaper sur les procès-verbaux des séances du Gouvernement de la Défense nationale, p. 33. — « Les gens sages auraient souhaité qu'on se tînt moins sur la réserve. » (Sarcey, p. 115.)

(5) *Ibid.*

(6) *Ibid.*, p. 34.

(7) *Ibid.*, p. 35.

(8) Jules Favre, *Gouvernement de la Défense nationale du 30 juin au 31 octobre* 1870, p. 220. — Borrego, p. 61. — Sarcey,

rable, car « isolés de Paris, cantonnés ou campés, astreints à un service sérieux et régulier, soumis à une discipline sévère que le voisinage de l'ennemi eût facilement fait accepter, les gardes nationaux auraient promptement acquis l'expérience et le *faire* du métier des armes (1) ».

Ils étaient, cependant, « pleins d'une bonne volonté qu'on utilisa trop tard (2) » ; — « il ne faut pas juger Paris d'après quelques quartiers où les haines sociales, perfidement entretenues, étouffent le patriotisme (3) » ; il ne faut pas croire, non plus, que tous les Bellevillois étaient de simples canailles : « il y avait, dans toute cette population ouvrière qui habite les hauteurs de Clignancourt, de Montmartre, de Ménilmontant, de Belleville, des travailleurs honnêtes et dont la conduite a bien prouvé, dans la suite du siège, les sentiments profondément patriotiques (4) »; nonobstant, on doit reconnaître que, soit par ignorance, soit par amour du désordre « la majorité des habitants de Belleville appartenait au parti extrême (5) ». — « Tout ce qui était vraiment révolutionnaire n'avait demandé des armes que pour l'insurrection en perspective, nullement contre les Prussiens (6). » — « Il y a eu parti pris de ne pas se battre, conspiration dans une partie notable de

p. 89. — Adolphe Michel, p. 101. — Athanase Coquerel fils ; *Libres paroles d'un assiégé* ; Paris, Joël Cherbuliez, 1871 ; p. 11. — *Journal de Fidus, La Révolution de septembre, Paris assiégé*, p. 129.

(1) A. Ballue, p. 48.

(2) Colonel Fabre, p. 177. — « La Garde nationale était susceptible de s'aguerrir. » (16e *bataillon de la Garde nationale de Paris*, 1870-1871 ; Caen, Valin, 1874 ; p. 43.) Cette brochure est de M. le comte de Carneville, commandant du bataillon. — *Enq. parlem. déf. nationale*, rapport de M. Daru, p. 121.

(3) Clamageran, p. 23.

(4) Sarcey, p. 127. — *Enq. parlem. déf. nationale*, rapport de M. Daru, pp. 128 et 129.

(5) Théodore Duret, t. II, p. 33.

(6) Comte de Carneville, p. 41. — Commandant Charles Besson, p. 50.

la Garde nationale (1). » — « On voulait, au fond, toute autre chose que l'armement, les sorties ou la guerre à outrance; ce n'étaient là que des prétextes (2). » En un mot, « il y avait des bataillons qui ne voulaient pas se battre (3). » — « Que la postérité ne s'avise pas d'en conter aux générations futures, sur l'héroïsme du Parisien en 1870. Tout son héroïsme aura consisté à manger du beurre fort dans ses haricots, et du rosbif de cheval au lieu de bœuf (4). » Assurément; mais qui est coupable de ne pas lui avoir donné le courage guerrier? Ne sont-ce pas tous les fantoches qui détenaient le Pouvoir et qui n'avaient qu'un but: conserver les faveurs de la populace? Et puis, il est injuste de confondre cette masse d'enfants, de femmes et de vieillards qui, sans se plaindre, mourut de faim plutôt que de demander la capitulation, avec les farceurs du Gouvernement, des mairies, des réunions publiques, de la Garde nationale, qui firent bombance aux frais des contribuables et ne se hasardè-

(1) *Enq. parlem. sur l'insurrection du Dix-huit mars*, déposition du colonel Montaigu, chef d'état-major de la Garde nationale, p. 418. — « J'avais plus peur des Parisiens que des Prussiens. » (*Enq. parlem. déf. nationale*, déposition de M. Dorian, p. 525.) — « Le Gouvernement avait l'ennemi devant lui et l'ennemi derrière lui. » (*L'Empire et la Défense de Paris devant le jury de la Seine*, réponse du général Trochu, p. 435.) — Bernadotte avait déjà dit, répondant à Sieyès: « Fortifier Paris, j'aurais cent fois plus peur du million d'hommes que j'aurais derrière moi, que des deux cent mille que j'aurais devant! » (*Pour la vérité et pour la justice*, par le général Trochu, p. 50). — Dans la Garde nationale, « les éléments étaient mêlés, depuis le *très bon* jusqu'à *l'exécrable*. » (Comte de Carneville, p. 38.)

(2) *Enq. parlem. déf. nationale*, déposition de M. Jules Ferry, citée dans le rapport de M. Daru, p. 126.

(3) *Ibid.*, rapport de M. Chaper sur le gouvernement de la Défense, à Paris, au point de vue militaire, p. 75. — « Les grandes sorties étaient réclamées par des gens dont beaucoup n'avaient pas envie de sortir et se réservaient pour autre chose. » (*Ibid.*, déposition de M. Henri Martin, p. 402.) — Commandant Charles Besson, p. 49.

(4) *Journal des Goncourt*, 2e série, t. I, pp. 126 et 127.

rent jamais au delà du rempart. « M. de Goncourt ne dit rien des souffrances endurées stoïquement par les humbles qui prenaient au sérieux le patriotisme (1). » — « La confiance inouïe de la population parisienne, n'est, selon moi, nullement admirable comme le prétendent les chercheurs de popularité. Pour tout observateur sérieux et impartial, cette confiance est composée, en grande partie, de présomption et d'insouciance (2). »

Quelques citations encore, pour achever le tableau de la Garde nationale et de la population parisienne du siège.

« Toutes les classes de la société se trouvaient mêlées ; toutes montraient le même dévouement et la même ardeur à concourir à la défense de la ville. Le riche et le pauvre, le savant et l'ignorant, le patron et l'ouvrier, se regardaient l'un l'autre sans mépris, sans jalousie, et s'entr'aidaient au besoin. Tout le monde souffrait des mêmes douleurs et faisait effort pour atteindre le même but (3). » Malheureusement, une fois sorti des rangs, et il n'y restait pas longtemps, chacun reprenait ses défauts. « L'oisiveté de la Garde nationale, bien payée, et les mauvaises habitudes qu'elle contracta, la rendirent tout à fait incapable d'organisation... aussi passait-elle son temps à boire et à jouer... elle terminait la journée là où elle l'avait commencée : chez le marchand de vin (4). » — « Le général Trochu, se mon-

(1) Paul Ginisty, *XIXe Siècle*, n° du 15 octobre 1890.

(2) *Simples notes prises pendant le siège de Paris*, par Nérée Quépat; Paris, Ernest Thorin, 1871; p. 5.

(3) *A Paris pendant le siège*, p. XI. — Clamageran, p. 23.

(4) *A Paris pendant le siège*, p. 51. — « Officiers et soldats ne cessent de fraterniser chez les marchands de vin. » (Louis Moland, pp. 29 et 30.) — « Il y a même des gens pour lesquels la garde au rempart est une vraie partie de plaisir. » (Michel Cornudet, p. 66.) — *Journal des Goncourt*, 2e série, t. I, p. 171. — *Enq. parlem. déf. nationale*, déposition de M. Corbon, p. 367. — Schuler, p. 69.

trant préoccupé surtout de la crainte de compromettre la vie de ses hommes et la sécurité de ses postes, l'attente et l'inaction, la misère et l'ennui diminuèrent le moral de ses soldats. Il laissera la Garde nationale s'arrêter, pendant quatre mois, à l'école du soldat et de peloton et perdre son temps, sa moralité, dans les loisirs, sans danger et sans honneur, du service sur les remparts (1). » Néanmoins, « jamais on ne signala moins de vols et de meurtres que pendant cette période du siège (2) ». — « En dehors des révoltes toutes politiques, l'ordre le plus grand a toujours régné dans Paris (3). » — « Jamais, à aucune époque, on n'a constaté moins de vols et de crimes (4). »

« Paris était un camp. Il n'était personne, jeune ou vieux, qui ne se fût fait inscrire dans la Garde nationale... Là, éclatait à plaisir ce goût d'indépendance frondeuse, qui touche à l'indiscipline, et cette honnêteté de sentiments, voisine de la grandeur, et ce courage tout plein de bonhomie narquoise, qui n'aurait qu'un pas à faire pour être de l'héroïsme, ce mélange inouï de qualités moyennes et de défauts tempérés qui composent le bourgeois. Ce qui surnageait encore, c'était la bonne humeur, la gaieté saine

(1) Colonel Fabre, p. 178. — « A moins de quelque maladresse d'un compagnon d'armes, et le cas n'est malheureusement pas rare, la faction est sans danger aucun. » (Louis Moland, p. 28.) — « La Garde nationale de l'enceinte continue à tirer de temps en temps des coups de fusil. » (Amiral de La Roncière-le Noury, p. 51.) Il y avait là de la faute du gouverneur qui télégraphiait, à une heure du matin, à tous les secteurs de l'enceinte, « d'observer la plus grande vigilance, attendu qu'un caporal avait été enlevé par une fausse patrouille. » (Francis Garnier, p. 15.) Or, cette fausse patrouille se composait d'ivrognes inoffensifs. Comment exiger du calme des soldats quand les chefs sont ainsi effarés? — « La présence de 355,955 gardes nationaux inscrits sur les contrôles équivalait, en réalité, à l'absence de 20,000 hommes de troupes régulières. » (Major de Sarrepont, p. 455.)

(2) Sarcey, p. 87. — Commandant Charles Besson, p. 49.

(3) *A Paris pendant le siège*, p. XVI.

(4) *Ibid.*

et forte, cette gaieté que nous avons héritée des Gaulois nos ancêtres, et qui est la marque indélébile de notre race (1). »

Malheureusement des chansons déplacées ou fanfaronnes se faisaient entendre partout. Grâce à leur rythme, chacun les retenait, et les gens de goût en étaient singulièrement affligés. C'était le *Sire de Fich'toncamp*, dont le refrain revenait sans cesse aux oreilles :

« L'père et la mèr' Badingue
A deux sous tout l'paquet,
L'père et la mèr' Badingue
Et l'petit Badinguet. »

C'était encore :

« As-tu vu Bismarck,
A la porte de Châtillon,
Qui battait sa femme
Avec un bâton. »

C'était également :

« Bismarck, si ça continue,
De tous tes Prussiens, il n'en rest'ra guère;
Bismarck, si ça continue,
De tous tes Prussiens, il n'en rest'ra plus. »

Jamais ce n'eût été plus le cas de répéter avec M. Sarcey : « Ce n'est pas tout d'être vaincus, soyons modestes. »

Mais allez donc faire entendre ces paroles-là au peuple de Paris livré à lui-même ! Comme Mazarin, M. de Bismarck pouvait dire : « Qu'ils chantent, ils paieront. »

Si le Gouvernement s'opposait à la mobilisation de la Garde nationale, en revanche, et pour que le ridicule fût complet, il laissait se créer le bataillon des *Amazones de la Seine* (2). Il est inutile de dire

(1) Sarcey, p. 84.
(2) *Journal de Fidus*, *La Révolution de septembre*, *Paris assiégé*, p. 152. — Jouaust, p. 19. — Marie Sebran, p. 52. — De Lafosse,

que jamais ces guerrières improvisées n'imitèrent l'exemple de leurs sœurs du Dahomey, que jamais elles n'essuyèrent le feu des Prussiens, et qu'elles ne se signalèrent que par le grand nombre d'enfants qu'elles mirent au monde l'année suivante.

La Presse obtenait enfin gain de cause en ce qui concernait la fabrication des canons par l'industrie privée. Après avoir longtemps résisté, le Gouverneur finissait par céder (1). Mais il nous faudra reprendre la question un peu plus tard; nous ne faisons donc, ici, qu'indiquer son état à cette époque du siège.

Les triples combats de Bagneux, de la Malmaison et du Bourget signaleront les derniers jours d'octobre : hâtons-nous de raconter le premier.

pp. 58 à 60. — *Paris-Journal*, n° du 14 octobre 1870. — Michel Cornudet, p. 100.

(1) *Le Temps*, n° du 12 octobre 1870.

COMBAT DE BAGNEUX

ORDRE D'ATTAQUE

Le combat de Bagneux va, une fois de plus, nous montrer quel étrange général était le Gouverneur de Paris (1).

La première des règles de l'art militaire est d'initier les chefs de corps au plan que l'on se propose. « L'ordre de marche, dit justement le général Berthaut, fait connaître aux commandants de corps d'armée la situation générale, le *but de l'opération* et l'ensemble des mouvements, pour qu'ils puissent, en toutes circonstances, agir conformément aux vues du général en chef; car «« il ne suffit pas, pour un officier général, de connaître les dispositions du commandant en chef, il ne suffit même pas d'être parfaitement en mesure de les exécuter, il faut encore embrasser d'un coup d'œil l'ensemble du plan, *saisir le vrai sens de l'opération projetée*, prendre alors ses mesures pour que chaque mouvement et chaque manœuvre de la division qu'on commande s'accordent parfaitement avec cette

(1) Pour le combat de Bagneux, voir la carte placée en tête du combat de Chevilly.

opération. Il importe, surtout, de savoir rattacher aux mêmes vues les circonstances fortuites qui se rencontrent si souvent à la guerre et qui ont, parfois, une influence décisive sur les résultats (Général Jomini : *Traité des grandes opérations militaires*, t. I, p. 249) »» (1).

Et, plus loin, se plaçant au point de vue même de la bataille, le général Berthaut ajoute : « Les généraux de brigade, les chefs de corps et les chefs de service renseignent les chefs des unités sous leurs ordres sur la marche générale de l'opération du corps d'armée, sur le rôle de la division, sur la tâche qui incombe à la brigade, au régiment, au bataillon, afin que, connaissant bien le but à atteindre, ils puissent, en toutes circonstances, agir selon les vues du général. Cette divulgation du plan de combat du corps d'armée et de la division, faite au moment du déploiement des troupes, constitue, selon nous, le meilleur moyen d'obtenir l'unité d'action (2). »

Le baron Colmar von der Goltz a dit, de son côté : « Le généralissime, le chef de troupes, énonce forcément ses intentions avec la plus grande netteté... Souvent, le temps est bien court qui précède les mouvements décisifs amenant le combat. Il restera quand même toujours quelques minutes pour transmettre, encore une fois, l'intention du généralissime dans une phrase nette et claire (3). »

Or, personne ne saurait s'imaginer avec quelle impudeur ces principes si élémentaires, dont ne s'écarterait pas le premier sergent venu, furent violés, lors de l'affaire de Bagneux, par le général pédagogue, par le favori de l'Opposition, par

(1) Général Berthaut, p. 246.
(2) *Ibid.*, p. 347.
(3) Baron Colmar von der Goltz, *La Nation armée*, pp. 115 et 116.

M. Trochu. « La question de la prise et de la conservation de Bagneux n'avait été ni décidée, ni même prévue dans l'ordre d'attaque envoyé par le Gouverneur (1) ! » On devait « entreprendre une grande reconnaissance sur le plateau de Châtillon ; aucun autre détail sur la durée et le but de l'opération n'était donné (2) ».

Bien mieux, quoique le général Trochu n'ait pas dû ignorer combien il est utile à des chefs de corps d'avoir une journée pour prendre leurs dispositions avant d'engager leurs hommes ; quoique la hâte ne se conçoive guère pour l'exécution d'une opération qui aurait pu, facilement, être reculée de vingt-quatre heures, c'est seulement dans la nuit, à minuit un quart, que le commandant du 13e corps reçoit, du grand quartier général, l'ordre de tâter Châtillon (3).

Un aide de camp court porter les instructions au général Blanchard, dont le quartier général est au lycée de Vanves. La nuit est noire, les chemins difficiles, probablement l'aide de camp les connaît mal ; bref, le général Blanchard n'est averti qu'après deux heures du matin. Mais il faut prévenir, maintenant, les commandants de brigade de la Mariouse et de Susbielle : on ne rejoint ces messieurs qu'à quatre heures, et ce n'est qu'à huit heures du matin que les généraux Vinoy et Blanchard, prennent, au fort de Montrouge, leurs dernières dispositions (4).

Le désir, que pouvait avoir le généralissime de savoir si *les renseignements qui lui étaient par-*

(1) Général Vinoy, p. 216.
(2) *Ibid.*, p. 211.
(3) *Ibid.*
(4) Général Vinoy, p. 211. — L'ordre d'attaque est arrivé au général Vinoy « le 13 octobre, à minuit un quart ; à deux heures, au général Blanchard ; à quatre heures, aux généraux de Susbielle et de la Mariouse. » (Général Ducrot, t. I, p. 471, en note.)

venus le 12, *au soir*, touchant *un grand mouvement de concentration* de l'armée prussienne, *ayant pour but une expédition en province*, explique aisément *une grande reconnaissance jusque sur le plateau de Châtillon* (1), mais ne justifie ni la précipitation avec laquelle elle a été ordonnée, ni l'absence d'instructions au sujet des éventualités à prévoir.

Aussi, est-ce avec grande raison qu'à ce propos M. Wyrouboff écrit :

« L'absence de précision dans les ordres, relativement *à la durée et au but de l'action*, s'explique très facilement : M. Trochu voulait tout simplement se battre, parce qu'il comprenait bien qu'il n'était pas permis de rester dans l'inaction ; il se battait au sud ou au nord, à l'est ou à l'ouest, cherchant toujours une *affaire honorable*, après laquelle il pût se retirer, sans être inquiété, sous le canon des forts (2). »

DISPOSITION DES TROUPES

Quoi qu'il en soit, le général Vinoy décide qu'à droite 2 bataillons du 13ᵉ de marche, 5 compagnies de gardiens de la paix, une batterie d'artillerie et une compagnie du génie pousseront sur Fleury et Clamart, sous les ordres du lieutenant-colonel Pottier.

Au centre, le général de Susbielle s'en prendra au village de Châtillon, au moyen du 14ᵉ de marche, d'un bataillon du 13ᵉ et d'une compagnie de chasseurs à pied, ayant pour réserve, au Petit-Vanves, le 42ᵉ de ligne et le 3ᵉ bataillon des mobiles de l'Aube.

(1) Général Ducrot, t. I, p. 471. — « Les nouvelles reçues signalant, sur la route d'Orléans, des engagements de nature à faire croire à un mouvement de troupes allemandes dans cette direction... » (*La Guerre franco-allemande*, 2ᵉ partie, p. 173.)

(2) Wyrouboff, p. 40.

A gauche, le colonel de la Mariouse, avec le régiment des mobiles de la Côte-d'Or et le 1er bataillon des mobiles de l'Aube, a pour objectif Bagneux. Le 35e de ligne, établi derrière la Grange-Ory, et 40 sapeurs du génie sont chargés de le soutenir.

Un peu plus à gauche, la brigade de la Charrière, de la division de Caussade, se range, entre Bagneux et la maison Millaud, afin de tenir en respect les Allemands occupant Bourg-la-Reine.

La brigade Dumoulin, de la division de Maud'huy, quitte les Hautes-Bruyères et prend position en arrière du fort de Montrouge « comme réserve, prête à porter des renforts aux parties de la ligne qui pourraient en avoir besoin (1) ».

Enfin, le régiment des mobiles de la Vendée sera notre extrême réserve (2).

Une fois de plus, le commandement commet la faute de couper les régiments : deux bataillons du 13e de marche sont avec le colonel Pottier, du côté de Clamart, et un autre bataillon du même régiment se trouve avec le général de Susbielle, du côté de Châtillon. De même, un bataillon des mobiles de l'Aube appuie le général de Susbielle, et un autre bataillon de ces mobiles est chargé d'attaquer Bagneux, sous les ordres du colonel de la Mariouse.

C'est toujours un tort, à la guerre, de distraire les hommes de leur chef naturel, car la connaissance des uns et de l'autre ne se fait pas sur le terrain. Un général, n'ayant pas étudié le caractère et l'aptitude des officiers placés instantanément sous lui, ne saura pas en tirer le parti qu'en tirerait celui qui les aurait déjà fait manœuvrer, celui qui saurait ce que l'on peut obtenir des soldats. Mais, depuis la déclaration de guerre, c'était une manie de nos états-

(1) Général Vinoy, p. 212.
(2) Général Ducrot, t. I, pp. 326 et 327.

majors de brouiller ainsi divisions, brigades et régiments; nos désastres ne les avaient pas encore corrigés : puissent-ils les instruire pour l'avenir!

Enfin 25,000 hommes et 80 pièces d'artillerie aborderont Bagneux et Châtillon, en appuyant un peu, à droite et à gauche, vers Clamart et Bourg-la-Reine (1). « La ligne de bataille va donc s'étendre du fort d'Issy à la vallée de la Bièvre, sur un front de 6 kilomètres. Trois forts, ceux d'Issy, de Vanves et de Montrouge, prendront part à l'action (2). »

C'était le IIe corps bavarois qui allait soutenir le choc. Ses troupes d'avant-postes se composaient de 5 bataillons et 2 pièces d'artillerie : 1 bataillon et 2 pièces devant Bourg-la-Reine; 1 bataillon dans cette localité même; 1 bataillon de chasseurs à Bagneux; 1 bataillon à Châtillon; 1 bataillon à Fontenay-aux-Roses (3). Il était donc possible d'assaillir ces faibles détachements, non encore massés sur la ligne de défense qui leur était assignée (4), et de les écraser avant l'arrivée des soutiens : tout dépendait du secret, de la rapidité, de la vigueur de l'abordage.

ATTAQUE DE BAGNEUX

Au lieu d'imiter le général Pélissier, qui avait horreur des signaux donnés par le canon et qui les considérait comme aussi utiles à l'ennemi qu'aux assaillants, au lieu donc de se rappeler ce qui avait été si heureusement fait, à Malakoff, et de régler toutes les montres des généraux de brigades sur celle du chef de corps en décidant qu'à une heure con-

(1) Général Ducrot, t. I, p. 327. — *La Guerre franco-allemande*, 2e partie, p. 173.
(2) Général Vinoy, p. 213.
(3) *La Guerre franco-allemande*, 2e partie, p. 174, en note.
(4) *Ibid.*, p. 174.

venue les colonnes d'assaut se mettront en mouvement, c'est toujours le canon des forts que l'on charge de déterminer le moment de l'attaque.

Aussi bien, les mouvements de troupes s'étaient exécutés avec si peu de mystère que, dès huit heures du matin, les avant-postes ennemis les signalaient comme s'effectuant depuis la maison Millaud jusqu'au fort d'Issy (1).

Enfin, à neuf heures précises, deux coups de grosses pièces, tirés du fort de Vanves, engagent l'affaire. Le fort de Montrouge bombarde immédiatement les premières maisons de Bagneux, dont il n'est distant que de 1,400 mètres. Ce feu a l'avantage de bouleverser les abris des Bavarois (2) et l'inconvénient de leur donner le temps de se reconnaître, et d'appeler des renforts, avant que les mobiles de la Côte-d'Or et de l'Aube, abrités dans les tranchées de la maison Millaud, se décident à partir et à franchir, au pas de course, le millier de mètres de terrain qui les séparent de Bagneux. De plus, nos obus, épargnant le centre du village, permettent aux ennemis de s'y retirer et nous verrons tout à l'heure combien les mobiles auront de peine à les déloger.

Quoi qu'il en soit, pris de flanc, par les feux du mur crénelé du grand parc situé au sud-est du cimetière, entre les deux chemins allant du nord-ouest de Bagneux aux glacis ouest du fort de Montrouge, en butte aux balles des troupes postées dans Bagneux et Fontenay-aux-Roses, les mobiles, se servant habilement des carrières à plâtre, haies et fossés de la plaine, font bonne contenance, ne s'arrêtent pas à répondre aux tirailleurs ennemis et

(1) *La Guerre franco-allemande*, 2e partie, p. 173.

(2) « A neuf heures, les forts de Montrouge, Vanves et Issy ouvraient une vigoureuse canonnade contre les ouvrages les plus avancés du IIe corps bavarois et les détruisaient en partie. » (*Ibid.*, pp. 173 et 174.)

arrivent aux premiers groupes de maisons sans avoir éprouvé de grandes pertes (1).

A son tour, le 35e de ligne débouche de la Grange-Ory et se dirige lentement vers le grand parc, pendant que deux batteries d'artillerie, s'installant à la droite de ce régiment, ouvrent le feu sur le village de Châtillon et les maisons qui le séparent de Bagneux. De son côté, le fort de Montrouge obliquait successivement son tir à droite, fouillant les constructions non encore atteintes par nos mobiles (2).

Ceux de la Côte-d'Or, arrivés les premiers, avaient abordé Bagneux, de face, en suivant le fossé du chemin qui va de la maison Millaud au village; ceux de l'Aube avaient pris à gauche, à travers champs, et avaient tourné le pâté de maisons, qui forme le coin sud-est de Bagneux, « en dépit du feu dirigé dans leur flanc par des contingents bavarois embusqués derrière le chemin de fer (3) ». Une première barricade est enlevée, plusieurs maisons sont occupées, les nôtres ont pénétré dans la place et une vive fusillade s'engage dans les rues.

Les deux bataillons de mobiles de la Côte-d'Or, commandants d'Andelarre et Dierolf, avancent doucement mais avancent, emportant les barricades, malgré le nombre croissant des défenseurs.

« Les coups de fusils partaient on ne sait pas d'où, des caves, des toits, des fenêtres et des meurtrières (4). Quelques mobiles de la Côte-d'Or, effrayés de ce feu, hésitent et se cachent; mais leur lieutenant-colonel, le vicomte de Grancey, se précipite sur eux, le revolver à la main, en leur criant :

(1) Général Vinoy, p. 213. — Général Ducrot, t. I, p. 327. — Colonel Lecomte, t. III, p. 216. — Francis Garnier, p. 30. — A. Niemann, p. 222. — Schuler, p. 123.
(2) Général Vinoy, p. 213. — Général Ducrot, t. I, p. 327.
(3) *La Guerre franco-allemande*, 2e partie, p. 175.
(4) *Le vicomte de Grancey*; Paris, Plon, 1873; p. 61.

«« Misérables, si vous n'avancez pas, je tire dans le tas! »» Cette éloquence persuasive fait subitement son effet, et tous retrouvent leurs jambes (1). »

C'est alors que le 2e bataillon du 35e de ligne et un détachement du génie, sous les ordres du capitaine Bernard et du lieutenant Montès, sans se préoccuper des feux directs de l'ouest de Bagneux et de flanc de l'est de Châtillon, se précipitent crânement contre le grand parc. Ils sont arrêtés, un instant, par les murs, comme, le 30 septembre, devant le petit parc de Chevilly; « heureusement, cette fois, nous avons des outils; les sapeurs brisent les portes à coups de hache, et tout le bataillon se jette dans cet enclos, où il est presque à couvert des feux de l'ennemi, grâce à une longue muraille qui, bordant le chemin de Fontenay-aux-Roses, nous défile de Châtillon; les clôtures parallèles sont percées ou renversées, et le bataillon, sans faire de pertes sensibles, gagne les maisons de l'intérieur de Bagneux. A la vue des braves soldats de la ligne, surgissant inopinément au milieu du village, les mobiles retrouvent leur ardeur, ils vont de l'avant et enlèvent de nouveaux obstacles (2). »

Enfin, le 2e bataillon du 35e de ligne emporte les dernières maisons, grâce à la bravoure de ses hommes, parmi lesquels se distinguent le soldat Le Gouil qui, avec l'aide de deux de ses camarades, fait dix Bavarois prisonniers dans une maison, et le soldat Gletty qui, à lui seul, enfonce la porte d'une grange, se jette à la baïonnette sur trois Allemands et les force à mettre bas les armes (3).

(1) *Le vicomte de Grancey*, p. 62.

(2) Général Ducrot, t. I, p. 328. — « L'arrivée du 2e bataillon du 35e de ligne donne une nouvelle ardeur aux mobiles, et les Prussiens sont chassés du village. » (Commandant Grouard, *Le Blocus de Paris et la Première armée de la Loire*, 1re partie, p. 71.)

(3) Général Ducrot, t. I, p. 329. — *Le vicomte de Grancey*, pp. 61 et 63.

Alors, l'intrépide bataillon arrive sur la place de l'église au moment même où les mobiles de la Côte-d'Or y débouchaient, au moment même où les mobiles de l'Aude achevaient de s'emparer de toute la portion sud-est du village (1).

A Bagneux « nous avions cerné et fait prisonniers environ quarante hommes, ramassé beaucoup de fusils et beaucoup de blessés. De ce côté, nous avions complètement réussi, et le combat pouvait même être considéré comme terminé Il nous avait coûté la perte du chef de bataillon de Dampierre, des mobiles de l'Aube, qui s'était fait tuer héroïquement, non loin de l'église (2) », en enlevant la dernière barricade (3).

Du côté des Allemands, l'alarme avait été donnée dès huit heures du matin, à la vue de nos mouvements de troupes, comme nous l'avons déjà dit. Pendant que les postes avancés se formaient sur la ligne de défense assignée, toutes les autres parties de la IIe division prenaient pareillement les armes. Le bataillon bavarois de Bagneux arrêtait les mobiles, grâce au concours d'une compagnie accourue de Fontenay-aux-Roses; mais les Français n'en finissent pas moins par se rendre maîtres de tout Bagneux, lors de l'entrée en action du 35e de ligne. A onze heures du matin, les défenseurs s'étaient retirés dans une position à cheval sur la route de Fontenay-aux-Roses, où ils avaient été recueillis par un bataillon frais (4). Mais nous ne pouvons déboucher de Bagneux, à cause d'un feu de flanc partant de Châtillon, et nous nous retranchons dans notre conquête (5).

(1) Général Ducrot. t. I, p. 329.

(2) Général Vinoy, p. 214. — Amiral de La Roncière-le Noury, p. 100. — Général Ducrot, t. I, p. 329.

(3) *Ibid.*

(4) *La Guerre franco-allemande*, 2e partie, p. 175.

(5) *Ibid.*

Les vainqueurs bouchent donc toutes les issues au moyen de barricades improvisées ; deux batteries s'établissent sur la place de l'église, de manière à foudroyer les routes d'accès (1). Mais les Allemands de Châtillon n'en continuent pas moins leur fusillade exaspérante. Dans l'espoir de la faire cesser, nos canons tirent à obus sur les maisons où se tiennent les tirailleurs ennemis ; de plus, le colonel de la Mariouse ordonne aux 1er et 2e bataillons du 35e de ligne, commandé par le lieutenant-colonel Le Cerf, de quitter la Grange-Ory et de déloger les Allemands des premières constructions de Châtillon. Les deux bataillons s'élancent immédiatement dans la direction indiquée ; malheureusement, leur marche, d'abord retardée par les haies, les murs des jardins, est compromise tout à fait quand, apparaissant tout à coup aux yeux des tirailleurs ennemis de Châtillon, ils sont en butte à leurs feux meurtriers. Nos troupiers inclinent alors instinctivement à gauche et rejoignent les occupants de Bagneux par le nord-ouest du village (2).

Somme toute, après onze heures du matin, Bagneux est rempli par le 35e de ligne, un bataillon du 10e de marche de la brigade Dumoulin, les mobiles de la Côte-d'Or et de l'Aube. Le restant de la brigade Dumoulin se tient à 200 pas des maisons nord-est de Bagneux, derrière deux batteries d'artillerie qui répondent à l'ennemi ; enfin, la brigade La Charrière est partie du nord du fort de Montrouge et est venue se déployer, de Bagneux à la route d'Orléans, au delà du pont du chemin de fer, à 800 mètres de la maison Millaud (3), sans, cependant, inquiéter autrement les Bavarois établis à Bourg-la-Reine (4).

(1) Général Ducrot, t. I, p. 329.
(2) *Ibid.*, pp. 329 et 330.
(3) *Ibid.*, croquis xxx, et p. 330.
(4) *La Guerre franco-allemande*, 2e partie, p. 175.

Dans ces combats de rues, à Bagneux, « le 35e de ligne et les mobiles avaient fait une centaine de Bavarois prisonniers, dont deux officiers blessés (1) ».

« Nos troupes avaient eu devant elles, depuis le commencement de l'action, les avant-postes du IIe corps bavarois, et, au premier avis de l'apparition des Français, le gros du corps d'armée avait pris les armes. A onze heures, toute la IVe division était entrée en ligne avec plusieurs batteries : partie pour renforcer les défenseurs de Châtillon, partie pour reprendre l'offensive sur Bagneux (2). »

Disons, maintenant, quels obstacles empêchaient le général de Susbielle de prendre Châtillon, condamnant ainsi à l'immobilité les Français de Bagneux.

ATTAQUE DE CHATILLON

A neuf heures du matin, au signal du fort de Vanves, le général de Susbielle bat les deux maisons bâties de chaque côté de la grande route, à l'entrée de Châtillon, au moyen de deux pièces de canon installées entre cette grande route et le fort de Vanves. Dès les premiers coups, les Allemands quittent les bâtiments bombardés, et notre compagnie de chasseurs à pied, enlevée par le capitaine Palach, court les occuper (3). Mais, voulant continuer leur marche, les chasseurs se trouvent arrêtés par le feu d'une barricade qui coupe la grande route, quelques mètres en avant d'une rue conduisant à Issy, rue également coupée par une autre barricade

(1) Général Ducrot, t. I, pp. 330 et 331.

(2) Commandant Grouard, *Le Blocus de Paris et la Première armée de la Loire*, 1re partie, p. 72.

(3) *La Guerre franco-allemande*, 2e partie, p. 176.— Commandant Grouard, *Le Blocus de Paris et la Première armée de la Loire*, 1re partie, p. 72.

construite à peu de mètres de la même grande route.

Sous la protection des deux maisons conquises, deux pièces s'en prennent à la première barricade qui redouble son feu, appuyée qu'elle est par une batterie qui est venue se poster sur la terrasse d'une maison située à mi-côte. Les chevaux de nos pièces sont atteints et celui que monte le chef de nos artilleurs, l'adjudant Jouvenel, tombe frappé mortellement, blessant son cavalier dans sa chute. Avec le sang-froid et la précision dont nos canonniers n'ont cessé de donner les plus admirables preuves, aussi bien en Alsace, qu'à Metz, à Paris, sur la Loire et ailleurs, nos pièces continuent un tir si redoutable que les défenseurs de la barricade, bouleversés par les terribles explosions de nos obus, n'osent plus demeurer à cette place dangereuse et l'abandonnent les uns après les autres. Profitant de l'accalmie, suite de la retraite de l'ennemi, les chasseurs à pied et un bataillon du 13e de marche qui est venu les soutenir, se précipitent au pas de course et emportent l'obstacle en partie abandonné (1), dont les défenseurs gagnent la partie sud du village où cinq compagnies, accourues à leur aide, en toute hâte, de Sceaux, les reçoivent et reprennent la lutte avec une nouvelle violence (2).

Aussitôt, les deux pièces qui ont fait de si bonne besogne allongent leur tir et sèment leurs obus dans Châtillon même. Mais ces deux pièces sont insuffisantes pour rendre Châtillon intenable : d'abord on aurait pu en mettre au moins une douzaine en batterie, puisqu'on prétendait en avoir 80 en

(1) Général Ducrot, t. I, pp. 332 et 333. — « Deux pièces de campagne françaises entretenaient, à petite portée, un feu de mitraille fort efficace contre les défenseurs d'une barricade élevée en travers de la grande route... les Bavarois finissent par se trouver forcés d'abandonner la barricade. » (*La Guerre franco-allemande*, 2e partie, p. 176).

(2) *Ibid.*

ligne (1); ensuite le fort de Vanves pourrait bien, ou mieux, aurait bien pu écraser sous ses obus les maisons de Châtillon avant de les faire aborder par nos soldats (2). Car la conduite à tenir, en pareil cas, par le général en chef, est bien simple : ou il jette brusquement ses hommes en avant, au point du jour, au milieu du calme le plus complet, et ne fait commencer le bombardement qu'à l'instant où il constate, par le feu des adversaires, que ceux-ci se sont aperçu de la tentative dirigée contre eux, et il a soin de faire allonger le tir à mesure que les assaillants gagnent du terrain; ou il fait précéder l'assaut d'un long et formidable bombardement, sous lequel tous les abris s'écroulent, allongeant pareillement son tir, pour écraser les troupes de soutien, dès que les assaillants ont emporté les positions de première ligne, ainsi que Pélissier l'a prescrit, le 8 septembre 1855, quand il a vu de Mac-Mahon, de la Motterouge et Dulac, maîtres des ouvrages qu'ils étaient chargés d'enlever.

Hélas! pendant le siège de Paris, le général Trochu a changé tout cela; le cœur n'est plus à gauche mais à droite; les principes les plus simples sont méconnus; le sens commun lui-même reçoit les plus rudes atteintes de la part de ce général raisonneur, qui avait critiqué tout et tous et se montrait au-dessous de tout et de tous. C'est avec deux pièces de canon dirigées par un sous-officier que l'on prépare et que l'on appuie l'assaut de Châtillon, car si les grosses pièces de Montrouge, de Vanves et d'Issy ne restent pas muettes et lancent leurs bombes sur le plateau de Châtillon (3), elles n'en font pas, pour

(1) Voir *suprà*, p. 239.
(2) « On attaqua avec trop peu de monde, et une artillerie insuffisante. » (*Histoire critique du siège de Paris par un officier de marine*, p. 52.)
(3) Général Vinoy, p. 215. — Le grand état-major prussien dit

cela, ce qu'elles devraient faire, ne concentrent pas leur feu sur le village et ne le rendent pas intenable, ce qui arriverait infailliblement si ces puissantes bouches à feu entraient sérieusement en action de ce côté, sauf à s'en prendre aux batteries du plateau, quand Châtillon eût été pulvérisé. Aussi, « à mesure que l'on avançait, les difficultés devenaient plus grandes, plus nombreuses. La grande rue était non seulement enfilée par des mitrailleuses placées sur la hauteur, mais encore par le feu d'une deuxième barricade établie en avant (1) » de la rue de la Fontaine.

De plus, la barricade, construite dans la rue menant à Issy, et qui était destinée à repousser une attaque arrivant de Paris, avait changé de destination après la prise de la première barricade : les Bavarois l'avaient franchie et, à travers ses embrasures, fusillaient, à bout portant, nos troupes de la grande rue, chaque fois qu'elles passaient en face de cet obstacle. Il était pourtant bien facile de le tourner et l'on se demande pourquoi le général de Susbielle ne s'en aperçut pas, du premier coup d'œil. En effet, puisque les Allemands l'avaient élevé pour parer à une attaque venant de Paris, il suffisait d'exécuter cette attaque par l'ouest, pour prendre, à revers, des défenseurs qui occupaient la

que l'attaque de Châtillon « a été préparée par le feu de pièces de campagne en position à côté du fort de Vanves ». (*La Guerre franco-allemande*, 2e partie, p. 176.) Il ne parle pas des canons des forts. — « Les forts ont ordre d'*appuyer* le mouvement. » (Amiral de La Roncière-le Noury, p. 99.) Pas de le préparer. De plus, dès que les Français abordent les villages, « les forts cessent de tirer. » (*Ibid*, p. 100.) — Le récit du général Ducrot est erroné à cet égard, car, d'après lui, on pourrait croire que les forts n'ont cessé de tonner (p. 336) contre Bagneux et Châtillon. Or, non seulement le témoignage de l'amiral de La Roncière-le Noury dément cette allégation, mais il va de soi que ces deux villages eussent été intenables si les gros obus des forts n'avaient cessé d'éclater sur eux.

(1) Général Ducrot, t. I, p. 333.

place inverse de celle qu'ils auraient dû occuper, et exposés, par conséquent, aux feux du fort de Vanves et aux tentatives des Français rangés sous son abri.

Pendant que le général de Susbielle cherchait le moyen de renverser cette gênante barricade, une balle le blesse à la jambe gauche. Cette blessure n'est pas grave : il peut continuer à se tenir à cheval, mais il ne découvre pas, sans doute, le côté faible de l'ennemi, il ne fait pas tourner la gauche de Châtillon par la droite des assaillants, car le général Ducrot raconte que « nos jeunes soldats, à la vue de leur général blessé, redoublent d'ardeur : trois compagnies du 13e de marche enlèvent, au pas de course, la barricade et s'y établissent (1) ». Si les Français avaient pris la barricade à revers, ils n'auraient eu ni à se lancer au pas de course ni à enlever un obstacle qui, de ce côté, n'existait pas.

Au reste, nous n'en sommes pas en meilleur point : de l'autre côté de la rue où se trouvait construite la barricade conquise si héroïquement et si naïvement, les balles partent, serrées, et nous empêchent d'avancer davantage. Retranchés dans les maisons, les Bavarois profitent de l'inaction relative de l'artillerie des forts et du petit nombre de nos pièces de campagne, pour nous fusiller, à bout portant, des murs crénelés, des fenêtres, des toits, des soupiraux de cave (2). Il faut s'arrêter.

Les sapeurs du génie entrent alors en scène. Le capitaine de la Taille commence par percer des trous dans une des maisons conquises au début de l'affaire et construite à la droite de la grande route ; mais de là, il est impossible d'atteindre les défenseurs de la

(1) Général Ducrot, t. I, pp. 333 et 334.
(2) *Ibid.*, p. 334.

deuxième barricade de la grande route, établie près de la rue de la Fontaine. Après cette constatation, les sapeurs se jettent dans la maison de gauche et s'ouvrent un passage à travers les murs et clôtures de jardins, qui s'étendent jusqu'aux habitations formant le côté nord-nord-est de la rue de la Fontaine, dont ils chassent les occupants. Mais, quand il s'agit de traverser la chaussée, enfilés par les projectiles de la barricade, élevée au bout de cette rue, à l'endroit où elle débouche sur la place de l'église, les soldats tombent si rapidement qu'il n'y a pas à songer à continuer l'aventure. Les quelques hommes qui sont parvenus à échapper aux balles et à s'établir dans une des maisons du côté sud-sud-ouest de la rue, sont contraints à la retraite, n'étant pas soutenus au moment où de nombreux Allemands se jettent sur eux : il faut renoncer à tourner la droite de la deuxième barricade de la grande route.

« Alors, le capitaine de La Taille et ses sapeurs poursuivent leur marche d'habitation en habitation ; ils trouent les murs, brisent les cloisons et se prolongent sur le côté gauche de la rue de la Fontaine, en se taillant, à coups de pioche, une sorte de galerie. Trois compagnies du 42e de ligne, sous les ordres du commandant Charpentier, marchent pas à pas derrière les sapeurs ; trois compagnies du 14e de marche, servant de réserve, les remplacent à mesure qu'elles avancent. Tout en gagnant du terrain, on fait le coup de feu par les portes, les fenêtres, avec les Allemands, qui, de l'autre côté de la rue, nous suivent parallèlement de maison en maison (1). »

Au cours de ce rude combat de maisons, les Bavarois souffrent beaucoup ; à peine un mur est-il

(1) Général Ducrot, t. I, p. 334. — *La Guerre franco-allemande*, 2e partie, p. 176. — Major de Sarrepont, p. 307.

renversé, une cloison défoncée que nos soldats les abordent à la baïonnette, à coups de pierre, de barres de fer. Tous ceux qui ne fuient pas ou ne se rendent pas, sont tués dans les chambres, dans les escaliers, dans les caves. Les morts et les blessés ennemis remplissent les maisons bouleversées par cette lutte épouvantable (1). Avant d'en raconter la fin, et pour rendre notre récit plus clair, nous allons montrer la colonne de gauche du général de Susbielle se ruant à l'assaut de la partie est de Châtillon.

Le lieutenant-colonel Vanche commandait cette colonne. Elle était partie du carrrefour formé par la grande route et le chemin, qui va du fort de Vanves au fort de Montrouge, et s'était dirigée, en ligne droite, à travers champs, sur l'église de Châtillon.

Arrivés à bonne portée, les tirailleurs d'avant-garde essuient tout à coup le feu du clocher et d'un immense mur, qui s'étend presque jusqu'à Bagneux, et que les Bavarois ont crénelé tout du long. Voyant ses hommes tomber en trop grand nombre, le général de Susbielle pousse toute la colonne Vanche à l'assaut de ce dangereux mur. Le lieutenant-colonel s'affaisse, grièvement blessé, à la tête des assaillants. Le commandant Swiney le remplace et s'efforce de raffermir ses soldats quelque peu ébranlés par la perte de leur chef. Heureusement, ils se remettent, se précipitent en avant et les voici maîtres des jardins et même de plusieurs maisons avoisinant l'église qui se trouvait ainsi menacée : de flanc, par les Français de la rue de la Fontaine et, de face, par la colonne Vanche (2).

Certes, les nôtres ne manqueraient pas d'en-

(1) Général Ducrot, t. I, p. 335.
(2) *Ibid.*

lever ce réduit si le siège de chaque maison n'était pas de toute nécessité (1). « Cette lenteur obligée donne à l'ennemi le temps de se reconnaître et de réunir ses réserves (2). » Pour comble de malheur, l'artillerie ennemie accourt de toutes parts ; à la Croix-de-Berny, défilent maints et maints canons qui gravissent rapidement les pentes du plateau de Châtillon et ajoutent leur feu à celui des pièces déjà en position. Il est environ dix heures et demie (3).

Le danger devenait grand pour les troupes françaises de Châtillon et de Bagneux : par bonheur, les forts se décident à entrer sérieusement en action ; les pièces à longue portée de Montrouge, de Vanves et d'Issy lancent leurs gros obus sur les batteries du plateau qui, sous cette masse de fer, sont plusieurs fois désorganisées et réduites au silence (4).

Néanmoins, nous sommes toujours arrêtés devant l'église de Châtillon; ni le capitaine de la Taille, ni le commandant Mowat, du 14e de marche, qui a reçu l'ordre d'emporter la grande maison servant de réduit aux Bavarois, près de l'église, ne peuvent en approcher. Chaque fois que les Français se risquent à sortir des habitations qu'ils ont conquises, « des pièces abritées, et tirant à mitraille, repoussent toutes les attaques (5) ».

Le général de Susbielle ordonne, en conséquence, au capitaine Paret de mettre toutes ses pièces en action. Celui-ci choisit une bonne position, sur une plate-forme défilée par un mur de jardin, à la gau-

(1) « Il nous fallait cheminer à la sape et avancer maison par maison. » (Général Vinoy, p. 214.)
(2) *Ibid.*
(3) Général Ducrot, t. I, p. 336. — Général Vinoy, p. 215.
(4) Général Ducrot, t. I, p. 336. — Général Vinoy, p. 215.
(5) Général Ducrot, t. I, p. 337.

che d'une des maisons enlevées au début du combat, au nord du parc. Nos obus tombent dru sur le fatal réduit et jettent la terreur parmi les occupants, qui sont affreusement broyés par les éclats : il y a espoir de s'emparer de l'obstacle et nos fantassins s'ébranlent dans ce but... tout à coup, un obus du plateau brise un des caissons du capitaine Paret, provoquant une explosion qui bouleverse, tue ou blesse hommes et chevaux... nos pièces ne sont plus en état de tirer et quittent la place. A cette vue, les fantassins perdent de leur assurance et se hâtent de regagner l'abri des maisons : l'église et ses environs restent toujours au pouvoir de l'ennemi (1).

A Bagneux, nous n'avancions pas, en raison de la résistance de Châtillon. Le combat dégénérait en une canonnade engagée entre les forts et les batteries du plateau, accompagnée de la fusillade des combattants de Bagneux et de Châtillon.

Enfin, « à une heure, l'ennemi a amené une batterie de campagne près de Sceaux. Un obus de Bicêtre démonte une des pièces et force la batterie à la retraite. Le même fait se reproduit deux fois (2) », sans, pour cela, rendre notre position meilleure : les Bavarois ne peuvent nous déloger de Bagneux et du bas de Châtillon, mais nous ne parvenons pas à sortir du premier de ces villages ni à gagner le haut du second.

Avant de dire comment se termina ce combat indéfini et monotone, voyons ce que notre droite,

(1) Général Ducrot, t. I, p. 338.

(2) Amiral de La Roncière-le Noury, p. 101. — « Une tentative avait lieu pour amener en ligne de nouvelles batteries bavaroises, mais elle échouait devant la supériorité d'action des pièces de place. » (*La Guerre franco-allemande*, 2e partie, p. 177.) — Le général Vinoy et le général Ducrot avancent, à tort, croyons-nous, que la pièce qui mit ainsi en fuite les batteries allemandes était une pièce de 24 placée au saillant 3 du fort de Montrouge (général Vinoy, p. 215 ; général Ducrot, t. I, p. 336); nous pensons qu'ils ont commis une erreur.

chargée d'enlever Clamart et Fleury, fit pour se conformer au programme qui lui avait été tracé.

ATTAQUE DE CLAMART ET DE FLEURY

La compagnie de chasseurs à pied, les deux bataillons du 13e de marche, les cinq compagnies de gardiens de la paix, le détachement du génie et la batterie d'artillerie, placés sous les ordres du lieutenant-colonel Pottier, se tenaient à l'est du fort d'Issy, la compagnie de chasseurs ayant franchi la voie de fer et s'étant embusquée à la droite du chemin de Clamart.

Au moment ou le général de Susbielle et le colonel de la Mariouse se présentaient devant Châtillon et Bagneux, le lieutenant-colonel Pottier lançait ses troupes en avant, et, d'un premier élan, enlevait Clamart, refoulant les grand'gardes bavaroises jusque sur les pentes du plateau de Châtillon (1). Un bataillon du 13e de marche, commandant Besson, suivant le chemin de Clamart à Meudon, occupe la maison Marbeau et Fleury, contourne le bois et entre, par une brèche, dans le parc de Chalais. Les Allemands ne se montrent que sur la terrasse de Meudon (2).

Pendant ce temps, les gardiens de la paix repoussent l'attaque des tirailleurs ennemis cachés sous bois. Deux pièces, établies à mi-chemin de Clamart et de Fleury, près du Chalet, deux autres, en batterie sur la route de Clamart à Châtillon, le long du premier de ces villages, canonnent les crêtes couronnées par les Allemands. Les deux autres pièces de

(1) « A l'approche des Français, les avant-postes bavarois, jetés vers Clamart, s'étaient repliés. » (*La Guerre franco-allemande*, 2e partie, p. 177.)

(2) Général Ducrot, t. I, p. 331.

la batterie sont au centre de Clamart, en réserve. Nos soldats profitent de la mollesse de l'ennemi pour s'avancer sous bois; ils repoussent même les Bavarois sur les pentes nord du plateau, à 800 mètres de Clamart. Accrochés aux flancs du coteau, les soldats du 13e de marche font le coup de feu avec l'ennemi, donnent la main au bataillon de leur régiment qui opère, à la droite de Châtillon, sous le général de Susbielle, et ces troupes, grâce aux feux d'Issy, de Vanves et de Montrouge, atteindraient certainement le plateau lui-même si une brigade de soutien s'approchait derrière eux, si quelques batteries de plus tiraient sur l'ennemi (1).

Mais, on vient de le voir, les Français n'ont pas quatre pièces de campagne en action et cette attaque de droite, qui devrait être décisive, n'est exécutée qu'avec deux bataillons et six compagnies, forces dérisoires pour le but à viser (2). A onze heures, le gros de la Ve brigade d'infanterie et la

(1) Jusqu'à onze heures, le plateau, et la partie du bois de Meudon, touchant Clamart, n'étaient gardés que par quatre bataillons. (*La Guerre franco-allemande*, 2e partie, p. 177.) — « Le premier succès obtenu, on pouvait en tirer parti et espérer un résultat plus considérable en s'emparant de ces crêtes qui dominaient les forts d'Issy, de Vanves et de Montrouge, et d'où l'ennemi a bombardé Paris. L'opération était sans doute difficile et devait coûter beaucoup de monde, mais elle pouvait réussir, puisqu'on avait des positions relativement avancées comme point de départ et, dans tous les cas, elle promettait un avantage réel, au lieu de ces avantages imaginaires qui consistaient à garder, pendant quelques heures, un village enlevé, et à l'abandonner ensuite, sous prétexte qu'on n'en avait pas besoin. Au commencement d'octobre, les batteries ennemies n'étaient pas encore établies, ses pièces de siège n'étaient pas encore arrivées. Les événements ont montré que l'occasion, perdue le 13, n'a plus pu être retrouvée. » (Wyrouboff, p. 41.) — « Un coup hardi, mené par un général sachant user des moyens mis à sa disposition, eût pu compromettre la situation de l'armée allemande autour de Paris. » (Viollet-le-Duc, p. 139.) — Francis Garnier, p. 31.

(2) Général Ducrot, t. I, p. 331. — « Au petit nombre de troupes que nous engageons, il est facile de prévoir que l'affaire n'aura pas de grands résultats. » (Francis Garnier, p. 30.) — « Ces troupes étaient si inférieures, numériquement, qu'il leur était

brigade de uhlans arrivent sur le plateau (1). Ces renforts brisent l'élan de notre attaque de droite.

Au cours de ces escarmouches, le détachement du génie du colonel Pottier avait fortifié Clamart, éventré certaines barricades et pratiqué un chemin de retraite à travers les murs et les clôtures (2).

FIN DE L'AFFAIRE

La colonne de la Mariouse ne pouvait toujours pas sortir de Bagneux et attendait la réussite de l'entreprise du général de Susbielle sur Châtillon, pour gagner le plateau, par Fontenay-aux-Roses. Mais nous savons que l'explosion d'un des caissons de l'artillerie du général de Susbielle avait déterminé la retraite des pièces qui canonnaient efficacement le réduit de la place de l'église et que, par suite de cet accident, l'espoir de s'emparer de cette partie de Châtillon s'éloignait de plus en plus.

A l'instant où le général de Susbielle, quoique blessé, s'efforçait de ramener le calme parmi les recrues de la ligne, fort émotionnées par la disparition de l'artillerie, le capitaine Delcambre, aide de camp du général Blanchard, vient demander au général de Susbielle, de la part du général Vinoy, s'il est possible de s'établir sur le plateau de Châtillon.

Le moment est mal choisi. Réduites à elles-mêmes, nos troupes du centre ne font pas de progrès depuis longtemps, et l'ennemi reçoit de continuels renforts. La colonne de Clamart, elle aussi, ne

impossible d'obtenir quelque succès. » (A. Niemann, p. 222.) — « M. Trochu a eu soin de n'engager les Français qu'au nombre de un contre dix Prussiens ; le reste de son armée est mis prudemment en réserve. » (Flourens, p. 117.)

(1) *La Guerre franco-allemande*, 2e partie, p. 177.

(2) Général Ducrot, t. I, p. 331.

gravit plus la pente et se contente de tirailler. Dans ces conditions, le succès est peu probable. « Toutefois, le général de Susbielle dit au capitaine Delcambre de faire savoir au commandant en chef que, malgré ses pertes et son peu d'espoir dans la réussite, il n'en persistera pas moins à cheminer pour chercher à gagner le haut du village (1). »

Justement, le général Blanchard envoie quelques compagnies de réserve; ce léger renfort ranime l'ardeur épuisée des 13e et 14e de marche, qui s'emparent encore de cinq ou six maisons. C'est le dernier effort des Français; ils ne peuvent plus lutter contre les contingents bavarois qui remplacent ceux qui se battent depuis le matin : là, comme à Bagneux, il ne faut plus songer à gagner du terrain mais à conserver celui si chèrement conquis : le combat se change en une fusillade bruyante que les adversaires échangent de maison à maison (2). Et le feu de l'artillerie ennemie redouble (3).

Cependant, le général de Susbielle ne veut pas encore abandonner définitivement la partie : il est allé rejoindre le capitaine de la Taille dans la maison de la rue de la Fontaine, qui touche au fameux réduit de la place de l'église, et, là, il cherche, avec le capitaine, comment il serait possible d'incendier Châtillon afin d'en chasser les défenseurs. A ce moment même, trois heures, le capitaine Delcambre lui apporte l'ordre de rompre le combat (4). Voici ce qui s'était passé.

Le général Vinoy aurait voulu conserver Bagneux, que sa proximité du fort de Montrouge rendait facilement défendable et qui avait l'avantage de nous rapprocher du plateau de Châtillon, but

(1) Général Ducrot, t. I, p. 338.
(2) *Ibid.*, p. 339.
(3) Général Vinoy, p. 217. — Général Ducrot, t. I, p. 340.
(4) *Ibid*, p. 339.

tout indiqué des attaques futures. De plus, en cas de travaux de sape pour s'approcher à couvert dudit plateau, la possession de Bagneux eût été d'une grande utilité et nous verrons, dans quelques instants, combien il eût été souhaitable que de semblables travaux eussent été entrepris, qu'une semblable tactique eût été adoptée (1).

Le général Vinoy comptait, enfin, renouveler l'attaque, le lendemain. C'était là une erreur, mais, pour toutes ces raisons, le commandant du 13e corps avait chargé le colonel du génie Dupouet de mettre Bagneux en état de défense dès que nous en avions été maîtres; ce qui avait été fait (2).

Seulement, le généralissime voulait-il garder cette conquête? On se rappelle que rien n'avait été prévu à cet égard (3). C'est pourquoi, avant onze heures du matin, le général Vinoy avait télégraphié au général Trochu : « Nous sommes maîtres de Bagneux; je prends des mesures pour nous y maintenir; voulez-vous le conserver (4)? »

Au lieu de répondre franchement, le Gouverneur adresse au général Vinoy la dépêche suivante, reçue à deux heures, et qui donne la mesure du personnage : « Blanchard tiendra dans le bas Châtillon, sans dépasser la route de Clamart : je lui annonce que vous le soutiendrez de Bagneux, par votre canon, qui devra tirer entre le télégraphe et le haut de Châtillon. Sous cette protection, Blanchard fera sa retraite quand il le jugera à propos, ou quand vous le lui direz (5). »

(1) « Bagneux, position importante, puisqu'elle donnait un point d'appui solide pour une attaque contre le plateau de Châtillon. » (Wyrouboff, p. 40.)

(2) Général Vinoy, p. 216.

(3) Voir, *suprà*, pp. 234 à 237.

(4) Général Vinoy, p. 216.

(5) Général Vinoy, p. 216. — A la question du général Vinoy, « un oui ou un non était la seule réponse à donner, si le Gou-

D'abord, qui a des ordres à donner au général Blanchard? C'est le général Vinoy, qui est son chef de corps, qui se tient sur le théâtre de l'action, non le général Trochu qui est en conversation tactique, au Louvre ou à l'Hôtel de Ville, avec des hommes de guerre comme M. Emmanuel Arago ou Pelletan, non le général Trochu, qui ne doit pas sauter par-dessus le chef direct pour prescrire un mouvement à l'un de ses subordonnés, fantaisie militaire dont les conséquences sont presque toujours désastreuses, ainsi qu'on s'en convaincra, de nouveau, quand on verra le résultat des ordres, expédiés directement de Tours, par M. de Freycinet, aux généraux de l'armée de la Loire.

Ensuite, encore d'après les mêmes principes, le général Blanchard n'avait pas à *faire sa retraite quand il le jugerait à propos*, mais quand son chef de corps le lui ordonnerait.

Enfin, la rédaction obscure du télégramme, en ne prescrivant pas la retraite, tout en la laissant supposer, manquait à la première des conditions d'un ordre militaire, qui est la clarté.

Aussi bien, cette dépêche « prouvait que le Gouverneur ne tenait pas à continuer la lutte jusqu'à l'enlèvement de la hauteur de Châtillon (1) », et qu'il envisageait la retraite sans répugnance (2).

En somme, la réponse de M. Trochu, « traduite en langage vulgaire, voulait dire : «« Blanchard fera ce qu'il voudra; vous ferez aussi ce que vous voudrez; vous pouvez lui donner des ordres dont il appréciera l'opportunité; quant à moi, je ne veux rien, sinon qu'on n'aille pas trop loin. »»» Avec la

verneur avait eu une idée exacte sur le but qu'il se proposait. » (Wyrouboff, p. 40.)

(1) Général Vinoy, pp. 216 et 217. — Trochu « ne voulait pas qu'on s'engageât à fond ». (Henri Martin, t. VII, p. 202.)

(2) Général Vinoy, p. 217. — Général Ducrot, t. I, p. 340.

meilleure volonté du monde, il n'y a pas moyen de trouver là les éléments d'une combinaison stratégique quelconque (1). »

Cependant, le général Vinoy ne se décidait pas à se replier. Tout à coup, une nouvelle étrange vient le faire sortir de son hésitation. Sans en référer à son chef, le général Blanchard, se croyant couvert par l'assentiment du Gouverneur, « informe, vers deux heures et demie, le général Vinoy, qu'il prend ses premières dispositions pour se retirer (2) ». Le commandant du 13ᵉ corps n'avait plus à réfléchir, mais à suivre. En conséquence, « il ordonne à toutes les troupes engagées dans Bagneux de se conformer au mouvement rétrograde (3) ». — « A trois heures de l'après-midi, le général en chef, n'ayant reçu du Gouverneur aucune nouvelle dépêche qui vînt modifier ses premiers ordres, ordonne la retraite (4). »

Mais, auparavant, par crainte que les murs du grand parc de Bagneux, qui s'avancent vers Montrouge, ne permettent à l'ennemi de nous fusiller durant cette retraite, le général Vinoy prescrit, au capitaine de frégate d'André, de prendre 400 marins du fort de Montrouge et de leur faire abattre ces murs dangereux, sous la direction du lieutenant-colonel du génie Lévy.

Dès que les Allemands s'aperçoivent de notre mouvement de recul, leurs batteries surgissent de tous côtés : à Bourg-la-Reine, à Sceaux, sur le plateau. Toute la zone comprise entre la route d'Orléans, à l'est, Clamart, à l'ouest, et les glacis des forts de Montrouge, Vanves et Issy, reçoit une pluie d'obus qui, comme d'ordinaire, ne fait pas

(1) Wyrouboff, p. 41.
(2) Général Vinoy, p. 217. — Général Ducrot, t. I, p. 340.
(3) *Ibid.*
(4) Général Vinoy, p. 217.

grand mal à des troupes disséminées et en marche. La brigade Dumoulin repasse derrière le fort de Montrouge, pour regagner les Hautes-Bruyères; la brigade de La Charrière se maintient à la maison Millaud et ses batteries répliquent aux batteries ennemies (1).

Le général de Bothmer croit l'instant favorable pour faire réoccuper Bagneux par son infanterie : le lieutenant-colonel de Heckel pousse en avant les contingents chassés du village, le matin, et les troupes qui les avaient reçues et protégées dans la position à cheval sur la route de Fontenay-aux-Roses. Les Bavarois sont obligés de détruire les barricades élevées par les Français et n'avancent qu'à grand'peine, fusillés qu'ils sont par nos retardataires, cachés dans les maisons. Nonobstant, les ennemis « parviennent, au prix d'une lutte incessante, à gagner progressivement du terrain dans la partie nord du village, toujours opiniâtrement défendue par l'adversaire (2) ».

« Les troupes de Bagneux se replient donc lentement, sans nul désordre. Les marins du capitaine de frégate d'André finissent d'abattre les murs du parc de Bagneux au moment même où les derniers de nos soldats quittent ce village. Les marins se retirent à leur tour, fermant la marche et couvrant la retraite (3). » Tout à coup, les Allemands font avancer leur artillerie; leur infanterie traverse

(1) Général Ducrot, t. I, pp. 340 et 341. — Général Vinoy, p. 217.

(2) *La Guerre franco-allemande*, 2e partie, p. 176. — « En même temps, la IIIe division bavaroise était venue s'établir à gauche, vis-à-vis de Clamart. » (Commandant Grouard, *Le Blocus de Paris et la Première armée de la Loire*, 1re partie, p. 72.) — Les Bavarois, « refoulés dans Châtillon jusqu'à l'église, et dans Bagneux jusqu'à la lisière sud, ne parvinrent à reprendre leurs anciennes positions que dans l'après-midi. » (Capitaine Gœtze, t. II, p. 126.)

(3) Général Ducrot, t. I, p. 341. — Général Vinoy, p. 217. — Colonel Lecomte, t. III, p. 217.

Bagneux au pas de charge et se précipite à notre poursuite. A cette vue, nos troupes s'arrêtent, font demi-tour et ouvrent sur l'ennemi, avec une grande précision, des feux de deux rangs par bataillons déployés. Cette réception, à laquelle il ne s'attendait pas, brise net son élan; il se sauve en désordre derrière les maisons du village, sur lesquelles les forts et les batteries de campagne jettent force obus qui produisent un effet meurtrier, tant le terrain est couvert de soldats. Pendant quelques instants, la canonnade et la fusillade sont d'une extrême vivacité et les Allemands ne se hasardent plus à nous suivre (1). Bientôt, le feu cesse complètement de part et d'autre (2).

A Châtillon, également, « nous ne cédons le terrain que pied à pied, en faisant, partout, ferme contenance (3) ». Les sapeurs du génie du capitaine de la Taille et les hommes du 42e de ligne, que dirige le commandant Charpentier, abandonnent, les unes après les autres, les maisons de la rue de la Fontaine qu'ils avaient conquises, chambres par chambres, et, suivant le même chemin, gagnent la grande route, au nord des maisons emportées par les chasseurs à pied, à neuf heures du matin. Mais, en se retirant, ils ont soin de barrer le milieu de la rue de la Fontaine en jetant, par les fenêtres d'une des maisons : tonneaux, tables, chaises, armoires, cloisons, etc., de manière à former un obstacle capable de retarder la poursuite des Bavarois.

(1) Les Français « se mettaient en retraite sur Montrouge, poursuivis par le feu des Bavarois, mais faisant tête vigoureusement à toutes les démonstrations offensives des Allemands. » (*La Guerre franco-allemande*, 2e partie, p. 178.) — Major de Sarrepont, p. 308.

(2) Général Vinoy, pp. 217 et 218. — Général Ducrot, t. I, p. 341.

(3) *Ibid.*

Enfin, ils rejoignent le gros de la colonne derrière une barricade que le général de Susbielle a fait construire, en bois de chauffage, et qui coupe la grande route entre le village et le fort de Vanves. Châtillon est entièrement évacué; l'ennemi le réoccupe sans oser s'aventurer derrière nous : la leçon de Bagneux ayant produit un bon effet sur lui. Il suffit de quelques coups de feu, tirés de la barricade en bois de chauffage, pour empêcher tout casque à chenille de se montrer dans la grande rue : l'artillerie du capitaine Paret n'a pas à protéger la retraite. Il en est de même du côté de Clamart. A quatre heures et demie, les Français étaient hors de portée du feu de l'ennemi; la puissante voix des canons des forts continuait, seule, à se faire entendre, à intervalles réguliers (1).

Quant au généralissime, il était *carabinièrement* arrivé lorsque tout était fini, dès que sa conversation avec les tacticiens de l'intérieur avait été terminée. « Le Gouverneur de Paris, arrivé à la fin de la journée sur le théâtre de la lutte, fut témoin de notre retraite et du retour offensif si vigoureux que nous avions opéré. Il adressa de chaleureuses félicitations aux mobiles qui s'étaient très bravement battus (2). » Comme à Châtillon, le 19 septembre, le général Trochu ne s'approchait du champ de bataille qu'au moment où l'on ne se battait plus, ce qui, pour lui, avait le grand avantage de ne pas le compromettre, en cas d'insuccès, et l'exposait à l'agréable corvée de faire un discours, dans un sens ou dans un autre, selon la tournure de l'affaire. Que n'a-t-il, fatal bavard ! conduit ses soldats aussi bien et aussi aisément qu'il tournait ses phrases et déroulait ses périodes! La devise de Tacite était :

(1) Général Ducrot, t. I, pp. 341 et 342.
(2) Général Vinoy, p. 218. — Colonel Lecomte, t. III, p. 218.

« *Multa paucis* »; celle de M. Trochu devait être : « *Pauca multis* » (1).

CONSIDÉRATIONS

A ce combat, les Français avaient perdu 14 officiers et 402 hommes. Les Allemands comptaient 9 officiers et 295 hommes tués et blessés, mais ils avaient, en plus, 120 combattants faits prisonniers, soit 424 (2).

L'état-major prussien avoue 4 officiers et 96 soldats tués, 6 officiers et 199 soldats blessés et 61 prisonniers : soit 366 (3). En somme, « les pertes des Français, dans ce combat du 13 octobre, s'élevaient à 400 hommes; celles du IIe corps bavarois étaient à peu près aussi fortes (4). »

« Cette affaire avait été considérablement facilitée par les contre-approches établies les jours précédents. Le village de Bagneux avait été pris et repris par les deux partis, en procédant de la même façon. Des colonnes s'étaient jetées à droite et à gauche du village et, lorsque leurs progrès avaient été suffisamment poussés, elles s'étaient précipitées dans les maisons, en même temps que les troupes qui attaquaient de front. On avait été contraint de recourir à la sape pour s'emparer de Châtillon. C'est un fait presque sans exemple dans l'histoire des batailles; il montre la force de résistance que

(1) « Trochu n'était pas un homme de Tacite. Il ne savait pas être bref. » (Comte d'Hérisson, p. 83.) — Au conseil « le général parlait sans cesse et bien. Les autres écoutaient toujours. » (*Ibid.*, p. 86.) — Voir aussi : *Ibid.*, pp. 85 et 86.

(2) Général Ducrot, t. I, p. 342.

(3) *La Guerre franco-allemande*, 2e partie, supplément LXXI, p. 37*. — Le général Vinoy compte 200 hommes tués et blessés et 7 disparus. (Général Vinoy, p. 219.)

(4) *La Guerre franco-allemande*, 2e partie, p. 178.

les nouvelles armes donnent au moindre obstacle. Nos troupes s'étaient bien montrées, et n'avaient cédé le village aux Bavarois que sur les ordres du général Vinoy. Il était néanmoins fâcheux qu'on eût abandonné Bagneux qui pouvait servir de point d'appui à une nouvelle attaque pour repousser les lignes de l'ennemi (1). »

En fournissant aux 35e et 42e de ligne un nouveau sujet de montrer leur valeur, en prouvant, également, qu'il y avait lieu de faire fond sur les régiments de marche, ainsi que sur les mobiles (2), le combat de Bagneux ne fut pas inutile, car il nous est impossible de considérer le fait de s'être convaincu qu'il y avait des Bavarois à Châtillon comme un avantage, et de répéter, avec les généraux Vinoy et Ducrot : que *le but proposé avait été complètement atteint* (3).

Comme nous ne supposons pas que le général Trochu espérait trouver le plateau de Châtillon dégarni de défenseurs, nous ne saisissons pas en quoi se présenter devant les lignes de l'ennemi, et y perdre plus de monde que lui, peut s'appeler atteindre un but. Cependant le major de Sarrepont affirme que le général Trochu voulait savoir « si les Allemands n'étaient point partis combattre une armée de la

(1) Commandant Bonnet, t. II, pp. 79 et 80. — *Histoire de la guerre de 1870-1871*, par le général Ambert, p. 338.

(2) « Nos troupes venaient de montrer que l'on pouvait compter sur elles. » (Commandant Grouard, *Le Blocus de Paris et la Première armée de la Loire*, 1re partie, p. 72.) — M. de Grancey, lieutenant-colonel des mobiles de la Côte-d'Or, fut nommé colonel et officier de la Légion d'honneur. (*Le vicomte de Grancey*, p. 63.) — « Nos troupes témoignèrent des progrès qu'elles faisaient journellement pour le calme et l'aplomb. » (Général Favé, p. 9.) — Francis Garnier, p. 30. — *Histoire de la guerre de 1870-1871*, par le général Ambert, p. 338. — Colonel Canonge, t. II, p. 356. — *Enq. parlem. déf. nationale*, rapport de M. Chaper sur le gouvernement de la Défense à Paris, au point de vue militaire, p. 103.

(3) Général Ducrot, t. I, pp. 340 et 474.

Loire (1) ». Nous ne croyons pas qu'il soit tombé si bas. Enfin, répétons-le, répétons-le sans cesse : une reconnaissance ne doit jamais devenir une bataille, même un combat. Cette affaire de Bagneux nous montre, une seconde fois, le général Trochu engageant trop de troupes, s'il entendait faire une simple reconnaissance, et en mettant trop peu en ligne, s'il voulait risquer un combat. La vérité est que, « pour la troisième fois depuis l'arrivée des Allemands sous les murs de Paris, nous fûmes obligés de rentrer dans nos cantonnements, sans avoir obtenu aucun résultat... Malgré tous les ordres du jour élogieux, la population ne se fit pas illusion. Elle sentit bien qu'il venait encore d'être fait une application vicieuse d'un détestable mode d'attaque. Elle reprochait amèrement au général Trochu de ne jamais mettre assez de monde en ligne (2) ». On comprenait « l'insanité de ces sorties, vraies ou fausses, toutes entreprises sans but défini, sans objectif certain, ni même probable (3) », étant donné le petit nombre de troupes engagées.

Quant à nous, rien ne pourrait nous déterminer à approuver le système du général Trochu. Ces attaques *aussi mal conçues que mollement exécutées* (4) ne pouvaient amener quoi que ce soit de bon. Oui, certes, il était permis de tenter un grand coup, de jeter toutes les forces disponibles sur un

(1) Major de Sarrepont, p. 307.

(2) *Histoire critique du siège de Paris par un officier de marine*, pp. 52 et 53. — « Le but que l'on se proposait a été atteint », dit le général Schmitz dans le rapport de l'affaire. On pensait, dans le public, que le but consistait à conserver les positions conquises, en les appuyant de forces suffisantes. Mais le public n'est pas dans le secret des généraux. » (Dalsème, p. 115.) — Adolphe Michel, p. 108. — *Journal de Fidus*, *La Révolution de septembre*, *Paris assiégé*, pp. 154 et 155. — Francis Garnier, p. 31.

(3) Colonel de Meffray, p. 79. — Colonel Fabre, p. 180.

(4) Le général Ducrot écrit : « *aussi bien conçue que vigoureusement exécutée.* » (T. I, p. 344.)

seul point, et nous avons vu que, soit le 19, au Petit-Bicêtre, soit le 13, à Bagneux et Châtillon, un succès était probable dans ces conditions. Mais combattre simplement pour *reconnaître*, s'avancer pour mieux reculer, se féliciter et féliciter les autres de n'avoir rien fait, était la plus déplorable des erreurs, sinon la plus insigne des duperies. Combien il eût été préférable de faire, à un ennemi retranché, la guerre de siège. Rien n'était plus facile, rien n'était plus prudent, rien n'était plus propre à nous assurer la victoire définitive.

Pendant que l'on aurait exercé les recrues de toutes sortes qui encombraient Paris, la sape, commençant son œuvre à quelques mètres des forts, aurait frayé, sous la protection d'une artillerie formidable et abritée, le chemin à l'infanterie, et menacé tous les travaux de l'assiégeant (1). Etudions la question : elle en vaut la peine.

Commençons par donner l'opinion du maître en ces matières, l'opinion de M. Viollet-le-Duc.

« Il eût fallu occuper, dès l'abord, une série de points qui eussent dû se protéger réciproquement et être renforcés par des ouvrages de campagne. C'était donc une faute d'avoir laissé l'ennemi s'établir solidement, et sans être inquiété, sur les points les plus forts qui entouraient Paris à une distance de 4,000 à 5,000 mètres ; cependant, tout n'était pas perdu si l'on eût voulu prendre l'offensive d'après un plan méthodiquement conçu et tracé. Mais la méthode fit absolument défaut, à l'origine de cette triste campagne de Paris.

« Puisque l'ennemi paraissait vouloir nous attendre dans les positions qu'il avait habilement choisies, en comptant sur l'isolement et la famine pour nous

(1) « Le défenseur devait, dans certaines limites, devenir, à son tour, assaillant. » (Major de Sarrepont, p. 294.)

réduire, nous n'avions d'autre parti à prendre que d'attaquer, *de faire le siège* d'une ou de plusieurs de ces positions, de l'en déloger, de nous y établir en force, et de rompre ainsi sur un point sa ligne d'investissement. Trois de ces points principaux pouvaient être l'objet de cette attaque : les hauteurs de Fontenay-aux-Roses et du Plessis-Piquet, au sud, celles de Saint-Cucufa, à l'ouest, et celles du Raincy à l'est. En s'emparant des premières, on coupait la ligne de communication entre Choisy-le-Roi et Versailles; des secondes, on forçait l'ennemi à abandonner Versailles; des troisièmes, on pouvait opérer sur la Marne et rejeter les Allemands très loin dans la plaine, du côté de Soissons, où ils n'eussent pu trouver un appui solide; on dégageait le Nord-Est et l'investissement devenait très difficile. Attaquer ces positions de vive force, les enlever, eût été chanceux, même si l'on eût disposé de bonnes troupes; on eût perdu beaucoup de monde, on risquait d'être tourné et coupé. *Il n'était qu'un seul moyen de s'en emparer sans de trop grands risques et de les garder, une fois prises, c'était d'entreprendre contre elles ou contre l'une d'elles un siège en règle, de cheminer par des ouvrages;* car on observera que les troupes allemandes, malgré leur supériorité, ne mordent pas volontiers à l'attaque des positions défendues par des épaulements. Dans cette guerre, elles n'ont, nulle part, tenté d'assauts contre un ennemi qui, solidement retranché, se garde bien et les attend de pied ferme. Mais il fallait, pour cheminer contre une de ces positions, pouvoir opposer une artillerie égale au moins à la sienne; et, des trois points que je viens d'indiquer, le plateau du Raincy était celui qui pouvait être attaqué avec le plus de chance de succès, car il est battu par nos forts de l'Est et pris à revers par le plateau d'Avron. Il fallait donc occuper fortement ce dernier plateau, dès les premiers jours du siège, et y établir des batteries parfaitement protégées (1). »

Assurément, mais de pareils projets ne pouvaient être exécutés qu'à la suite de réflexions sérieuses, de méditations militaires dont le général Trochu était incapable, trouvant beaucoup plus commode de battre ses adversaires de Paris, avec des phrases, que les Allemands, au moyen de conceptions tactiques. Continuons l'examen de la question.

Le général Tripier partageait les idées de M. Viollet-le-Duc. Après le combat de Chevilly, il était parvenu, avec beaucoup de peine (2), à décider le Gouverneur à autoriser la construction d'une série de contre-approches, en avant des positions de Montrouge. « En cela, le général Tripier s'inspirait de la défense de Sébastopol, et ses tranchées d'environ 25 kilomètres de développement, devinrent fort utiles par la suite (3). »

« L'heureux effet de ces contre-approches est bon à remarquer. Leur tracé diffère de celui des tranchées de siège. Il faut, en effet, les diriger de façon qu'elles soient toujours enfilées par les feux de la

(1) Viollet-le-Duc, pp. 20 et 21.

(2) Francis Garnier, p. 25.

(3) Colonel Lecomte, t. III, p. 213. — « A la suite de cette tentative infructueuse pour reculer la ligne d'investissement, le général du génie Tripier proposait l'emploi de contre-approches. » (Colonel Bonnet, t. II, p. 75.) — Frappé des pertes éprouvé par nos troupes, le 30 septembre, en marchant à découvert contre les villages de L'Hay, Chevilly, Thiais, etc., le général Tripier résolut d'employer le système d'ouvrages de contre-approche si admirablement utilisé par les Russes à Sébastopol; ayant jugé par lui-même, durant ce siège mémorable, des résultats obtenus, il voulut exécuter, en avant de nos positions, des travaux analogues qui nous permettraient de marcher à l'ennemi, en nous défilant au moyen de parallèles et de tranchées successives. » (Général Ducrot, t. II, p. 323.) — Voir, surtout, à ce sujet : Général Vinoy, pp. 203, 204, 445 et 446. — Francis Garnier, p. 25. — « Continués, ces travaux du général Tripier eussent permis de progresser sérieusement vers le sud. » (Colonel Canonge, t. II, p. 356.)

place afin que l'ennemi ne puisse s'en servir plus tard, en les retournant. A mesure que l'on avance, on doit établir une série de places d'armes en les tenant toujours plus rapprochées des travailleurs que ceux-ci ne le sont des lignes ennemies (1). »

« Avec des troupes médiocres, il faut remuer beaucoup de terre, a dit Napoléon Ier (2). »

Le lieutenant de marine Francis Garnier, tué au Tonkin, qui écrivait dans *Le Temps*, au moment de la guerre, considérait cette méthode de combat comme possible et efficace. « Paris, relate-t-il dans son journal du siège, déborde d'une activité qui peut devenir, plus tard, un sujet d'inquiétude réelle si on ne la dirige. Sachons l'employer; attaquons l'ennemi par la sape et la tranchée Deux cent mille travailleurs peuvent, à leur tour, l'assiéger dans ses lignes (3). »

« Certainement, il aurait été très difficile aux Prussiens, sinon tout à fait impossible, d'ériger leurs lignes d'investissement, si, pendant qu'il complétait l'organisation de son armée, M. le général Trochu avait su employer les bras des 300,000 travailleurs et manœuvres, que la ville de Paris lui aurait aisément fournis, pour exécuter un immense mouvement de terre, destiné à neutraliser la puissance de l'artillerie allemande, mouvement qui aurait, en même temps, permis d'occuper successivement, quoique avec lenteur, les positions défensives, que, faute de troupes en nombre suffisant, et suffisamment solides, on ne put disputer à l'ennemi dans les premiers jours du siège. Ce qu'un homme, alors obscur, le général Totleben, sut exécuter en 1854, devant Sébastopol, quoiqu'il ne disposât que d'un nombre de bras assez limité, a, malheureusement,

(1) Commandant Bonnet, t. II, p. 76.
(2) Cité par Rossel, p. 170.
(3) Francis Garnier, p. 22.

échappé à la science de M. le général (1). » — « Il aurait suffi de faire combattre les troupes disponibles, à l'abri de parallèles et de retranchements, de faire agir l'artillerie, accompagnant des ouvriers armés de pelles et de pioches, pour gagner peu à peu du terrain et faire reculer lentement, mais sûrement, les lignes d'investissement (2). »

Mais, ce qu'il fallait surtout chercher, ce n'était pas tant de s'approcher, en cercle, des ouvrages de l'ennemi, que de les atteindre, à un endroit donné, comme le mineur arrive jusque sous les bastions de la place assiégée. C'est pourquoi Viollet-le-Duc, le colonel Laussédat, l'ingénieur Descos étaient encore plus dans le vrai lorsqu'ils s'évertuaient à parvenir sous les ouvrages allemands. « J'ai vu, écrit M. Berthelot, l'ingénieur Descos, qui était naguère l'aide dévoué du physicien Regnault dans ses recherches les plus délicates, et qui mourut un an après, des suites des misères du siège stoïquement supportées, j'ai vu Descos passer sa vie au milieu des boyaux des champignonnières établies dans les galeries abandonnées des carrières de pierre de taille, sous la plaine de Clamart. Il avait relevé le plan de ce réseau souterrain, et il s'occupait d'en percer les impasses irrégulières et de les relier en un système continu, dans l'espérance de pouvoir surprendre l'assiégeant ou détruire ses travaux. Un jour même, il crut avoir réussi. En compagnie du colonel Laussédat, nous cheminâmes ensemble sous terre, pendant plusieurs kilomètres, dans la pensée de faire

(1) Borrego, p. 51.

(2) *Ibid.*, p. 23. — « Le Gouverneur de Paris a laissé les assiégeants s'établir, tout à leur aise, sur les hauteurs environnantes. » (Adolphe Michel, p. 97.) — « Au lieu de construire une enceinte et des barricades intérieures, qu'on élève, bien plutôt, une enceinte et des redoutes extérieures. Qu'on élargisse Paris au lieu de le rétrécir. La moitié des gardes nationaux maniera la pelle et la pioche. » (Francis Garnier, p. 28.) — *Ibid.*, p. 29.

sauter les batteries de Châtillon (1). » Mais comment M. Descos aurait-il réussi, alors qu'il était livré à lui-même, désarmé par l'indifférence, sinon le dédain du Gouverneur, qui ne lui fournissait hommes et argent que dans une proportion dérisoire.

Là encore, il y avait, parmi le peuple, l'intuition de ce qu'il fallait faire, et M. Blanqui, pour lequel nous n'éprouvons guère de tendresse, se montrait meilleur militaire que les généraux de M. Trochu quand « il faisait, dans son premier club du *Café des Halles centrales*, de véritables conférences sur l'art de défendre les places. Selon M. Blanqui, il fallait munir la population parisienne de pelles et de pioches, et la faire sortir en masse pour improviser, autour de Paris, des fortifications à la Totleben (2) ». La question est de savoir si la population parisienne, une fois munie de pelles et de pioches, eût consenti à dépasser la limite des forts; en tous cas, on ne l'a pas mise à l'épreuve et, lorsque, dans les clubs, on proposait des moyens de débloquer Paris, l'orateur qui conseillait « de construire une première redoute sous le feu des forts, puis une seconde redoute sous le feu de la première et ainsi de suite (3) », n'était pas aussi naïf que le ferait croire le sourire de pitié qu'un pareil projet détermine sur les lèvres des grands chefs militaires qui n'ont pas

(1) *Un chapitre du siège de Paris*, par M. Berthelot, de l'Institut; *Nouvelle Revue*, n° du 15 octobre 1885, p. 691. — « Il n'y avait qu'une manière d'attaquer les Prussiens : c'était de choisir quelques points, Châtillon et Buzenval, par exemple, d'assiéger ces positions pour les reprendre, de procéder par des travaux de contre-attaque et de rompre la ligne d'investissement, en se servant de la pelle et de la pioche, avant de lancer les troupes à l'assaut. » (Dussieux, t. I, p. 184.)

(2) De Molinari, p. 21.

(3) *Ibid.*, p. 16. — « J'aurais voulu une opération continue qui nous aurait peu à peu mis en possession de positions, devenant elles-mêmes une base d'attaque plus avancée. » (Jules Favre, *Gouvernement de la Défense nationale du 30 juin au 31 octobre 1870*, p. 299.) — Viollet-le-Duc, p. XXXVIII.

su sauver Paris, en repoussant toutes les propositions non marquées au coin de la routine.

« C'est d'en bas, c'est de la population même que vint continuellement l'impulsion et l'élan. La foi manquait aux chefs qui furent toujours paralysés par la pensée des difficultés presque insurmontables qu'il fallait vaincre, et qui ne tirèrent qu'un parti très insuffisant des éléments qu'ils avaient sous la main, pour organiser une offensive indispensable au salut de Paris et de la France (1). »

En tous cas, si le général en chef ne voulait pas assiéger l'ennemi et emporter d'assaut plusieurs points de la ligne de contrevallation, il pouvait, tout au moins, ne pas se borner à une *défense passive* et essayer de la *défense active*, mais en l'employant sérieusement, avec un plan bien préparé et un esprit de suite qui ne se démentirait pas, au lieu de ces coups de tête n'aboutissant à rien : Chevilly, Bagneux, la Malmaison, Champigny, Buzenval (2). Nous avons déjà longuement exposé, après le récit du combat de Chevilly, comment nous comprenons cette défense active, nous n'y reviendrons pas, car nous ne regardons pas la *sortie* comme ressortissant à la défense active, et nous nous bornerons, ici, à citer un passage d'une déposition de l'enquête sur le Quatre-Septembre qui va montrer, une fois de plus, pourquoi le général Trochu n'a pu sauver Paris, pourquoi il a commis un quasi-crime en se chargeant de sa défense.

« Jamais le Gouverneur de Paris n'a cru à une

(1) Colonel Fabre, p. 175.

(2) « Rien n'était fait d'avance pour diminuer les périls, les fatigues et les mauvaises chances de l'attaque. Il y avait toujours de longs espaces découverts à parcourir sous le feu de l'ennemi : les troupes françaises, défilant à travers les obstacles, que la défense avait multipliés outre mesure au plus près des remparts, n'arrivaient que successivement, et toujours en nombre insuffisant, à l'appui d'une première attaque et étaient aisément repoussées. » (*Ibid.*, pp. 179 et 180.)

défense efficace. Or, quand on ne croit pas à la possibilité d'une entreprise, il est souverainement imprudent et dangereux d'en accepter la direction. Sans cesse, le soir, à l'Hôtel de Ville, il nous répétait que la défense était impossible, que Vanves et Issy tomberaient fatalement, avant quinze jours, aux mains des Prussiens, et que nous ne pouvions que *chicaner* l'ennemi. C'était son mot favori. Chaque fois qu'une affaire de quelque importance, heureuse au début, s'achevant toujours par la retraite, avait lieu, il se félicitait, en nous disant : « « Nous les avons encore un peu chicanés. »» Il était de bonne foi ; il ne tentait la résistance que pour l'honneur. Pour moi, voilà toute l'explication de ces sorties tronquées et avortées contre l'ennemi. Avec un pareil plan, il était impossible de rencontrer le succès. Quand on n'a pas la foi, on ne la communique pas à toute une population aussi prompte à toutes les sensations... Mieux vaut ne pas retenir le pouvoir, quand on se sent impuissant pour l'exercer. Les successeurs, à qui on cède la place, peuvent être plus heureux s'ils sont plus convaincus ; on donne, du moins, au pays une chance de plus (1) ! »

Mais les membres du Gouvernement n'étaient pas de force à faire sortir le général Trochu de son apathie. « Les hommes qui nous gouvernent, a écrit M. de Goncourt, sont médiocres, par cela même raisonnables. Ils n'ont pas assez le sentiment du *téméraire*, et ne se doutent pas de la *possibilité de l'impossible*, dans des temps comme ceux-ci (2) ».

Il est vrai que, pendant le siège, le *téméraire* et *l'impossible*, pour M. de Goncourt, ont consisté à

(1) *Enq. parlem. déf. nationale*, déposition de M. de Kératry, p. 668. — *Ibid.*, déposition de M. Corbon, pp. 368 et 369. — Voir aussi : Alfred Duquet, *Paris, le Quatre-Septembre et Châtillon*, p. 137.

(2) *Journal des Goncourt*, 2e série, p. 67.

faire la navette de Brébant à Magny, de Voisins à Durand, et à se lamenter sur la vulgaire pitance que le blocus imposait à son effémination XVIIIe siècle. On s'irrite, à la lecture de ce regrettable journal, de ne pas rencontrer une phrase de douleur patriotique. Pas un cri du cœur; rien que la révolte de l'estomac!

Revenant au mot juste de M. de Goncourt, nous dirons que le *téméraire* et *l'impossible* ne s'étaient jamais rencontrés chez le général Trochu, parce que son esprit et son talent bourgeois ne visaient que des effets parlementaires, que des résultats certains. Ce soldat-notaire n'avait rien de l'apôtre.

AU JOUR LE JOUR

La veille du combat de Bagneux, la commission des *Papiers et Correspondance de la famille impériale* publiait deux lettres du général Ducrot au général Frossard qui montrent bien l'aveuglement voulu, l'effrayante incapacité du gouvernement impérial. Il est difficile de mieux prophétiser l'avenir que ne le faisait la comtesse de Pourtalès, dans une conversation qu'elle avait, avec le général, et dans laquelle elle prédisait tout ce qui est arrivé (1). Mais la France était livrée au fatalisme de Napoléon III, aux futilités de l'Impératrice, aux insanités des généraux d'Afrique, de salon et de parade : elle devait succomber.

Le 14, le général Trochu exposait au maire de Paris (quelle était la compétence dudit maire?) les bases sur lesquelles il se proposait de fonder l'organisation des bataillons mobilisables de la Garde nationale. Le général Trochu continuait, en parlant de lui, et disait que « seul, peut-être, entre tous

(1) *Papiers et Correspondance de la famille impériale*, t. I, pp. 226 et 227.

les officiers généraux, il avait vu, dans cette bruyante entrée en campagne, les éléments (*sic*) d'un grand désastre (1) ». Il terminait en annonçant le dépôt de son testament-prophétie, chez Me Ducloux, notaire à Paris; déclaration étrange, qui l'a couvert, justement, d'un si gros ridicule (2).

Le Gouvernement se décidait à aviser au sujet des officiers élus. Le nombre des farceurs et des indignes était si grand, de même que le scandale de leur attitude, que force fut, cependant, aux soliveaux du Pouvoir, d'y mettre un terme (3).

C'est, ce jour-là, que le ballon le *Godefroy-Cavaignac* emporta M. de Kératry et ses deux secrétaires. Il allait déployer ses talents militaires dans les boues de Conlie. Le *Guillaume-Tell* partait, pareillement, emmenant M. Albert Tissandier, M. Ranc, le futur chef de la police de Tours et de Bordeaux, et M. Ferrand, qui devait se rendre célèbre par une façon si habile de joindre le patriotisme au commerce des bœufs qu'elle l'a conduit en police correctionnelle. Il commençait la série des politiciens pour qui la République est un moyen... de faire fortune.

Le club féminin était fondé, sous la présidence du citoyen Allix, le futur membre de la Commune, ancien apôtre des escargots sympathiques. « Un inventeur a imaginé pour ces citoyennes un engin formidable, à savoir, d'après ce qui a été expliqué au club, un dé en caoutchouc se terminant par un petit tube contenant de l'acide prussique. Poison prédestiné ! Le Prussien est galant, car, pour être Prussien on n'en est pas moins homme. Il s'approche; la guerrière étend le doigt; l'homme, qui

(1) *Journal officiel*, n° du 15 octobre 1870.
(2) Emile Chevalet, p. 43. — Jouaust, p. 19. — *A Paris pendant le siège*, p. 97.
(3) *Journal officiel*, n° du 14 octobre 1870.

voulait violer la République dans sa personne, tombe mort, et la dame reste pure et immaculée comme Lucrèce (1). »

Si nous voulions rapporter toutes les insanités qui attristaient la population sérieuse et honnête, pendant ces jours terribles; si nous voulions rappeler les grotesques projets éclos dans les clubs et dans les journaux, projets qui remplissaient nos ennemis de joie et rapetissaient singulièrement les Parisiens, nous entasserions pages sur pages. Obligé, pourtant, de donner la véritable physionomie de ce siège mémorable, nous nous contentons, de temps en temps, de signaler les folies, souvent coupables, des habitués de clubs. Puissions-nous, si la fatalité faisait reparaître ces journées funèbres, profiter de la leçon et imposer le silence aux insensés, aux farceurs et aux voleurs.

Le 16, une petite pluie fine vous glace jusqu'aux os; le ciel est sombre comme la situation des assiégés; une morne tristesse serre tous les cœurs. Un numéro du *Journal de Rouen*, entré à Paris, apprend les progrès de l'invasion et désespère la population, si avide de bonnes nouvelles.

A l'Hôtel de Ville, M. Etienne Arago continue à passer des revues (2), et le Gouvernement révoque M. Mottu, maire du Xe arrondissement, coupable d'avoir voulu faire trop tôt l'école laïque, telle qu'elle fonctionne aujourd'hui (3). Il est souvent dangereux d'être trop en avance.

Un coup de main heureux fut exécuté ce jour-là. « Le village de Créteil renfermait de grandes quantités de paille et de foin; une patrouille ayant constaté l'absence de l'ennemi, le général d'Exéa résolut de faire entrer dans nos lignes cet approvisionne-

(1) Emile Chevalet, p. 42.
(2) Jules de Marthold, p. 113.
(3) Emile Chevalet, pp. 44 et 45. — Jules de Marthold, p. 113.

ment. Un certain nombre de voitures du train, escortées par quelques compagnies de la brigade Mattat, s'avancèrent jusqu'au village, enlevèrent rapidement tout le fourrage et rentrèrent sans avoir été sérieusement inquiétées. Commencée vers midi, terminée à cinq heures du soir, cette opération, lestement conduite, ne nous coûta qu'un sergent blessé (1). »

Mais que dire d'un Gouvernement, d'un général en chef, qui laissent sous le canon de la place de pareils approvisionnements, qui ne les font pas rentrer avant l'arrivée de l'ennemi! Bazaine agissait pareillement à Metz. En vérité, ne cessons de le crier : les Allemands furent heureux de rencontrer devant eux de semblables adversaires!

Le lendemain, le général Trochu, au nom du Gouvernement, publie un nouveau rapport, dans lequel il montre Paris, selon lui, hors d'état de se défendre le 4 septembre, et rendu inexpugnable par ses soins. M. Josse était dépassé; M. Trochu avait manqué sa vocation en ne se mettant pas orfèvre : il y eût excellé.

Maintenant, les bijoux de M. Trochu étaient-ils aussi bien ciselés qu'il le proclame; ses pierres précieuses étaient-elles aussi bien serties qu'il le prétend? Nous n'hésitons pas à transcrire une remarquable page de M. Wyrouboff qui répond à ces questions.

« On sait que M. Trochu s'est souvent vanté, dans ses proclamations et dans ses discours, d'avoir rendu Paris imprenable; l'armement des forts et des remparts était, à son avis, ce qu'il avait fait de mieux. Certes, dans ce sens, on a fait un effort considérable; on travailla sans relâche, pendant plusieurs semaines, à la construction d'ouvrages nouveaux, à

(1) Général Ducrot, t. II, p. 332.

l'achèvement des ouvrages déjà commencés, on installa un grand nombre de pièces et on fabriqua une quantité prodigieuse de projectiles ; et si la place n'était pas devenue *imprenable*, elle pouvait, jusqu'à un certain point, supporter un siège régulier. Je dis *jusqu'à un certain point*, car la limite de la résistance était marquée par l'impuissance militaire de l'initiative individuelle qui, seule, a fait ces choses *surhumaines* dont M. Trochu s'attribue l'honneur. La direction générale manquait absolument ; chaque fort, chaque secteur de l'enceinte était armé à sa manière, quelquefois très convenablement, quelquefois d'une façon déplorable. Les généraux en sous-ordre, même les officiers des batteries, faisaient à peu près ce qu'ils voulaient, inventaient les fortifications les plus excentriques, les blindages les plus fantaisistes. On a vu des casemates défoncées par le premier projectile, des abris ne pouvant abriter personne, des poudrières évacuées à la hâte parce qu'on s'était aperçu, au dernier moment, que quelques obus suffiraient pour les faire sauter. Tous ceux qui ont vu, comme moi, dans quel pitoyable état étaient les bastions du Point-du-Jour, les forts du Sud et de Saint-Denis, après quelques jours de bombardement par des batteries tirant à une distance moyenne de 2,000 mètres, savent bien à quoi s'en tenir sur leur *admirable état de défense* et comprennent parfaitement ce qui serait arrivé si l'ennemi, au lieu de rester immobile, avait cheminé et avait établi des parallèles.

« Il est, du reste, assez vraisemblable que si l'attaque d'artillerie avait duré encore quinze jours avec la même intensité, plusieurs forts, et notamment la Double-Couronne et le fort d'Issy, seraient devenus intenables et auraient dû être évacués. Partout, les derniers jours de janvier, j'entendais dire, par les officiers du génie et de l'artillerie, que les blindages étaient illusoires, que les défenses étaient puériles contre la puissante artillerie moderne, qu'on n'avait cru avoir affaire qu'à des canons tels qu'ils étaient encore au siège de Sébastopol. Pourquoi donc M. Trochu qui, dans son livre, raconte doctoralement qu'il connaissait l'artillerie à laquelle il allait avoir affaire et qu'il comprenait *l'anachronisme des fortifications parisiennes*, n'a-t-il pas pris ses mesures, ayant eu quatre mois de temps et 100,000 travailleurs à son service? En cela, du moins, il n'a pas pu être gêné par les considérations politiques, par les résistances du pouvoir civil; il était même, à cet égard, dans une situation exceptionnellement heureuse, car jamais commandant de place n'a eu un aussi immense matériel sous la main et n'a pu employer, à la fois, un aussi grand nombre de bras pour remuer la terre et construire les fortifications les plus perfectionnées. Il n'a pas su ou n'a pas voulu profiter des avantages que lui offrait la situation, il est donc responsable devant l'histoire à laquelle il s'adresse avec un peu trop de confiance et qui, j'en suis sûr, ne l'excusera pas (1). »

« Le Gouvernement, dit de son côté Francis Garnier, pour se disculper du reproche d'inaction qui lui a été adressé non sans motifs, publie le relevé des travaux exécutés depuis six semaines pour mettre Paris en état de défense. Leur énumération, si longue qu'elle soit, ne provoquera que l'admiration des gens étrangers au métier. Ces travaux, dont beaucoup sont donnés, à tort, comme achevés, dont quelques-uns sont à peine en projet, n'ont demandé ni une activité, ni une ingéniosité particulière, et, quand on songe aux immenses ressources de Paris, on ne trouve, dans les résultats obtenus, rien à signaler qui tienne du prodige (2). »

(1) Wyrouboff, pp. 51 et 52. — Viollet-le-Duc, p. 186.
(2) Francis Garnier, p. 35. — Voir, à ce sujet, *Histoire critique*

« Supposons, écrit M. Viollet-le-Duc, un civil autrement au fait des choses militaires que les neuf dixièmes des généraux de l'armée impériale, supposons qu'une nuit on eût voulu, sur un point désigné, élever une batterie en face des avant-postes prussiens. On pouvait disposer facilement de 20,000 gardes nationaux de bonne volonté. Donnant seulement un sac à terre à porter à chacun d'eux, en quatre ou cinq heures on élevait un épaulement formidable, puisque 20,000 sacs à terre fournissent 1,000 mètres cubes... Croyez-vous que cette idée si simple n'ait point été indiquée ! Si fait, on la trouvait ingénieuse, mais on ne la mettait pas en pratique (1). »

Les travaux eux-mêmes étaient exécutés d'une façon déplorable. Des ouvriers, des conducteurs, des entrepreneurs prussiens auraient été chargés de ces travaux qu'ils ne les auraient pas exécutés avec une plus scandaleuse mollesse..... les généraux passaient sans y faire attention..... on ne voyait sur les remparts ni un officier du génie, ni un officier d'artillerie... et, cependant, le Gouverneur était averti de cet état des choses (2). Mais il préparait ses effets de phrases et ciselait ses périodes.

« La vérité est que les travaux n'ont été complétés que vers la fin du siège, en janvier (3). »

du siège de Paris par un officier de marine, pp. 25, 55, 36, 57, 58 et 59.

(1) Viollet-le-Duc, p. XXXVIII. — « On aurait dû occuper les gardes nationaux, dont la plus grande partie avait l'habitude du travail manuel, à la mise en état des remparts et à faire les ouvrages avancés. » (*Enq. parlem. déf. nationale*, déposition de M. Corbon, p. 367.) — Colonel Prévost, p 110. — Voir, *suprà*, pp. 267 à 273.

(2) *Enq. parlem. déf. nationale*, déposition de M. Corbon, pp. 367 et 368. — « Oncques ne vit, de notre côté du moins, un général faire la visite des avant-postes, et, cependant, le règlement est formel à cet égard. » (A. Ballue, p. 50.) — Colonel Prévost, p. 110.

(3) *Enq. parlem. déf. nationale*, déposition de M. Corbon, p. 368.

Toutefois, même en octobre, il n'était pas facile pour les Allemands d'emporter Paris d'assaut, et comme le disait, un jour, un officier allemand, à un de nos médecins : « Il vous sera aussi difficile de sortir de Paris qu'il nous le serait à nous d'y entrer (1). »

Quand nous avons reconnu que M. Trochu s'était montré bon organisateur (2), nous n'avons pas voulu dire qu'il s'était révélé administrateur excellent. Ainsi, il prenait une décision et ne veillait pas à ce qu'elle fût exécutée. C'était là un grand vice. Enfin, nous avons ajouté qu'il lui fallait un chef pour faire de la bonne besogne, or, ce chef, il ne l'a pas eu, puisqu'il a toujours été le premier (3).

A ce sujet, M. Wyrouboff s'exprime en ces termes : « Il nous reste à examiner un dernier côté de la défense, son administration, son organisation militaire. Il semblerait que, dans cette partie, M. Trochu devait être un maître. N'avait-il pas, en effet, écrit sur la matière un livre qui a fait sa célébrité et qui a été son seul titre pour arriver au Pouvoir? Pourtant, il a été un organisateur aussi incapable que les plus incapables organisateurs de l'Empire, dont il avait la routine et les préjugés. Au fond, tout est resté dans le même état qu'avant le Quatre-Septembre ; jusqu'aux moindres détails, on retrouvait le système impérial, qui venait de faire ses preuves à Sedan. Sans doute, on avait beaucoup changé... sur le papier, on avait même pris des airs d'énergie et de résolution qui promettaient beaucoup, mais qui sont, malheureusement, restés sous la forme de discours et de papiers imprimés.

« Des cours martiales sont instituées pour faire des

(1) Sarcey, p. 113.
(2) Alfred Duquet, *Paris, Le Quatre-Septembre et Châtillon*, p. 135.
(3) *Ibid.*

exemples : elles ne condamnent personne, pas même les déserteurs; la décoration est supprimée pour le civil, très limitée pour les militaires : il en tombe une véritable pluie chaque fois qu'on rentre à Paris, après avoir été battu; le mérite seul doit servir pour l'avancement : jamais le favoritisme ne s'est exercé d'une façon aussi scandaleuse, jamais les états-majors n'avaient eu tant d'officiers incapables, mais élégants. Un décret avait paru qui ordonnait l'incorporation dans les bataillons actifs de tous les hommes de 19 à 30 ans, et l'on voyait partout des fils de famille, des jeunes gens riches se promener tranquillement dans les rues, comme pour bien montrer que le décret n'était pas fait pour eux (1). Comment cela se faisait-il? D'une manière très simple : le Gouverneur n'avait pas le temps de veiller à l'exécution de ses ordres. Il recevait des députations et prononçait des discours, le Gouvernement (le Gouverneur) n'avait pas de loisirs pour entrer dans les détails (2), il rédigeait des décrets et composait des proclamations.

« Et ces abus sans nombre n'étaient que le petit côté de la question. La chose vraiment grave, c'était le désarroi qui régnait dans tous les services, l'effrayant désordre qu'on rencontrait là où l'unité était indispensable. Voici un exemple, entre mille; je le prends dans le livre de M. Vinoy : «« Les travaux de campagne, nécessités par les actions militaires, demeuraient dans le ressort du commandant du génie du 13ᵉ corps; ceux des communications et des ouvrages défensifs permanents regardaient le

(1) Il y a là une erreur. Nombre de fils de famille ont fait leur devoir : ceux qui se sont soustraits à leurs obligations militaires sont les parents ou amis des membres du Gouvernement, des maires et adjoints, et des fonctionnaires.

(2) Le général Trochu n'était que trop disposé à y entrer; mais pour ne remédier à rien.

génie territorial; enfin une série spéciale était entreprise par le général Tripier. »» M. Vinoy ajoute : «« qu'il devait tout naturellement résulter de ces diverses directions une certaine confusion et parfois un manque d'entente toujours nuisible pour l'exécution générale. »» Cette subdivision de commandement et les conflits de pouvoir, qui en étaient la conséquence forcée, se rencontraient dans toutes les branches de l'administration militaire. On paraissait avoir érigé en système la décentralisation qui, en matière de guerre, devient nécessairement la désorganisation. Lorsqu'on connaîtra mieux ce qui se passait tous les jours dans les diverses fractions de l'armée de Paris, on s'étonnera, j'en ai l'intime conviction, de ce que le siège ait pu durer si longtemps (1). »

« En résumé, il n'y a eu de sérieusement constituée que l'armée du général Ducrot, et tous les efforts intellectuels de M. Trochu n'ont servi qu'à résoudre, au bout de deux mois, le problème militaire suivant : Étant donnés 180,000 hommes de garde nationale mobilisée, 120,000 gardes mobiles, 60,000 hommes de troupes régulières, soit un total de 360,000 hommes, n'en faire qu'une armée de 100,000 hommes. Si je ne me trompe, on pouvait arriver à ce résultat sans y consacrer tant de temps (2). »

« Des négligences de toutes sortes se remarquaient dans l'organisation des forces vives de la défense et dans beaucoup d'autres détails fort importants... Un désordre inouï existait dans les bureaux de l'état-major général... Près des trois quarts des mobiles de

(1) Wyrouboff, pp. 53 et 54. — Francis Garnier, pp. 15 et 16.

(2) Wyrouboff, pp. 55 et 56. — M. Sarcey n'est pas de cet avis. « Le général Trochu faisait à petit bruit, et lentement, une besogne qui fut, plus tard, reconnue excellente. » (P. 113.) Lentement : nous le voulons bien ; mais à petit bruit : holà !

province, présents à Paris, ne firent jamais l'exercice à la cible (1)... Chose non moins grave, il régnait, à l'état-major général, une indiscrétion qui dépasse toutes les bornes. La veille de la plupart des affaires, les conversations avec le premier venu ne roulaient que sur l'engagement qui aurait lieu le lendemain (2). »

Aussi bien, le Gouverneur était d'une naïveté qui côtoyait de près l'incapacité si elle ne tombait pas dedans. Ainsi, pour détourner les Allemands de bombarder Paris, il repoussa toutes les propositions faites dans le but d'incendier les villages occupés par l'ennemi, au moyen du pétrole (3). On sait combien sa générosité a été appréciée et comment les Allemands ont répondu à ses politesses.

Aussi bien, le général Trochu se condamne lui-même. Ecoutons-le.

« Renfermés dans nos lignes, dit-il, nous avions à utiliser cette situation pour instruire les mobiles, les jeter dans les rangs de l'infanterie, et former une armée active, indépendante de la garnison, qui nous donnât le moyen de sortir de la défensive. Ce travail dura six semaines. Il fallait encore porter de 60 à 260 les bataillons de la Garde nationale, les habiller, les équiper, les armer. Ce travail dura près de trois mois.

« Eh bien! pendant cette immobilité de six semaines, qui nous permit de former l'armée active de Paris, l'ennemi, avec 260,000 bras de soldats

(1) Voir aussi : Francis Garnier, p. 41 et *Histoire critique du siège de Paris par un officier de marine*, p. 62. — « Les Prussiens ont été leur première cible. » (*La Province au siège de Paris, Garde mobile du Tarn*, par Ed. Fuzier-Herman, lieutenant au régiment; Paris, Dumaine, 1871 ; p. 42.)

(2) Colonel Vandevelde, p. 223. — Selon son habitude, le colonel Vandevelde a copié ces phrases dans l'*Histoire critique du siège de Paris par un officier de marine*, p. 58.

(3) Général Vinoy, p. 455.

ou de travailleurs requis, établit ses lignes d'investissement que, plus tard, quand nous avons pu sortir de Paris, nous avons été impuissants à renverser. Et l'ennemi, à son tour, par suite des travaux que nous avions multipliés dans Paris, et autour de Paris, pendant le même espace de temps, dut reconnaître qu'il était désormais impuissant à pénétrer dans la place, soit de vive force, soit par un siège régulier, alors que les impatiences de l'Allemagne l'obligeaient à précipiter les événements. En sorte que ces six semaines de travail intérieur forcé ont eu un double effet réciproque, qui a été de rendre les lignes de l'ennemi inabordables pour nous, et les lignes de Paris inabordables pour l'ennemi. Il y gagnait plus que nous, parce que la source de ses approvisionnements ne devait pas tarir comme celle des nôtres (1) ! »

Donc, en admettant même l'assertion du général, affirmant que les lignes des Allemands étaient inabordables, ce qui est contredit par Champigny et le Bourget, en admettant même son dire, le système adopté par lui était aussi absurde que désastreux, puisqu'il nous conduisait fatalement à la capitulation, et il importait peu de préparer 400,000 hommes à un combat qu'on savait ne devoir jamais être livré !

Cela est d'autant plus vrai que le général Trochu ne croyait pas que les vivres dureraient jusqu'à la fin de janvier. Nous savons que, le 8 septembre, le Gouvernement ne comptait pas sur plus de deux mois de vivres (2); le 15 octobre, on n'espérait pas

(1) *Une Page d'histoire contemporaine devant l'Assemblée nationale*, par le général Trochu ; Paris, Dumaine, 1871 ; pp. 86 et 87. — « Les chefs de l'armée ne surent que se maintenir sur la défensive, qui devait les perdre à la longue. » (Colonel Fabre, pp. 175 et 176.) — Dussieux, t. I, p. 184. — A. du Mesnil, p. 100. — Francis Garnier, p. 24.

(2) « D'après une déclaration datée du 8 septembre, insérée au

pouvoir manger après deux mois, au maximum, soit après le 15 décembre (1).

De même, le major Blume attribue à M. Trochu tout l'honneur de l'approvisionnement de Paris; c'est une grosse erreur. Avant le Quatre-Septembre, le ministère du général de Palikao avait rassemblé l'immense majorité des subsistances qui ont permis à la capitale de tenir près de cinq mois, et, après la proclamation de la République, c'est aux provinciaux réfugiés à Paris avec leurs provisions, et à l'arrivée des commandes déjà faites, que l'on doit une augmentation de ressources en denrées de toutes sortes (2).

« Le commandant en chef, d'après le colonel Stoffel, a fait de la défense de Paris un épisode où le grotesque le disputait au lugubre, et son ineptie y a atteint de telles limites qu'elles ont touché de près au crime (3). »

On voit que nombre de personnes ne tombent pas en admiration devant le général Trochu administrateur, organisateur, tacticien, mais nous n'aurons que trop d'occasions de reparler de son insuffisance militaire et politique. Arrêtons-nous là, pour l'instant, et mentionnons seulement son désintéressement au point de vue de l'argent. En effet, « les représentants du peuple *qui avaient devancé la Chambre* s'étaient adjugé une indemnité calculée sur le pied de cinquante mille francs par an. Ce n'était pas exorbitant, mais c'était déjà joli

Journal officiel et placardée sur les murs par ordre de M. Magnin, ministre du Commerce, Paris avait, à cette date, des vivres pour deux mois. » (*Les Capitulations*, par le général Thoumas; Paris, Berger-Levrault, 1886; p. 74.)

(1) Etienne Arago, p. 107.

(2) Clamageran, p. 4.

(3) *L'Empire et la Défense de Paris devant le jury de la Seine*, plaidoirie Grandperret, p. 355. — *Journal de Fidus, La Révolution de septembre, Paris assiégé*, pp. 178 et 179.

pour des gens qui voulaient être *non à l'honneur mais à la peine* (1) ». S'il faut en croire Me Allou, « seul des membres du Gouvernement, le général n'a pas touché de traitement. M. de Rochefort avait annoncé fastueusement, sans le faire, ce que le général a fait, sans le dire (2) ». Dans un sens contraire, M. d'Hérisson affirme que « le seul qui crut devoir refuser cette petite liste civile fut Henri Rochefort, et que ses collègues ne réussirent jamais à le faire renoncer à un désintéressement qui pouvait paraître un blâme pour eux (3) ». Faut-il croire l'avocat ou l'aide de camp de M. Trochu? Nous avons trop à blâmer l'ancien Gouverneur de Paris pour ne pas profiter de l'occasion de le louer une fois, par hasard, et pour ne pas accepter la déclaration formelle de son défenseur.

Relevons, maintenant, une nouvelle erreur du commandant Grouard, qui a la singulière spécialité de cumuler des raisonnements intéressants et des *lapsus* enfantins.

A l'en croire, « pendant que l'investissement devenait plus rigoureux, les Allemands songeaient aux moyens d'amener la capitulation de la place. Convaincus qu'un bombardement ne suffirait pas, ils avaient décidé, dès le commencement d'octobre, de recourir, dès que ce serait possible, à une *attaque en règle*, qui aurait pour objectif principal les forts d'Issy et de Vanves (4) ».

Quand M. Grouard écrit que les Allemands, à cette date du 17 octobre, étaient convaincus qu'un *bombardement ne suffirait pas*, il oublie non seule-

(1) Comte d'Hérisson, p. 88.
(2) *L'Empire et la Défense de Paris devant le jury de la Seine*, plaidoirie Allou, p. 316.
(3) Comte d'Hérisson, p. 88.
(4) Commandant Grouard, *Le Blocus de Paris et la Première armée de la Loire*, 1re partie, p. 74.

ment les faits, qui démentent son assertion, mais aussi la page suivante du travail du grand état-major prussien, qui est en opposition avec l'idée d'une *attaque en règle*, et même d'un bombardement immédiat, par conséquent avec pièces de siège. En effet, cette page remet, au plus tôt, le bombardement des forts, ou de la ville, aux calendes de Décembre, or, tout le monde sait qu'il ne put commencer qu'à celles de Janvier.

A la fin de septembre, M. de Moltke « avait réservé la question de décider si et à quelle époque il y aurait lieu d'entreprendre, soit le bombardement, soit le siège régulier de Paris. Il pouvait arriver, d'ailleurs, que cette population, qui se chiffrait presque par millions, violemment jetée en dehors de toutes ses habitudes par son isolement absolu de l'extérieur, en vînt bientôt à demander impérieusement la capitulation. Dans le cas contraire cependant, c'est-à-dire, si l'adversaire persistait dans sa résolution, il devait y trouver, à la fois, le temps et les moyens de transformer peu à peu en troupes sérieuses les masses armées de la population parisienne et de pousser, en même temps, les préparatifs en province de telle façon que de nouvelles armées pussent être en mesure de reprendre la campagne. Il importait donc, pour les Allemands, de se préoccuper, dès le principe, de la nécessité éventuelle d'un bombardement, *tout en tenant compte, dans leurs calculs, de la mesure excessivement restreinte encore dans laquelle s'effectuait la communication par voies ferrées avec l'Allemagne*. Dans toute la zone de territoire alors dominée par les forces allemandes, *un seul chemin de fer* arrivait, en effet, jusqu'à Paris, et, *sur cette ligne unique, Toul était toujours aux mains des Français*. Puis, même après la chute de cette place, il n'en resterait pas moins de grandes difficultés à surmonter pour faire venir le parc de siège, déjà tout préparé en Prusse depuis le milieu d'août, car l'ennemi *avait détruit de fond en comble le grand tunnel de Nanteuil-sur-Marne*, de sorte que, *de longtemps*, on ne pouvait espérer l'usage de toute la section comprise à l'ouest de cette localité. Or, *pour amener les parcs par la voie de terre en comptant sur* 300 *bouches à feu de gros calibre avec un premier approvisionnement de* 500 *coups par pièce, il faudrait réquisitionner, en plein pays ennemi, environ* 4,500 *voitures à quatre roues et* 10,000 *chevaux*. Et d'ailleurs, aussitôt que cette unique ligne ferrée viendrait à être praticable, elle serait utilisée, *avant tout*, pour les envois de première urgence, c'est-à-dire, pour expédier à l'armée d'investissement les hommes de complément, les vivres, les effets d'habillement et d'équipement qui lui feraient défaut (1) ».

Il est impossible de concilier plusieurs passages de cette page avec le dire du commandant Grouard, surtout quand on remarque le moment indiqué par lui comme étant celui où l'idée d'une attaque en règle aurait germé dans l'esprit de M. de Moltke, à savoir : *quand l'investissement devenait de plus en plus rigoureux*, après Bagneux (2).

Aussi, lorsque M. de Bismarck, espérant effrayer les Parisiens, laissait entrer dans la ville des journaux anglais et allemands annonçant le bombardement comme très prochain, la population civile avait bien raison de ne se montrer en aucune façon intimidée : pas une voix ne s'élevait pour réclamer la reddition.

Cette rectification faite, continuons le journal du siège.

(1) *La Guerre franco-allemande*, 2e partie, pp. 48 et 49.

(2) Commandant Grouard, *Le Blocus de Paris et la Première armée de la Loire*, 1re partie, p. 74.

A cette époque, tout le monde parlait d'un sergent qui démolissait, chaque jour, nombre d'Allemands, avec une adresse et un bonheur inouïs. Il avait commencé ses exploits près du pont de Bry-sur-Marne et ne cessait d'abattre casques à pointes et casquettes plates. Voici ce qu'en dit le général Ducrot, peu suspect à cet égard :

« Le 24 septembre, le sergent Hoff, du 2e bataillon du 7e de marche, compagnie des francs-tireurs, tue de sa main la sentinelle prussienne du pont de Bry; le 5 octobre, embusqué avec une quinzaine d'hommes, il laisse arriver presque à bout portant une troupe d'infanterie et de cavalerie... fusiliers et cavaliers, surpris par un feu à brûle-pourpoint, s'enfuient, laissant leurs morts et leurs blessés; le 13 octobre, monté avec quatre hommes sur le toit d'une maison voisine de la Marne, il tue ou blesse plusieurs cavaliers ennemis.

« Laissé libre de ses mouvements, chaque nuit le sergent Hoff, accompagné de quelques soldats, était dehors... Toujours posté dans des endroits différents, il ne cessait de tenter des coups de main hardis qui le rendirent bientôt célèbre dans les rangs même de l'armée allemande (1). »

A côté de ces braves, des farceurs ne se faisaient pas faute d'exploiter l'enthousiasme maladif des Parisiens. Ainsi, « un franc-tireur ou un mobile rentrait-il dans Paris, en voiture découverte, avec un casque de Prussien, c'était une joie, des cris, comme si toute l'armée allemande eût été faite prisonnière !

Ayons donc une fois le courage de dévoiler toutes ces faiblesses et ces misères morales : on doit aussi bien la vérité aux vaincus qu'aux vainqueurs; c'est

(1) Général Ducrot, t. II, p. 355. — Général Ambert, *Récits militaires, le Siège de Paris*, pp. 220 à 223.

le seul moyen de relever les premiers et de calmer l'ivresse des seconds (1) ».

Le 18 octobre, nouvelle reculade du Gouvernement : une ordonnance de non-lieu est rendue dans la poursuite intentée à Flourens (2). C'était vouloir le Trente-et-un-Octobre ; les gens de l'Hôtel de Ville l'auront.

A pareille heure, la presse allemande accusait le général Ducrot d'avoir forfait à l'honneur, en s'évadant de Pont-à-Mousson, alors qu'il était prisonnier sur parole. Très affecté de ces accusations, le général écrivait au Gouverneur pour lui expliquer de quelle manière il avait recouvré la liberté.

Il est certain qu'un officier, ayant donné sa parole de ne pas fuir, n'a pas le droit de la violer. Mais il s'agit de préciser. Pour engager son honneur il faut parler ou écrire ; le silence, en pareil cas, n'est pas un acquiescement ; ce n'est pas là que l'on doit appliquer l'adage connu : *Qui ne dit mot consent*.

Je ne suis pas obligé, moi, officier, prisonnier par la force, de faire un acte quelconque. J'ai le droit d'opposer l'inertie au vainqueur : c'est à ce dernier à me contraindre à parler, si je me tais, et à me considérer comme non consentant, lorsque je m'obstine à ne pas ouvrir la bouche et à ne pas prendre la plume.

Ainsi, vingt, soixante, deux cents officiers sont réunis dans une salle. Un major ennemi leur tient à peu près ce langage : « Que ceux d'entre vous qui ne veulent pas s'engager à ne point s'évader sortent de la salle. » Ceux qui sont restés ne sont pas prisonniers sur parole, s'ils n'ont rien dit, rien signé. La passivité n'est pas une adhésion. Ils ont donc le droit de tenter une évasion.

(1) Viollet-le-Duc, p. XXIX.
(2) Jules de Marthold, p. 117. — Émile Chevaler, p. 54.

C'est le cas, croyons-nous, du général Thibaudin. Mais le général Ducrot ne se trouvait même pas dans ce cas spécial. Il avait donné sa parole de se constituer prisonnier à Pont-à-Mousson. Il s'était, effectivement, rendu dans cette petite ville, et s'y était officiellement présenté à l'autorité ennemie. Les Prussiens navaient pas su legarder, et il était parvenu à se sauver, au prix des plus grands périls : c'était tant pis pour eux et tant mieux pour lui. Le général avait faitson devoir (1).

Certes, une fois encore, nous reconnaissons que ceux qui ont donné leur parole de ne pas fuir et qui se sont sauvés ont eu tort; mais, nous le proclamons bien haut : les officiers qui ont signé le revers, ou promis de ne pas quitter la résidence assignée, sont tout aussi coupables que ceux qui l'ont violé; les premiers, même, ne sauraient bénéficier des circonstances atténuantes qu'on doit accorder à ces derniers, qui n'ont pu s'empêcher d'aller au secours de leur patrie qu'on égorgeait.

Il est bon qu'on le sache bien : dans la prochaine guerre, tout officier qui s'engagera à ne pas fuir sera un traître, un déserteur; il faudra le punir de mort (2).

En 1870, par suite de l'ahurissement produit par des désastres aussi subits qu'imprévus, par suite du mauvais exemple donné par les généraux, par les maréchaux eux-mêmes, bien des hommes de cœur ont oublié qu'il était défendu de jamais faciliter la tâche de l'ennemi, et que c'était la lui simplifier singulièrement que de le dispenser de les garder. Au-

(1) Lettre du général Ducrot, *Journal officiel*, n° du 18 octobre 1870; lettre du général Trochu, *Journal officiel*, n° du 19 octobre 1870. — Michel Cornudet, pp. 112 et 113.

(2) « J'ai exprimé hautement mon mépris pour ceux qui les acceptaient. » (Les conditions du revers). (Lettre du général Ducrot, *Journal officiel*, n° du 18 octobre 1870.)

jourd'hui, l'hésitation n'est plus permise : les prisonniers, quels que soient les mauvais traitements à endurer, quelles que soient les pertes d'argent et d'effets à subir, ont le devoir d'opposer le silence aux avances de l'ennemi, le devoir de s'évader par tous les moyens possibles. Il est regrettable que les hauts chefs de l'armée impériale ne l'aient pas compris en 1870, qu'ils aient donné le spectacle d'un si complet mépris des règlements militaires, et des devoirs du citoyen, entraînant ainsi, après eux, une masse de braves gens dont les larmes de rage et de douleur ont coulé si souvent, pendant leur stérile captivité, au souvenir de l'acte qu'on leur avait fait commettre (1).

Rien à dire de la journée du 19. On finit de ramasser les quelques fruits et légumes qui restent encore dans les terrains avoisinant les forts.

Le 20, réquisition de blé, avoine, seigle, orge, en grains et en gerbes et des farines. Le rationnement de la viande existe pour tous les arrondissements de Paris, mais d'une façon inégale, ce qui cause bien des mécontentements. « Presque partout il faut faire queue, et quelle queue ! Pendant des heures entières pour avoir un numéro, et puis, recommencer le même manège pour avoir son lopin de viande. C'est odieux ! La municipalité républicaine ne se distingue pas (2). »

A ce moment du siège, le Gouvernement recevait d'excellentes nouvelles de Gambetta, qui lui annonçait l'existence d'une armée de 110,000 soldats sur la Loire, à laquelle il fallait ajouter l'armée de l'Est s'élevant à 90,000 hommes, l'armée de l'Ouest comptant 35,000 hommes et celle du Nord 40,000 hommes. Sans compter les quatrièmes bataillons, les corps

(1) Voir la pièce justificative n° VI.
(2) Emile Chevalet, p. 54.

francs, les mobilisés, les gardes nationales (1). D'après Gambetta, durer c'était vaincre : les Prussiens n'avaient pas de plus grand ennemi que le temps.

« L'opinion qu'exprimait ainsi M. Gambetta était celle de la majorité des habitants de Paris, des membres du Gouvernement et particulièrement du général Trochu (2). »

Ces renseignements remplissaient d'aise les assiégés et les auraient confirmés, s'il en eût été besoin, dans leur volonté de résistance à outrance (3).

Le 21, jour du combat de la Malmaison, la température baisse sensiblement : l'hiver se fait sentir pour la première fois. Les volailles et le gibier du Jardin d'acclimatation sont vendus pour la consommation (4). Tout se fait de plus en plus rare. Le haut prix des légumes pousse un grand nombre de malheureux à aller marauder jusque sous les balles prussiennes qui ne les épargnent pas. « Neuf cadavres et sept blessés ont été rapportés, dans la journée, à la Villette. C'étaient des maraudeurs. Ils avaient été surpris du côté de Drancy. On remarquait trois femmes parmi les personnes atteintes (5). »

Quant à la Presse, elle continue à enregistrer les nouvelles les plus extraordinaires. C'est une course au clocher d'absurdités telles qu'on ne pourrait les imaginer. En outre, les renseignements les plus précieux pour l'ennemi lui sont fournis avec une impudeur qui frise l'inconscience ou le mépris pour des gouvernants incapables de sauvegarder les

(1) Jules Favre, *Gouvernement de la Défense nationale du 30 juin au 31 octobre 1870*, pp. 305 à 307.
(2) *Ibid.*, p. 307.
(3) *Ibid.*, p. 308.
(4) Jules de Marthold, p. 122.
(5) Emile Chevalet, pp. 54 et 55.

intérêts de la Défense. M. Chaper en a recueilli maints exemples et, avant de donner notre opinion sur la liberté de la Presse dans une ville assiégée, nous allons reproduire ces exemples, même ceux postérieurs à l'époque où nous sommes arrivés.

« *Le Tribun* annonçait, le 27 octobre, la proclamation de la République en Prusse. D'après *le Drapeau rouge* du 4 novembre, le prince de Wittengstein (*sic*), envoyé du roi de Prusse, était à Paris depuis deux jours. *Le Siècle*, *la Liberté*, *le Combat* apprenaient, le 16 novembre, que l'armée du général de Kératry opérait dans la Seine-Inférieure pour reprendre Rouen aux Prussiens qui venaient de perdre Orléans. Plusieurs journaux racontaient, le 8 décembre, par quels sacrifices la flotte française venait de payer la capture de toute la flotte prussienne. Le 30 décembre, on citait les passages suivants d'une lettre du général de Chanzy : «« J'ai défait l'armée du prince Frédéric-Charles ; j'ai coupé son aile droite et je l'ai rejetée dans une vallée. J'ai fait rompre les digues de la Loire pour inonder l'ennemi. J'espère prendre une revanche de Sedan et je me bats. »» (*Le Journal de la Guerre*, n° du 30 décembre.) Le 31, un employé militaire, parfaitement renseigné, avait annoncé que Garibaldi était en Alsace, coupant le chemin de fer de Mulhouse à Strasbourg par de larges et profondes tranchées. (*Le Réveil*, n° du 31 décembre, reproduisant *la Liberté*.) Le 8 janvier, la mort du général de Thann et la blessure grave du prince Frédéric-Charles étaient publiées, sur la foi d'une lettre reçue de Suisse. (*L'Opinion nationale* du 8 janvier, reproduisant *le Peuple français*.) Le même jour, le général Chanzy n'était plus qu'à une journée de marche de Paris, du côté de Mantes. (*L'Opinion nationale* du 8 janvier, d'après *le Soir*.) Trois jours après, le général de Manteuffel avait été battu par Faidherbe, le prince de Saxe vaincu et tué. (*Le Gau-*

lois du 11 janvier.) Ou bien l'empereur d'Allemagne venait d'être frappé d'apoplexie foudroyante. (*L'Avenir libéral* et *le Réveil* du 23 janvier.)

« On ferait un récit de ces victoires imaginaires, de ces nouvelles à sensation qui faisaient, en quelques jours, le tour de la Presse, passant d'un journal aux autres. Et l'on se tromperait en supposant qu'elles ne trouvaient pas de créance. Elles en trouvaient partout, jusque dans les esprits éclairés, grâce à l'assurance des inventeurs, jusque dans le Gouvernement, qui pouvait cependant les contrôler mieux que personne. Ainsi, dans une réunion des maires, tenue le 26 décembre, M. Jules Favre faisait allusion à une de ces prétendues défaites de l'armée prussienne, qu'annonçaient tous les journaux, sur la foi de l'un d'eux (1). »

Mais ce n'étaient pas seulement les fausses nouvelles *heureuses* que la Presse créait de toutes pièces et lançait dans la circulation, les fausses nouvelles sinistres étaient inventées, pareillement, et, pour n'en fournir qu'un exemple, *la Cloche* annonçait, le 5 novembre, que « le bombardement de Paris devait commencer dans la nuit même (2) ».

« Toutes ces inventions étaient-elles de nature à servir la Défense ? Qu'elles fussent nées d'un simple désir de lucre, ou des rêves d'imaginations exaltées, elles avaient, disait-on, pour résultat de soutenir les espérances, de raffermir les courages. Elles en avaient un autre malheureusement. Les démentis que leur infligeaient perpétuellement les faits réels, quand ils étaient connus, amenaient une réaction désastreuse; ces joies toujours détruites, ces espoirs toujours déçus conduisaient plus sûrement

(1) *Enq. parlem. déf. nationale*, rapport de M. Chaper sur le gouvernement de la Défense à Paris, au point de vue militaire, pp. 337 à 339.
(2) *Ibid.*, p. 340.

au désespoir que la vérité, si triste qu'elle pût être.

Ces inventions contribuaient aussi à fausser le jugement, à troubler les raisons les plus saines (1). »

Ce sont elles qui ont amené les Parisiens, bien plus que les privations du siège, à cet état mental aboutissant à la criminelle folie de la Commune, proclamée naïvement sous le canon des Allemands, qui n'auraient pas manqué de la broyer, le jour où elle aurait été définitivement victorieuse.

Au surplus, ce n'étaient pas les seuls dangers d'un semblable chaos intellectuel et moral. Là encore, M. Chaper a parfaitement exposé et tranché la question.

« On laissait, chaque jour, des milliers de maraudeurs se répandre dans les champs, et jusqu'aux avant-postes allemands, pour recueillir les récoltes abandonnées. Lequel d'entre eux n'avait pas, sur lui, quelque journal ou quelque lambeau de journal? Combien il était facile à l'assiégeant d'acheter ces morceaux de papier, ne fût-ce que par un peu de tolérance, ou de les prendre soit par menaces, soit à coups de fusil? Les vendeurs de journaux circulaient ouvertement jusqu'aux avant-postes, jusqu'aux villages extérieurs, dont quelques-uns, inoccupés par les deux armées, pouvaient être, et ont été, dit-on, le siège de commerces interlopes entre les deux partis. Quelles facilités pour l'espionnage!... Que de travail pour un espion qui eût voulu apprendre, écrire tous les faits intéressants, connaître et exprimer les craintes, les espérances, les opinions des assiégés? Un seul journal donnait tout cela tous les jours. On peut donc assurer que

(1) *Enq. parlem. déf. nationale*, rapport de M. Chaper sur le gouvernement de la Défense à Paris, au point de vue militaire, p. 339.

si les journaux peuvent, dans une place, comme ils l'ont fait dans Paris, tout dire, tout imprimer, l'ennemi aura bientôt, par ses avant-postes, tous les renseignements et toutes les nouvelles dont il aura besoin (1). »

Ici, M. Chaper relève un grand nombre d'articles contenant des renseignements véritablement précieux pour l'ennemi; ainsi, et pour nous borner, l'*Electeur libre*, du 21 septembre, signalait le Point-du-Jour comme mal gardé : pas de fortifications extérieures à l'enceinte, la garde était peu nombreuse, son armement très incomplet (2).

De plus, cette liberté de la Presse faisait admirablement les affaires de la Prusse et lui permettait

(1) *Enq. parlem. déf. nationale*, rapport de M. Chaper sur le gouvernement de la Défense à Paris, au point de vue militaire, pp. 331 et 332. — « Pendant le siège de Paris, toute nouvelle communiquée au conseil de la Défense nationale, dans ses séances de nuit de l'Hôtel de Ville, était publiée, dès le lendemain matin, par plusieurs journaux. » (Berthelot, de l'Institut, *Nouvelle Revue*, nº du 15 octobre 1885, p. 700.) — « Tous les jours et toutes les nuits, on portait aux Prussiens des nouvelles et des journaux... et, parmi ces journaux, les uns par ignorance ou par légèreté, les autres systématiquement et pour nuire à la Défense, faisaient connaître les travaux. » (*Enquête parlementaire sur l'Insurrection du Dix-huit-Mars;* Versailles, Cerf, 1872; déposition du général Trochu; p. 32.) — Amiral de la Roncière-le Noury, pp. 110, 111 et 118. — *Journal de Fidus*, *La Révolution de septembre*, *Paris assiégé*, p. 188. — Mme Edgar Quinet, p. 115. — *A Paris pendant le siège*, p. 90.

(2) *Enq. parlem. déf. nationale*, rapport de M. Chaper sur le gouvernement de la Défense à Paris, au point de vue militaire, pp. 333 et 334, en note. — Wyrouboff, p. 52. — « S'il y avait une presse courageuse et patriote, soutenant l'opinion, joignant l'action morale au combat par les armes, il y avait aussi les journaux qui étaient à l'affût de tout ce qui pouvait satisfaire, irriter ou tromper une curiosité impatiente. Ils disaient tout : le nombre de nos canons, les mouvements militaires, les travaux qui étaient en construction. Il fallait sévir, a-t-on dit. On sévissait (?), on avertissait : chaque jour c'était à recommencer; on n'osait aller jusqu'à la suppression, et le Gouverneur de Paris avait à conduire (!) la Défense au milieu de toutes sortes de divulgations qui allaient, quelquefois, révéler à l'ennemi le secret des opérations qu'il préparait. » (Charles de Mazade, *La guerre de France*, t. II, p. 120.)

de pousser le peuple au désordre, à la révolte. « Je considère comme certain, a dit le général Trochu, que, pendant le siège, M. de Bismarck a eu des journaux à lui et une action très directe sur la démagogie (1). »

Est-ce tolérable? Cependant, le général Trochu, le Gouvernement ne voyaient pas les périls qu'une pareille incurie faisait courir à la Défense! Non, ces politiciens, ce militaire, ne connaissaient qu'une chose : la liberté, toute la liberté, rien que la liberté. C'est très beau, c'est très chevaleresque, mais ce n'est pas pratique en temps de guerre, et ces admirables principes devaient nous conduire où ils nous ont amenés : à la défaite finale.

Un jour, le Gouvernement parut vouloir sévir. « Il fit arrêter M. Edouard Portalis, qui avait publié et fait afficher dans son journal *la Vérité*, une série de nouvelles des plus fâcheuses et absolument fausses pour la plupart. Mais, après ce premier acte de vigueur et des discussions qui occupèrent, pendant plusieurs jours, une partie des séances du Conseil (quel temps bien employé!), on se contenta d'une déclaration très humble du coupable et les poursuites commencées furent abandonnées (2). »

(1) *Enq. parlem. déf. nationale*, déposition du général Trochu, p. 301. — Après les premières émeutes, par crainte d'être arrêté, le général Cluseret « s'est empressé de quitter Paris, à travers les lignes prussiennes, et, chose curieuse, il n'a point été inquiété par l'ennemi, dont la vigilance arrêtait nos courriers les plus hardis. » (*Enq. parlem. déf. nationale*, déposition de M. de Kératry, p. 669.) — « M. Cluseret recevait de l'or de l'étranger; il a été saisi une lettre de lui où il demande, en Belgique, qu'on lui envoie, sous le couvert d'une légation, non pas du papier, mais de l'or. » (*Ibid.*, p. 670.) — *Ibid.*, p. 671. — *Ibid.*, rapport de M. Daru, p. 168. — *Ibid.*, rapport de M. Chaper sur le gouvernement de la Défense à Paris, au point de vue militaire, p. 117. — Schuler, pp. 90 et 91. — A. du Mesnil, p. 103. — Colonel Prévost, p. 107. — Comte d'Hérisson, p. 172. — L. Vitet, *Première lettre*, p. 26.

(2) *Enq. parlem. déf. nationale*, rapport de M. Chaper sur le

« Toute la Presse, sans exceptions, *le Journal des Débats* en tête, déclara que le Gouvernement trahissait la République (1).

Y a-t-il lieu de s'étonner de voir, en pareil cas, tous les journalistes coudes à coudes? Ce n'est pas à ceux qu'il s'agit de brider qu'il faut demander l'approbation de mesures de rigueur. En outre, l'article de M. Portalis était bien réservé en regard des élucubrations, des violences de MM. Blanqui, Tridon, Félix Pyat et autres. Enfin, il contenait pas mal de vérités. Pourquoi, alors, poursuivre celui-là et ne pas inquiéter ceux-ci? En semblable aventure, pour que la critique ne puisse pas se justifier, il faut prendre une mesure générale; le même traitement doit être appliqué à tous les journaux, à tous les journalistes. Pas d'exceptions, pas de faveurs, pas de sévérités personnelles.

« Quant à ceux qui pensent que le bon sens public est suffisant pour faire justice, même des attaques les plus absurdes, même des fables les plus ridicules, ils pourront en juger par l'exemple suivant. Dans *le Réveil*, du 26 octobre, le premier et principal article, dû, selon toute apparence, à la plume de

gouvernement de la Défense à Paris, au point de vue militaire p. 340. — La cause de l'arrestation de M. Portalis n'est-elle pas plutôt, dans ses démêlés avec les frères Picard dont il était un des rédacteurs, à *l'Electeur libre*, qu'il quitta pour fonder *la Vérité?* (Adolphe Michel, pp. 99 et 100.) — A. du Mesnil, p. 117. — « On n'a pas osé arrêter M. Flourens, qui a pris les armes, et l'on arrête un journaliste pour un article! C'est que lui seul est vraiment dangereux : il a dit la vérité que l'on ne peut réfuter. » (*Journal de Fidus, La Révolution de septembre, Paris assiégé*, p. 169.) — Voir aussi : *Ibid.*, pp. 171 et 172. — Jules Simon, *Le gouvernement de la Défense nationale*, p. 115.

(1) *Enq. parlem. déf. nationale*, déposition de M. Jules Favre, p. 350. — « M. Portalis, qu'on a eu la malencontreuse idée d'arrêter préventivement pour délit de Presse, vient d'être remis en liberté. Songera-t-on à nous faire une République qui ait un peu souci de la liberté individuelle? » (Emile Chevalet, p. 53.) — Jules Favre, *Gouvernement de la Défense nationale du 30 juin au 31 octobre 1870*, p. 297.

Delescluze, son rédacteur en chef, contenait ce qui suit :

«« On nous annonce qu'un Américain a, ces jours derniers, offert au Gouvernement un télégraphe aérien qui assurerait les communications de Paris avec les départements. Il a été répondu par l'éternelle balançoire en usage dans la bureaucratie ; on a promis de nommer une commission..... C'est donc une question enterrée et nous continuerons à rester sans nouvelles, à la discrétion du Gouvernement. »»

« Après quelques réflexions sur le mauvais vouloir des Bureaux (il n'y a pas à le contester), sur la routine, etc., l'écrivain donne la description de l'invention si criminellement repoussée. Un ballon captif, maintenu à mille ou quinze cents mètres de hauteur, recevrait le câble électrique, qu'un ballon voyageur viendrait ensuite prendre. Le câble se déroulerait tout naturellement dans l'espace, jusqu'au point où la descente s'effectuerait, au delà du territoire occupé par l'ennemi (c'est-à-dire, à 25, 30 ou 40 lieues). Grâce au procédé de l'inventeur, le câble se maintiendrait à une hauteur suffisante pour défier les atteintes des Prussiens, etc... «« C'est simple, c'est facile, ajoutait le journaliste ; en quelques jours le câble serait prêt à fonctionner, ainsi que les ballons. Malheureusement, il faut l'avis préalable de la Commission ; autant dire qu'on ne fera rien..... »»

« Il semblerait qu'un journal, pour avoir fait sérieusement l'éloge d'une invention aussi prodigieuse dans son premier Paris, dût être à jamais perdu, dans un pays où, dit-on, le ridicule est mortel. Il n'en fut rien. Ce ballon captif, c'est-à-dire, attaché par une corde de 1,500 mètres de long, emportant 100 ou 150 kilomètres de câble électrique dans les airs, les remettant fidèlement à un ballon voyageur qui les déroulerait, ensuite, comme une sorte d'arc-en-ciel (à l'envers), appuyé, d'un côté, sur

Paris, de l'autre, sur Blois ou Amiens; la capitale communiquant avec la province, par ce pont, suspendu au-dessus des Prussiens, en dépit du vent, de la pesanteur et du reste, tout cela ne suffisait pas. Le rédacteur du *Réveil* n'en restait pas moins l'homme véritablement capable de juger, de conduire et de sauver le pays, le candidat de la démocratie au gouvernement civil et militaire de Paris (1). »

Et, de fait, aux élections à l'Assemblée nationale, M. Delescluze fut nommé député de Paris par 154,142 voix! Félix Pyat en obtenait 145,872; le grotesque Gambon, l'homme à la vache, récoltait 136,249 suffrages : ces deux rédacteurs du *Combat*, dont la violence de l'un et l'ineptie de l'autre avaient été sans égales, se trouvaient être, probablement à cause de leur attitude même, les candidats vainqueurs de la démocratie parisienne! Tant il est vrai que, dans les grandes crises des peuples, le sublime et le répugnant marchent trop souvent côte à côte!

A propos du Trente-et-un-Octobre, nous dirons, une dernière fois, ce que nous pensons de la liberté de discussion dans une ville assiégée, dans un pays en état de guerre; mais, dès maintenant, nous déclarons que, sinon la suppression complète de tous journaux, tout au moins la censure préalable de toute ligne imprimée, doit être décrétée, le premier jour de la mobilisation, à peine de faire courir à la Patrie les plus mortels dangers.

Cependant, pour être impartial, il ne faut pas manquer de signaler que, pendant la longue et cruelle période du siège, il ne s'est pas « rencontré un seul journal qui ait demandé la capitulation. Si quelques-uns ont pu la désirer longtemps avant qu'elle ait eu lieu, dès le mois de décembre, par exemple, aucun

(1) *Enq. parlem. déf. nationale*, rapport de M. Chaper sur le gouvernement de la Défense à Paris, au point de vue militaire, pp. 352 à 354.

ne la voulait, à l'origine, et aucun n'a jamais avoué qu'il la voulût. Si d'autres ont contribué puissamment à affaiblir la résistance et ont failli la faire avorter, ils ne l'ont, du moins, jamais fait en prêchant la faiblesse. On n'a donc pas eu à combattre, à Paris, ces tentatives, ces demandes de capitulation, comme l'histoire des sièges en offre de nombreux exemples (1). »

Non, à cet égard, la Presse et la population de Paris, comme la Presse et la population de Metz, ont donné le glorieux spectacle de civils montrant leurs devoirs aux généraux, leur imposant la résistance, quand ces militaires voulaient se rendre, croyant la partie perdue ; de civils, prêts à tout supporter, plutôt que de voir tomber les deux fières cités si malheureusement livrées aux bavardages d'un Trochu, à la perfidie d'un Bazaine. L'historien a le devoir de ne pas passer sous silence cet admirable état d'âme de Metz et de Paris, et de leur en attribuer le mérite.

Que de grandes choses feront encore les Français, le jour où la République ne sera plus exploitée par la bande de politiciens qui ne s'écrient pas, à l'exemple de M. Guizot : « Enrichissez-vous ! » mais qui se disent, à l'exemple de MM. Grévy et Wilson : « Enrichissons-nous ! »

(1) *Enq. parlem. déf. nationale*, rapport de M. Chaper sur le gouvernement de la Défense à Paris, au point de vue militaire, p. 330. — Général Thoumas, *Les Capitulations*, pp. 38 et suivantes.

PIÈCES JUSTIFICATIVES

I

13e Corps d'armée.

VINOY, général de division, commandant en chef.

Aide de camp.	**Officier d'ordonnance.**
DE SESMAISONS, capitaine d'état-major.	CASTELNAU, sous-lieutenant aux cuirassiers de la Garde.

HORIX DE VALDAN, général de brigade, chef d'état-major général.

FILIPPI, lieutenant-colonel, sous-chef.

LANIER, chef d'escadron d'état-major.	GONSE, capitaine d'état-major.
MASSON, capitaine d'état-major.	LE MOUTON DE BOISDEFFRE, capitaine d'état-major.

RENAULT D'UBEXI, général de brigade, commandant l'artillerie.

DE CONTENCIN, capitaine aide de camp.

LUCET, lieutenant-colonel, chef d'état-major.

VAUDRAY, chef d'escadron.	GRAS, capitaine.

DUPOUET, colonel, commandant le génie.

LEBESCOND DE COATPONT, chef de bataillon, chef d'état-major

LASVIGNES, capitaine.	BLANCHARD, capitaine.
ATTELAYN, capitaine.	MARCILLE, capitaine.

VIGUIER, intendant militaire ; LAURENT-CHIRLONCHON, sous-intendant.

GUILLEMARD, chef d'escadron de gendarmerie, grand prévôt.

1re Division d'infanterie.

D'EXÉA, général de division.

Louis, capitaine, aide de camp.

Belgaric, colonel, chef d'état-major.

Pinoteau, capitaine d'état-major.
Rouvière, capitaine d'état-major.

Atlmayer, lieutenant d'état-major.

Charpentier de Cossigny, chef d'escadron, commandant l'artillerie.

Guyot, chef de bataillon, commandant le génie.

Desbuttes, sous-intendant.

1re Brigade.

MATTAT, général de brigade.

7e compagnie du 5e bataillon et 7e compagnie du 7e bataillon de chasseurs à pied.

5e régiment d'infant. de marche (2e, 9e, 11e) :

Hanrion, colonel.

6e régiment d'infant. de marche (12e, 15e, 19e) :

De Guiny, lieutenant-colonel.

2e Brigade.

DAUDEL, général de brigade.

7e régiment d'infant. de marche (20e, 23e, 25e) :

Tarayre, lieutenant-colonel.

8e régiment d'infant. de marche (29e, 41e, 43e) :

Drouet, lieutenant-colonel.

3e et 4e batteries du 10e régiment d'artillerie ; 3e batterie du 11e régiment d'artillerie.

1re compagnie de sapeurs du 2e régiment de génie.

Coville, capitaine.

2e Division d'infanterie.

DE MAUD'HUY, général de division.

Crépy, colonel, chef d'état-major.

Durostu, capitaine d'état-major.
De Malglaive, capitaine d'état-major.

Deshorties de Beaulieu, lieutenant d'état-major.

Berthault, chef d'escadron, commandant l'artillerie.

Mengin, chef de bataillon, commandant le génie.

De Kervanoel, sous-intendant.

2e Brigade.

GUÉRIN, général de brigade.

9e régiment d'infant. de marche (51e, 54e, 59e) :

Miquel de Riu, lieutenant-colonel.

10e régiment d'infant. de marche (69e, 70e, 71e) :

Damedor de Molans, lieutenant-colonel.

2e Brigade.

BLAISE, général de brigade.

11e régiment d'infant. de marche (75e, 81e, 86e) :

Née-Devaux, lieutenant-colonel.

12e régiment d'infant. de marche (90e, 93e, 95e) :

de Labaume, lieutenant-colonel.

3e et 4e batteries du 2e régiment; 4e batterie du 9e régiment.

15e compagnie de sapeurs du 2e régiment.

Pignat, capitaine.

3e Division d'infanterie.

BLANCHARD, général de division.

DELCAMBRE, capitaine d'état-major, aide de camp.

BOUDET, chef d'escadron, chef d'état-major.

DOCTEUR, capitaine d'état-major.

CROISSANDEAU, capitaine d'état-major (a reçu une autre destination).

MAGDELEINE, chef d'escadron, commandant l'artillerie.

DE BUSSY, chef de bataillon, commandant le génie.

BLANCHARD, sous-intendant.

1re Brigade.

DE SUSBIELLE, général de brigade.

7e *compagnie du 1er bataillon, et 7e compagnie du 2e bataillon de chasseurs à pied.*

13e *régiment d'infant. de marche* (28e, 32e, 49e) :

MORIN, lieutenant-colonel.

14e *régiment d'infant. de marche* (55e, 67e, 100e) :

VANCHE, lieutenant-colonel.

2e Brigade.

35e *régiment d'infanterie :*

DE LA MARIOUSE, colonel.

42e *régiment d'infanterie :*

AVRIL DE LENGLOS, colonel.

3e *batterie du 9e régiment ; 3e et 4e batteries du 15e régiment.*

15e *compagnie de sapeurs du 3e régiment.*

CASTEY, capitaine.

Réserve d'artillerie.

HENNET, colonel, commandant.

1re *Section*. LEFEBURE, chef d'escadron.

3e et 4e batteries du 14e régiment.

2e *Section*. — DELGROS, chef d'escadron.

3e et 4e batterie du 6e régiment.

3e *Section*. — DORAT, chef d'escadron.

3e et 4e batteries du 12e régiment.

Parc.

HUGON, colonel, directeur.

GALLE, chef d'escadron, sous-directeur.

ZICKEL, capitaine adjoint (1).

(1) Jules Richard, *Annuaire de la guerre de* 1870-1871, *Siège de Paris*; Paris, Dentu, 1889; pp. 4 à 7. — Général Vinoy, pp. 3 à 10. — Général Ducrot, t. I, pp. 427 et 428.

II

14e Corps d'armée.

Commandant en chef........ Général de division, baron Renault.
Chef d'état-major général.... Général de brigade Appert.
Commandant de l'artillerie.. Général de brigade Boissonnet.
Commandant du génie...... Colonel Corbin.
Intendant.................. M. Baillod.
Prévôt...................... Chef d'escadron de gendarmerie Lamarche.

1re Division d'infanterie.

Commandant : Général Bechon de Caussade.

Chef d'état-major........... Colonel Sautereau.
Commandant de l'artillerie.. Chef d'escadron Mathieu.
Commandant du génie...... Chef de bataillon Houbigant.
Sous-intendant............. N...
Prévôt...................... Capitaine de gendarmerie Hurstel.

1re Brigade :
- Commandant : Général Ladreit de la Charrière.
- 1re compagnie du 3e bataillon de chasseurs à pied.
- 1re compagnie du 4e bataillon de chasseurs à pied.
- 15e et 16e régiments de marche.

2e Brigade :
- Commandant : Général Lecomte.
- 17e et 18e régiments de marche.

Artillerie :
- 17e batterie du 6e régiment.
- 17e batterie du 7e régiment.

Génie... ... 1re section de la 16e compagnie du 2e régiment.

2e Division d'infanterie.

Commandant : Général D'HUGUES.

Chef d'état-major........... Chef d'escadron MONTELS.
Commandant de l'artillerie.. Chef d'escadron VIGUIER.
Commandant du génie...... Capitaine BARDONNANT.
Sous-intendant............. N...
Prévôt.................... Lieutenant de gendarmerie LEPETIT-DIDIER.

1re Brigade
- Commandant : Général BOCHER.
- 1re compagnie du 6e bataillon de chasseurs à pied.
- 1re compagnie du 9e bataillon de chasseurs à pied.
- 19e et 2e régiments de marche.

2e Brigade
- Commandant : Général PATUREL.
- 21e et 22e régiments de marche.

Artillerie.
- 17e batterie du 8e régiment.
- 17e batterie du 13e régiment.

Génie...... 2e section de la 16e compagnie du 2e régiment.

3e Division d'infanterie.

Commandant : Général DE MAUSSION.

Chef d'état-major........... Chef d'escadron CARRÉ.
Commandant de l'artillerie... Chef d'escadron DE MIRIBEL.
Commandant du génie...... Capitaine MICHON.
Sous-intendant............. N...
Prévôt.................... Lieutenant de gendarmerie THOMAS.

1re Brigade
- Commandant : Général BENOIT.
- 1re compagnie du 12e bataillon de chasseurs à pied.
- 1re compagnie du 14e bataillon de chasseurs à pied.
- 23e et 24e régiments de marche.

2e Brigade
- Commandant : Général COURTY.
- 25e et 26e régiments de marche.

Artillerie.
- 17e batterie du 19e régiment.
- 17e batterie du 12e régiment.

Génie...... 1re section de la 16e compagnie du 3e régiment.

Réserve d'artillerie.

Commandant : Lieutenant-colonel VILLIERS.

Chef d'escadron CAVALIER.	17e batterie du 4e régiment. 17e batterie du 11e régiment.
Chef d'escadron WARNESSON.	8e batterie mixte du 3e régiment. 17e batterie mixte du 3e régiment.
Chef d'escadron VILLATE.	13e batterie mixte du 18e régiment. 13e batterie du 19e régiment.

Parc.

Directeur : Lieutenant-colonel ASTRUC.

Détachement à pied de la batterie 2 *bis* du 14e régiment.
Détachement à pied de la 2e compagnie d'ouvriers d'artillerie.
Compagnies 5 *bis* et 14 *bis* du 1er régiment du train d'artillerie (1).

(1) Général Ducrot, t. I, pp. 429 à 431.

III

MANUFACTURE DE CUIRS	*Réquisition n° 3*
Expositions Universelles	
Médaille d'Or : Paris 1867	Longjumeau, le 12 novembre 1870.
Londres 1862 — Paris 1855	
Médaille d'Or	
Altona (Prusse) 1869.	*M. La Commune*
—	*d'Epinay-sur-Orge,* DOIT
CUIRS FORTS, VACHES & VEAUX	
M. GALLIEN et Cie	*Les marchandises ci-après payables*
	à. . . . mois.

55 kilos cuir fort...........		4.40	242 »
24 bottes simples...........	la paire	5 »	60 »
24 bottes complètes........	—	6 »	72 »
2 kilos 500 dépouilles.....		2.50	6.25
			380.25

(En allemand sur la facture de réquisition.) Le cuir ci-dessus énoncé pour le Bataillon de fusiliers du 4e régiment royal d'infanterie, de Poméranie n° 21, livré par MM. Gallien et Cie, a été reçu ainsi que le constate.

A Longjumeau, 12 novembre 1870.

(*Signature illisible*)
payeur.

IV

MANUFACTURE DE CUIRS
Expositions Universelles
Médaille d'Or : Paris 1867
Londres 1862 — Paris 1855
Médaille d'Or :
Altona (Prusse) 1869.

M. GALLIEN et Cie
Longjumeau (Seine-et-Oise).

Longjumeau, le 7 avril 1871.

Monsieur le Maire,

Épinay-sur-Orge.

Nous avons l'honneur de vous remettre facture à f. 380.25 pour cuir fourni par suite d'une réquisition (n° 3), faite par le major-commandant du bataillon de fusiliers du 4e régiment d'infanterie poméranien n° 21, le 12 novembre dernier à Epinay.

Nous vous serons obligés de nous faire parvenir cette somme de la manière qui vous sera le plus agréable.

Agréez nos salutations empressées,

pour M. Gallien et Cie,

E. DE LARRUE.

1

V

Paris, le 9 octobre 1870.

Mon cher Flourens,

Vous me pressez de donner ma démission de membre du Gouvernement. J'ai accepté, à mon corps défendant, la mission; mais la démission, ai-je bien le droit de la donner? Voilà la question.

J'ai demandé les élections municipales, et bien d'autres choses encore. Je regrette qu'on ne les ait pas faites dans les premiers jours de la République. Aujourd'hui, la question de la Commune est devenue un champ de bataille, et, si j'avais soulevé sur cet incident une question de cabinet, qui vous dit qu'à cette heure on n'entendrait pas, à la fois, des coups de canons, sur les remparts, et des coups de fusils dans les rues?

Je suis descendu jusque dans les sous-sols les plus impénétrables de ma conscience, et je suis remonté en me disant que mon départ pourrait provoquer un conflit, et que provoquer un conflit, c'était ouvrir une brèche aux Prussiens.

Voilà pourquoi j'ai souscrit à l'ajournement des élections. Depuis vingt ans, l'Empire nous ajourne. Ayons la patience d'allonger la courroie jusqu'après la levée du siège.

Vous m'objecterez, mon cher et excellent ami, que je capitule avec mes convictions; si cela est, vous m'excuserez, car c'est pour ne pas être obligé de capituler avec l'ennemi.

Dans les circonstances actuelles, une démission serait peut-être le prélude d'un désastre. Vous le savez bien, vous, qui avez patriotiquement retiré la vôtre.

Je fais taire mes instincts politiques; que nos braves amis de la première circonscription laissent sommeiller les leurs. Le moment venu, c'est-à-dire, le Prussien parti, nous saurons bien nous retrouver tous.

Mille embrassements fraternels,

HENRI ROCHEFORT (1).

(1) Émile Chevalet, pp. 39 et 40.

VI

Le major Lallement, du 11e dragons, commandant le dépôt du régiment, à Thionville, membre du Conseil de défense de la place, refusa de signer la capitulation du 25 novembre 1870, jugeant que l'on pouvait encore tenir, et se basant, pour cela, sur les prescriptions du règlement sur le service des places alors en vigueur.

Après la capitulation, les officiers français furent conduits, à Bayreuth, devant un général bavarois, tiré, pour la circonstance, de la retraite. Là, ils furent invités à donner leur parole de ne pas s'évader.

Le major Lallement refusa. Comme le général bavarois lui en demandait la raison, il répondit : « Parce que je veux être libre d'aller encore servir mon pays. »

Alors, pour faire un exemple, les Allemands jetèrent le courageux major dans la prison de la caserne du 6e chevau-légers bavarois. On ne l'en sortait que deux heures, tous les deux jours, pour faire une promenade, entre quatre hommes et un brigadier, armés de fusils et flanqués d'un énorme bouledogue. Sa nourriture fut plus que grossière; on le priva de linge; en un mot, on le tortura de mille façons.

Quand Mme Lallement fut arrivée à retrouver son mari, ce fut à forces de prières qu'elle obtint de l'accompagner dans sa cruelle promenade : ils étaient escortés des soldats-geôliers et du bouledogue.

Le major Lallement ne faiblit pas et préféra subir les mauvais traitements des ennemis plutôt que de les dispenser de le garder.

On voit qu'il se rencontrait encore, en 1870, des hommes de la trempe de ceux de la République et de l'Empire.

(A nous raconté par un officier, prisonnier à Bayreuth, qui a confirmé, par lettre, sa conversation.)

AUTEURS & DOCUMENTS CITÉS & CONSULTÉS

A

ABBADIE (docteur). *Les Prussiens à l'Isle-Adam et à Parmain;* Paris, Imprimerie nouvelle, 1871.

ADAM (Mme Edmond), Juliette Lamber. *Le siège de Paris, journal d'une Parisienne;* Paris, Michel Lévy frères, 1873.

AMBERT (général), *Gaulois et Germains, Récits militaires, Le siège de Paris;* Paris, Bloud et Barral.

AMBERT (général). *Histoire de la guerre de 1870-1871*; Paris, Plon, 1873.

A PARIS PENDANT LE SIÈGE, par un Anglais, membre de l'Université d'Oxford; traduction, notes et documents par Félix Sangnier; Paris, Ollendorff, 1888.

ARAGO (Etienne), ancien maire de Paris. *L'Hôtel de Ville de Paris au Quatre-Septembre et pendant le Siège;* Paris, Hetzel et Cie.

ARSAC (J. D'). *Mémorial du siège de Paris;* Paris, Curot, 1871.

AVENEL (Paul). *Les Prussiens à Bougival;* Paris, Sagnier, 1873.

AVENIR LIBÉRAL (L'), no du 23 janvier 1871.

B

BALLUE (A.), rédacteur du *Progrès de Lyon* (ancien député, ancien président de la Commission de réorganisation de l'armée). *Les Zouaves à Paris pendant le siège, souvenirs d'un zouave;* Paris, Lechevalier, 1872.

BERTHAUT (général). *Principes de stratégie;* Paris, Baudoin, 1881.

BERTHELOT (de l'Institut). *Un chapitre du Siège de Paris; Nouvelle Revue*, n° du 15 octobre 1885.

BESSON (Charles), commandant du 3e bataillon de la Seine-Inférieure. *Histoire d'un bataillon de mobiles;* Paris, Lachaud, 1872.

BEZAULT, premier adjoint au maire de Longjumeau. Pièces communiquées.

BLOCUS DE PARIS (LE) *et la Première armée de la Loire*, par A. G., ancien élève de l'Ecole polytechnique (commandant Grouard). Première partie, depuis la capitulation de Sedan jusqu'à la capitulation de Metz; Paris, Baudoin et Cie, 1889.

BLUME (major au grand état-major prussien). *Opérations des armées allemandes depuis la bataille de Sedan jusqu'à la fin de la guerre*, d'après les documents officiels du grand quartier général; traduit de l'allemand par E. Costa de Serda, capitaine d'état-major; Paris, Dumaine, 1872.

BOGULAWSKI (colonel von). — Voir Pierron.

BONNET (Félix), chef d'escadron d'artillerie. *Guerre franco-allemande, Résumé et commentaires de l'ouvrage du grand état-major prussien;* Paris, Baudoin, 1882.

BORREGO (A.). *Le général Trochu devant l'histoire;* extrait du *Diario del sitio de Paris;* traduit de l'espagnol par Louis Gerdebat; Paris, Librairie générale.

BOURGERON (conseiller municipal de Montlhéry). Notes au jour le jour. Manuscrit à nous communiqué.

BUSCH (D. Moritz), secrétaire particulier de M. de Bismarck; *Le comte de Bismarck et sa suite pendant la guerre de France*, 1870-1871; traduit de l'allemand avec l'autorisation spéciale de l'auteur; Paris, Dentu, 1880.

C

CANONGE (Frédéric), commandant au 52e de ligne (colonel Canonge). *Histoire militaire contemporaine* (1854-1871); Paris, Charpentier, 1882.

CAPRON (E.). *Défense de Parmain, au passage de l'Oise;* Paris, Dentu, 1871.

CARNEVILLE (comte de), commandant du bataillon. *16e bataillon de la Garde nationale de Paris*, 1870-1871; Caen, Valin, 1874.

CASSE (baron A. DU). *La guerre au jour le jour*, 1870-1871 ; Paris, Dumaine, 1875.

CECCALDI (colonel Colonna). *Lettres militaires du siège ;* Paris, Plon, 1872.

CHAPER. — Voir Enquête parlementaire sur les actes du Gouvernement de la Défense nationale.

CHENNEVIÈRES (Henri DE). *Nouvelle Revue*, n° du 15 septembre 1889.

CHEVALET (Émile). *Mon journal pendant le Siège et la Commune, par un bourgeois de Paris ;* 2e édition ; Paris, librairie des contemporains, 1871.

CLAMAGERAN (J.-J.), ancien adjoint au maire de Paris. *Souvenirs du siège de Paris, Cinq mois à l'Hôtel de Ville ;* Paris, Guillaumin et Cie, 1872.

CLARETIE (Jules). *Histoire de la Révolution de* 1870-1871 ; Paris, librairie illustrée.

CLAUSEWITZ (général DE). *Théorie de la grande guerre* ; traduction du lieutenant-colonel de Vatry ; Paris, Baudoin et Cie, 1886.

COMBAT (LE), n° du 16 novembre 1870.

COQUEREL fils (Athanase). *Libres paroles d'un assiégé ;* Paris, Joël Cherbuliez, 1871.

CORNUDET (Michel). *Journal du Siège de Paris ;* Paris, Douniol, 1872.

COSTA DE SERDA (capitaine). — Voir Blume et Guerre franco-allemande.

D

DALSÈME (A.-J.). *Paris sous les obus ;* Paris, Chamerot, 1883.

DARIMON (Alfred), ancien député de la Seine. *Notes pour servir à l'histoire de la guerre de* 1870 ; Paris, Ollendorff, 1888 ; 2e édition.

DARU. — Voir Enquête parlementaire sur les actes du gouvernement de la Défense nationale.

DÉBATS (*Journal des*) (de Paris), n° du 8 octobre 1870.

DELEROT (E.). *Versailles pendant l'occupation ;* Paris, Plon, 1873.

DESJARDINS (Gustave), archiviste du département de Seine-et-Oise, ancien élève de l'Ecole des Chartes. *Tableau de la guerre des Allemands dans le département de Seine-et-Oise*, 1870-1871 ; Paris, Cerf et Cie, 1882.

DIEULEVEUT (J.-E). *Versailles, quartier général prussien ;* Paris, Lachaud, 1872.

DILHAN (Alphonse), membre du Conseil municipal d'Ablis. *Une page de l'histoire de la guerre avec la Prusse*, 1870-1871 ; Clichy, imprimerie Paul Dupont, 1875.

DRAGOMIROW (général). Voir *Revue du Cercle militaire.*

DRAPEAU ROUGE (LE), n° du 4 novembre 1870.

DRUMONT (Edouard). *La Dernière Bataille ;* Paris, Dentu, 1890.

DUCROT (général). *La Défense de Paris*, 1870-1871 ; Paris, Dentu, 1877.

DUQUET (Alfred). *Journal de la guerre de* 1870-1871 (Inédit).

DUQUET (Alfred). *Paris, le Quatre-Septembre et Châtillon ;* Paris, Charpentier et Cie, 1890.

DURET (Théodore). *Histoire de Quatre Ans*, 1870-1873 ; Paris, Charpentier, 1878.

DUSSIEUX (L.), professeur honoraire à l'École militaire de Saint-Cyr. *Histoire générale de la guerre de* 1870-1871 ; Paris, Victor Lecoffre, 1881 ; 3e édition.

E

ÉLECTEUR LIBRE (L'), n° du 21 septembre 1870.

EMPIRE ET LA DÉFENSE DE PARIS DEVANT LE JURY DE LA SEINE (L'). Introduction et conclusion par le général Trochu ; Paris, J. Hetzel et Cie, 1872.

ENQUÊTE PARLEMENTAIRE SUR LES ACTES DU GOUVERNEMENT DE LA DÉFENSE NATIONALE ; Versailles, imprimerie Cerf et fils, 1873.

— Rapport de M. Lallié.

— Rapport de M. Chaper sur les procès-verbaux des séances du Gouvernement de la Défense nationale.

— Rapport de M. Daru.

— Dépositions des témoins.

— Rapport de M. Chaper sur le Gouvernement de la Défense à Paris, au point de vue militaire.

— Rapport de M. de la Sicotière sur l'affaire de Dreux.

— Dépositions, réclamations, pièces diverses.

ENQUÊTE PARLEMENTAIRE SUR L'INSURRECTION DU DIX-HUIT MARS; Versailles, Cerf, 1872.
— Dépositions des témoins.

ERNOUF (baron). *Histoire des chemins de fer français pendant la guerre franco-prussienne;* Paris, Librairie générale, 1874.

F

FABRE (Colonel). *Précis de la guerre franco-allemande;* Paris Plon, 1875.

FARCY (Camille). *Histoire de la guerre de* 1870-1871; Paris, Dumaine, 1872.

FAURE (LE). — Voir Le Faure.

FAVÉ (général). *Deux combats d'artillerie sous les forts de Paris;* Paris, Dumaine, 1874.

FAVRE (Jules), de l'Académie française. *Gouvernement de la Défense nationale du 30 juin au 31 octobre* 1870; Paris, Plon, 1871.

FIDUS (JOURNAL DE), Eugène Loudun. *La Révolution de Septembre, Paris assiégé;* Paris, Savine, 1889.

FILIPPI (W.). — Voir Robolski.

FLETRES (H. DE). *L'Éducation de l'infanterie française;* Paris, à la direction du *Spectateur militaire*, 1887.

FLOURENS (Gustave). *Paris livré;* Paris, Lacroix, Verbœckhoven et Cie, 1871.

FOUDRAS (le comte de). *Les Francs-tireurs de la Sarthe;* Chalon-sur-Saône et le Mans, 1872.

FRITSCH (capitaine). — Voir Gœtze.

FUZIER-HERMAN (Ed.), lieutenant au régiment. *La province au siège de Paris, Garde mobile du Tarn;* Paris, Dumaine, 1871.

G

GARDE MOBILE DE L'AIN (40e régiment). *Souvenirs d'un officier du 4e bataillon; siège de Paris;* Lyon, Jevain et Bourgeon, 1872.

GARNIER (Francis). *Le siège de Paris, journal d'un officier de marine attaché au *** secteur;* Paris, Delagrave, 1885.

GAULOIS (LE), n[os] des 5 octobre 1870 et 11 janvier 1871.

GAUTIER (Théophile). *Tableaux de siège, Paris*, 1870-1871 Paris, Charpentier, 1886.

GERDEBAT (Louis). — Voir Borrego.

GINISTY (Paul). — Voir *XIXe Siècle.*

GIRONDE (LA) de Bordeaux, octobre 1870.

GŒTZE (Adolphe), capitaine du génie prussien, attaché au Comité du génie et professeur à l'Académie de guerre. *Opérations du corps du génie allemand*, travail rédigé par ordre supérieur et d'après les documents officiels; traduit de l'allemand par MM. Grillon et Fritsch, capitaines du génie au dépôt des fortifications; Paris, Dumaine, 1873.

GOLTZ (baron Colmar von der), commandant dans le grand état-major prussien. *La Nation armée;* traduit, avec l'autorisation de l'auteur, par Ernest Jœglé, professeur à l'École militaire de Saint-Cyr; Paris, Hinrichsen et Cie, 1884.

GOLTZ (baron Colmar von der). *Rosbach et Iéna*, traduction de M. le commandant Chabert, du 20e régiment de chasseurs; Paris, Hinrichsen, 1890.

GONCOURT (*Journal des*). Paris, Bibliothèque Charpentier, 1890.

GOURJU (Antonin). *La Côte-d'Or au siège de Paris;* Paris, Armand Colin, 1871.

GRANCEY (Le vicomte de). Paris, Plon, 1873.

GRILLON (capitaine). — Voir Gœtze.

GROUARD (commandant). — Voir *Blocus de Paris (Le)*.

GUERRE FRANCO-ALLEMANDE DE 1870-1871 (LA), rédigée par la section historique du grand état-major prussien; traduction de M. le commandant E. Costa de Serda; Paris, Dumaine, 1878.

H

HAGEN (général). — Voir Pierron.

HENNEBERT (lieutenant-colonel). — Voir Sarrepont (major H. de).

HENNEBERT (lieutenant-colonel). *Les Armées modernes;* Paris, Librairie illustrée.

HEPP (Edgarr). *Wissembourg au début de l'invasion de* 1870; Récit d'un sous-préfet; Paris, Berger-Levrault et Cie, 1887.

HÉRISSON (Comte D'). *Journal d'un officier d'ordonnance;* Paris, Ollendorf, 1885.

HISTOIRE CRITIQUE *du siège de Paris par un officier de marine ayant pris part au siège;* Paris, Dentu, 1871.

HISTORIQUE DU 1er RÉGIMENT DE HAUTE-SILÉSIE, n° 22; in-8, Bibliothèque nationale, M, 3808. Traduction de M. Stanislas Mouillard.

HOHENLOHE (le prince Kraft de Hohenlohe-Ingelfinken, général d'infanterie à la suite, aide de camp général de Sa Majesté l'Empereur et Roi). *Lettres sur l'infanterie*, traduites avec l'autorisation de l'auteur par Ernest Jœglé, professeur à l'École spéciale militaire de Saint-Cyr; Paris, Louis Westhausser, 1885.

I

INDY (Vincent d'). *Histoire du 105e bataillon de la Garde nationale de Paris en* 1870-1871, *par un engagé volontaire dudit bataillon;* Paris, Douniol, 1872.

IUNG (général). *Stratégie, Tactique et Politique;* Paris, Charpentier et Cie, 1890.

J

JACQMIN (F.), ingénieur en chef des Ponts et Chaussées, directeur de l'exploitation des chemins de fer de l'Est, professeur à l'École des Ponts et Chaussées. *Les chemins de fer pendant la guerre de* 1870-1871. Leçons faites, en 1872, à l'Ecole des Ponts et Chaussées; Paris, Hachette, 1872.

JŒGLÉ (Ernest). — Voir Goltz, *Videant consules.*

JOUAUST (D.), rédacteur. *Tablettes quotidiennes du Siège de Paris raconté par Lettre Journal;* Paris, Librairie des bibliophiles, 1871.

JOURNAL DE BRUXELLES, janvier 1871.

JOURNAL DE LA GUERRE (LE), n° du 30 décembre 1870.

JOURNAL DU SIÈGE, *par un bourgeois de Paris,* 1870-1871; Paris, Dentu, 1872.

JOURNAL OFFICIEL, nos des 20, 21, 22, 23, 24, 27, 28, 29, 30 septembre, 3, 4, 5, 6, 9, 10, 12, 14, 15, 18 et 19 octobre 1870.

Julliot. *Les Prussiens à Melun*, 1870-1871; Melun, typographie A. Hérisé, 1872.

K

Kaessler (capitaine). *Historique du régiment d'infanterie de Nassau n° 87*; in-8; Bibliothèque nationale, M, 2745. Traduction de M. Stanislas Mouillard.

L

Lafosse (H. de). *A bâtons rompus. Tableau de Paris depuis la déclaration de guerre jusqu'à la signature de la paix*, 1870-1871; Paris, imprimerie Paul Dupont, 1871.

Lallié. — Voir *Enquête parlementaire sur les actes du gouvernement de la Défense nationale.*

Larocque (Jean). 1871, *Souvenirs révolutionnaires;* Paris, Savine, 1888.

La Roncière-le Noury (vice-amiral de). *La Marine au siège de Paris;* Paris, Plon, 1874.

Lebrun (général). *Souvenirs des guerres de Crimée et d'Italie;* Paris, Dentu, 1890.

Lecomte (Ferdinand), colonel fédéral suisse. *Le général Jomini, sa vie et ses écrits.* Esquisse biographique et stratégique; 3e édition; Lausanne, Benda, 1888.

Lecomte (Ferdinand), colonel fédéral suisse. *Relation historique et critique de la guerre franco-allemande en* 1870-1871; Paris, Tanera, 1874.

Le Creurer (l'intendant militaire). Voir Pierron.

Le Faure (Amédée). *Histoire de la guerre franco-allemande,* 1870-1871; Paris, Garnier frères, 1875.

Legris (Ferdinand). *Les Prussiens en France en* 1870-1871, souvenir de leur séjour à Lagny (Seine-et-Marne) et dans ses environs; Meaux, 1871.

Lemas (Th.). *Un département pendant l'invasion.*

Lermina (Jules). *La France martyre, Documents pour servir à l'histoire de l'invasion de* 1870; Paris, Kugelmann, 1887.

Lewal (général). Voir Pierron.

Liberté (La), nos des 16 novembre et 30 décembre 1870.

LITTRÉ (E.), de l'Académie française. *Dictionnaire de la Langue française;* Paris, Hachette, 1873.

LOUDUN (Eugène). Voir Fidus.

M

MAQUEST (Pierre), archiviste de la ville de Tournai (Belgique); conservateur des archives de l'Etat. *La France et l'Europe pendant le siège de Paris*, 18 *septembre* 1870-28 *janvier* 1871. *Encyclopédie politique, militaire et anecdotique*, avec une préface de M. E. Spuller, député de la Seine; Paris, Ghio, 1877.

MARIN (Paul), capitaine d'artillerie. *Français et Russes vis-à-vis de la Triple-Alliance;* Paris, Baudoin, 1890.

MARTHOLD (Jules DE). *Memorandum du siège de Paris* 1870-1871; Paris, Charavay, 1884.

MARTIN (Henri). *Histoire de France depuis* 1789 *jusqu'à nos jours;* Paris, Jouvet et Cie, 1885.

MAZADE (Charles DE). *La guerre de France* 1870-1871; Paris, Plon, 1875.

MECKEL (J.), officier supérieur d'état-major. *Les Éléments de la Tactique;* traduit de l'allemand par H. Monet, lieutenant breveté au 123e régiment d'infanterie; Paris, Louis Westhausser, 1887; 2e édition.

MEFFRAY (colonel comte DE). *Les Fautes de la Défense de Paris;* Paris, A. Lacroix, Verbœckhoven et Cie, 1871; 2e édition.

MESNIL (A. DU). *Paris et les Allemands, journal d'un témoin;* Paris, Garnier frères, 1872.

MICHEL (Adolphe). *Le siège de Paris,* 1870-1871; Paris, Courcier, 1871.

MILLIARD, notaire à la Ferté-Alais. *Souvenirs de l'invasion, les Allemands à la Ferté-Alais;* Paris, Pougin, 1871.

MOLAND (Louis). *Par ballon monté, lettres envoyées de Paris pendant le siège;* Paris, Garnier frères, 1872.

MOLINARI (G. DE), rédacteur du *Journal des Débats. Les Clubs rouges pendant le siège de Paris;* Paris, Garnier frères, 1871.

MONET (H.). — Voir Meckel.

Moniteur prussien de Versailles (Le); Paris, L. Beauvais, 1871.

Moniteur universel (Le) (de Tours), n° du 11 octobre 1870.

Moniteur universel (Le) (de Paris), n° du 18 décembre 1870.

Mouillard (Stanislas). Voir Münnich, *Historique du 1er régiment de Haute-Silésie,* Kœssler.

Mun (marquis de). *Un château en Seine-et-Marne en* 1870; Paris, Dentu, 1875.

Munnich (capitaine). *Historique du 1er régiment d'infanterie de Basse-Silésie,* n° 46; Bibliothèque nationale in-8°, M 2842. (Traduction de M. Stanislas Mouillard.)

N

Neucastel (Emile). *Gambetta;* Paris, Cerf, 1885.

Neukomm (Edmond). *Les Prussiens devant Paris,* d'après les documents allemands; Paris, Librairie de la Société des Gens de lettres.

Neyremand (de). — Voir Pillot.

Niemann (A.). *La Campagne de France,* 1870-1871; traduction de M. Stiédel, lieutenant de vaisseau; manuscrit de la bibliothèque du Cercle militaire de Paris, A, II, d, 120.

Nouvelle Revue. — Voir Chennevières (Henri de), Berthelot.

Nouvelliste de Versailles, n° du 18 octobre 1870.

O

Opinion nationale (L'), n° du 8 janvier 1871.

P

Papiers et Correspondance de la Famille impériale; Paris, Imprimerie nationale, 1870.

Paris-Journal, n° du 14 octobre 1870.

Patrie (La). Octobre 1870.

Patriote (Le). Août 1872.

Peuple Français (Le), n° du 7 janvier 1871.

PIERRON (général). *Méthodes de guerre actuelles et vers la fin du XIXe siècle;* Paris, Dumaine, 1881.

PIERRON (général). *Stratégie et Grande Tactique;* Paris, Berger-Levrault et Cie, 1887.

PILLOT (président de la Cour impériale de Colmar), et DE NEYREMAND (conseiller à la même Cour). *Histoire du Conseil souverain d'Alsace;* Paris, Durand, 1860.

PRÉVOST (F.), lieutenant-colonel du génie. *Les Forteresses françaises pendant la guerre de* 1870-1871; Paris, Dumaine, 1872.

PROVINCE (LA) de Bordeaux, Octobre 1870.

Q

QUÉPAT (Nérée). *Simples notes prises pendant le siège de Paris;* Paris, Ernest Thorin, 1871.

QUINET (Mme Edgar). *Paris, journal du siège;* Paris, Dentu, 1873.

QUINET (Edgar). *Le Siège de Paris et la Défense nationale;* Paris, Lacroix, Verbœckhoven et Cie, 1871.

R

RAPPEL (LE), n° du 18 décembre 1870.

RENDU (Ambroise), ancien officier de mobiles. *Campagne de Paris, souvenirs de la mobile* (6e, 7e *et* 8e *bataillons de la Seine); Paris, Didier, 1872.

RÉVEIL (LE), n^os des 27 septembre, 20 octobre, 31 décembre et 23 janvier 1871.

REVUE DU CERCLE MILITAIRE (LA), n° du 5 mai 1889.

RICHARD (Jules). *Annuaire de la guerre de* 1870-1871; *Siège de Paris;* Paris, Dentu, 1889.

ROBINET DE CLÉRY. *Les Avant-postes pendant le siège de Paris;* Paris, Palmé, 1887.

ROBOLSKI (Hermann). *Le Siège de Paris raconté par un Prussien;* traduction de W. Filippi, inspecteur principal aux chemins de fer de l'Est; Paris, Lachaud, 1871.

RONCIÈRE-LE NOURY (Amiral DE LA). — Voir La Roncière-le Noury.

ROSSEL. *Abrégé de l'art de la guerre;* Paris, Lachaud, 1871.

ROUSSE (Edmond), ancien bâtonnier de l'Ordre des avocats, membre de l'Académie française. *Discours, Plaidoyers et Œuvres diverses*, recueillies par Fernand Worms, avocat à la Cour de Paris; Paris, L. Larose et Forcel, 1884.

RUE (DE LA), inspecteur des forêts. *Sous Paris pendant l'invasion;* Paris, Furne, Jouvet et Cie, 1871.

S

SANGNIER (Félix). — Voir *A Paris pendant le Siège.*

SARCEY (Francisque). *Le Siège de Paris, Impressions et Souvenirs;* Paris, Lachaud, 1871.

SARREPONT (major H. DE). (Colonel Hennebert). *Histoire de la Défense de Paris en* 1870-1871 ; Paris, Dumaine, 1872.

SCHULER (P.). *Journal d'un Suisse pendant le siège de Paris,* 15 *septembre* 1870-30 *janvier* 1871 ; Bienne.

SEBRAN (Marie). *Journal d'une mère pendant le siège de Paris;* Paris, Didier, 1872.

SENEVAS (DE). *Souvenirs personnels d'un volontaire;* Evreux, Hérissey, 1871.

SICOTIÈRE (DE LA). — Voir *Enquête parlementaire sur les actes du Gouvernement de la Défense nationale.*

SIÈCLE (LE) de Tours, nos des 5 octobre et 16 novembre 1870.

SIÈCLE (XIXe), nos des 6 janvier et 15 octobre 1890.

SIÈGE DE PARIS (LE), *par un officier de marine attaché au *** secteur.* — Voir Garnier (Francis).

SIMON (Jules). *Souvenirs du Quatre-Septembre, le Gouvernement de la Défense nationale;* Paris, Calmann Lévy, 1876.

SIRVEN (Alfred), sous-préfet de Dreux. *Les Prussiens à Dreux;* Tours, Juliot.

SOIR (LE), no du 7 janvier 1871.

SOREL (Albert), professeur à l'Ecole libre des sciences politiques. *Histoire diplomatique de la guerre franco-allemande;* Paris, Plon, 1875.

SPECTATEUR MILITAIRE (LE), nos des 1er octobre 1889, 1er et 15 avril 1890 et 15 janvier 1891.

SPULLER (E.), député de la Seine. — Voir Maquest.

STEENACKERS (F.-F.), ancien député, ancien directeur général des Télégraphes et des Postes. *Les Télégraphes et les Postes pendant la guerre de* 1870-1871 ; Paris, Charpentier, 1883.

Stiedel. — Voir Niemann.

T

Tagebuch (Le). *Mémoires authentiques de Frédéric III* rassemblés et complétés. Traduction exacte de la *Deutsche Rundschau ;* Paris, imprimerie Faustin Gaudois, 1888.

Targes (Georges). — Voir Villiers.

Temps (Le), n^os^ des 25 septembre, 1er, 6, 9, 10, 12 et 14 octobre 1870.

Thoumas (général). *Les Capitulations ;* Paris, Berger-Levrault, 1886.

Tissandier (Gaston). *Histoire de mes ascensions ;* Paris, Maurice Dreyfous ; 8e édition.

Tribun (Le), n° du 27 octobre 1870.

Trochu (général). *La Politique et le Siège de Paris ;* Paris, Hetzel.

Trochu (général). *Pour la vérité et pour la justice ;* Paris, Hetzel.

Trochu (général). — Voir *Empire (L') et la Défense de Paris devant le jury de la Seine.*

Trochu (général). *Une Page d'histoire contemporaine devant l'Assemblée nationale ;* Paris, Dumaine, 1871.

U

Union libérale (L') de Tours, octobre 1870.

Univers (L'), octobre 1870.

V

Valfrey (J.). *Histoire de la diplomatie du Gouvernement de la Défense nationale ;* Paris, Amyot, 1871.

Vandevelde (colonel). *Commentaires sur la guerre de 1870-1871 ;* Bruxelles, Muquardt, 1872.

Vatry (colonel de). — Voir Clausewitz.

Vérité (La), octobre 1890.

Veuillot (Louis). *Paris pendant les deux sièges;* Paris, Palmé, 1880 ; 3e édition.

Videant consules, traduit de l'allemand par Ernest Jœglé, professeur à l'Ecole militaire de Saint-Cyr; Paris, Hinrichsen, 1890.

Villiers (Léon de) et de Targes (Georges). *Tablettes d'un mobile; journal historique et anecdotique du siège de Paris, du 18 septembre 1870 au 28 janvier 1871*; Paris, Bibliothèque générale, 1871.

Vinoy (général). *Siège de Paris, Opérations du 13e corps et de la 3e armée;* Paris, Plon, 1874.

Viollet-le-Duc (E.), ex-lieutenant-colonel de la légion auxiliaire du génie. *Mémoire sur la Défense de Paris;* Paris, Vve A. Morel et Cie, 1871.

Vitet (L.), de l'Académie française. *Première lettre sur le siège de Paris*, adressée à M. le Directeur de la *Revue des Deux Mondes*, le 15 octobre 1870; Paris, Sauton, 1871; 2e édition.

W

Warren (vicomte de), ancien capitaine d'artillerie. *Tactique des armées prussiennes;* Paris, Berger-Levrault, 1873.

Watari (R.), japonais, étudiant à Paris. *Petite histoire de la guerre entre la France et la Prusse* (juillet 1870-mars 1871); Paris, Lahure.

Wey (Francis). *Chronique du Siège de Paris*, 1870-1871; Paris, Hachette, 1871.

Worms (Fernand). — Voir Rousse (Edmond).

Wyrouboff (G.), directeur de la *Philosophie positive. Opinion d'un civil sur la Défense de Paris;* Paris, Armand Lechevalier, 1872.

TABLE

Paris. Typographie Gaston Née, 1, rue Cassette. — 4079

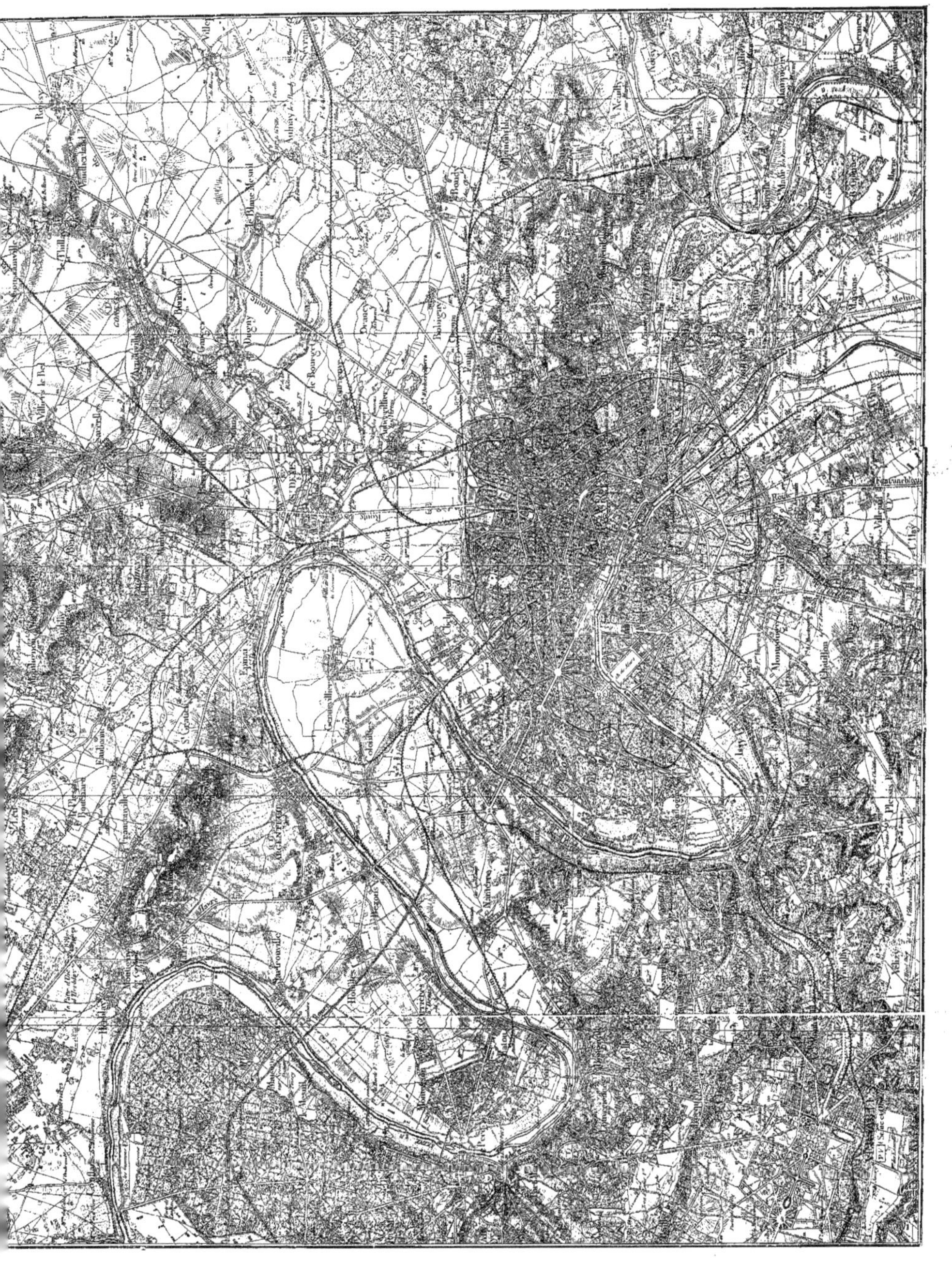

www.ingramcontent.com/pod-product-compliance
Ingram Content Group UK Ltd.
Pitfield, Milton Keynes, MK11 3LW, UK
UKHW021848190726
13855UKWH00001B/202